行心创

福建教育学院资助出版

新生活教育

——陶行知生活教育思想
当代演进与行知实验学校建设

周志平 ◎著

海峡出版发行集团 | 福建教育出版社

图书在版编目（CIP）数据

新生活教育：陶行知生活教育思想当代演进与行知实验学校建设/周志平著. —福州：福建教育出版社，2024.11. —ISBN 978-7-5758-0112-6

Ⅰ.G40-092.6

中国国家版本馆 CIP 数据核字第 2024V3N762 号

Xin Shenghuo Jiaoyu

新生活教育

——陶行知生活教育思想当代演进与行知实验学校建设

周志平　著

出版发行	福建教育出版社
	（福州市梦山路 27 号　邮编：350025　网址：www.fep.com.cn）
	编辑部电话：0591-83726908
	发行部电话：0591-83721876　87115073　010-62024258）
出 版 人	江金辉
印　　刷	福建新华联合印务集团有限公司
	（福州市晋安区福兴大道 42 号　邮编：350014）
开　　本	710 毫米×1000 毫米　1/16
印　　张	21.75
字　　数	365 千字
版　　次	2024 年 11 月第 1 版　2024 年 11 月第 1 次印刷
书　　号	ISBN 978-7-5758-0112-6
定　　价	59.80 元

如发现本书印装质量问题，请向本社出版科（电话：0591-83726019）调换。

序一

记得与周志平初次见面是在一次中国陶行知研究会的学术会议上，他对于陶行知生活教育思想的独到见解和热情洋溢的阐述，给我留下了深刻的印象。自那以后，我们便因共同的教育理想走到了一起，在中国陶行知研究会实验学校分会的工作中，成为了志同道合的伙伴。周志平不仅是一位勤勉的研究者，同时也是一位脚踏实地的实践者。他的新作《新生活教育——陶行知生活教育思想当代演进与行知实验学校建设》的问世，正是他持之以恒地对陶行知生活教育理论进行学术研究，同时致力于陶行知教育思想在实践层面上传承与创新所孕育成的思想产儿。

周志平兼任着中国陶行知研究会实验学校分会的副秘书长，多年来，我们一同深入过全国各地的一些陶研实验学校，在这期间就陶行知生活教育理论在当代的实践问题作过比较深入和坦诚的讨论；我们还一同通过网络，组织全国各地的陶研实验学校校长对陶行知生活教育理论与实践进行学术研讨，以探究陶行知生活教育理论在当代教育中的实践价值与意义。在这个过程中，我能真切地感受到周志平对陶行知教育思想执着热忱的追求。他的这种孜孜以求的精神，也曾受到朱小蔓、杨东平等多位资深陶研专家的赞许。

《新生活教育——陶行知生活教育思想当代演进与行知实验学校建设》一书，是周志平多年陶行知研究成果的集成之作。全书以陶行知生活教育思想为核心，从一个独到的视角梳理了生活教育的当代演进过程，进而提出了新生活教育的理论框架和实践路径。通过陶行知生活教育思想再探、新生活教育理论演绎以及行知实验学校建设实践的深入阐述，为我们展现了一幅陶行知教育思想在当代教育中理性探索和实践创新的脉络图。

在陶行知生活教育思想再探部分，周志平从"求真""大爱""创造"三个维度，深刻揭示了陶行知生活教育思想的精髓。他认为，"求真"是陶行知教育思想的灵魂，"大爱"是陶行知教育思想的情感基石，而"创造"则是陶行知教育思想的动力源泉。这种对陶行知生活教育思想的独到解读，对于一个年轻的陶行知研究者而言是难能可贵的。

在新生活教育理论探索部分，周志平创造性地提出了建立"生活教育学"的主张，并尝试搭建起新生活教育的理论框架。他认为，新生活教育应立足于马克思主义生活哲学，以学生的现实生活为出发点，通过课程建构、学习方式变革和教师成长等途径，实现教育与生活的深度融合。这一理论探索，为我们用生活教育理论指导当代教育改革提供了一个全新的视角。

在行知实验学校建设实践部分，周志平将其对生活教育理论的思考付诸实践，阐述了行知实验学校的性质与建设问题、发展阶段、实践路径以及主要任务等。他通过行知实验学校的建设案例，向我们展示了新生活教育理论如何在实践中落地生根，开花结果。这些有益的探索，为我们在新时代进一步推进陶研实验学校工作提供了可资借鉴的经验。

陶行知生活教育思想在当代的演进和发展，是一个不断探索和实践的过程。诚如陶行知先生所言："敢探未发明的新理，即是创造精神；敢入未开化的边疆，即是开辟精神。"周志平以创造性的思考，为生活教育理论在当代的演进与发展提供了一个富于启发性的观察视角；以对陶行知生活教育思想的亲身实践探索，为我们展现了一条通往新生活教育的前行之路。这条路，需要我们以发展的眼光与时俱进地走，还要以悦纳的姿态，汲取同侪的智慧与见地，求真务实地加以修正完善。与此同时，我们还应当更加自觉地去深入学习理解陶行知生活教育理论，以深刻地把握生活教育的丰富内涵和思想精髓，从而不断明晰生活教育理论在新时代的发展方向和实践路径！

期待着周志平继续秉持陶行知的求真、大爱和创造的教育精神，不断深化对陶行知生活教育思想的研究和实践，为生活教育理论在新时代的创新发展提供更多的理论新成果和实践新路径，为推进中国教育的改革和发展贡献自己的智慧和力量！

  诚挚地祝贺周志平的新作顺利出版，祝愿他在未来的教育研究和实践中更上层楼！

朱建人
2024 年 11 月 10 日

（朱建人，中国陶行知研究会实验学校分会理事长）

序二

与志平相识，已十八载。作为他的硕士生导师，我很高兴见证了他从一名对教育充满憧憬的研究生，成长为一位热爱陶行知教育思想、积极探索生活教育思想、勇于提出新生活教育理论的研究者与实践者。他的勤奋、执着与创新行动和精神，始终让我深感欣慰。

《新生活教育——陶行知生活教育思想当代演进与行知实验学校建设》一书，是志平多年探索和研究的结晶，更是他对陶行知生活教育思想的深刻领悟，及其担任福建省陶行知研究会副秘书长以来与一线学校互动、开展实验学校建设和指导的实践总结。该书不仅系统地梳理了陶行知生活教育思想的精髓，更在此基础上提出了新生活教育的理论构想，并通过行知实验学校的建设实践，将这一理论付诸实施，实现了理论与实践的深度融合。

在阅读该书的过程中，我深切感受到了志平对陶行知教育思想的深厚情感与精微理解。他不仅仅停留在对陶行知原著的解读上，而是结合时代背景，对陶行知的教育思想进行了创新性的发展与阐释。特别是他提出的"新生活教育"理念，既是对陶行知生活教育思想的继承，又是对其当代化的创新，为当前教育改革提供了新的思路与方向。

阅览该书，读者将发现，内容被划分为三个主要章节，分别研究陶行知的生活教育理念、新生活教育的理论以及行知实验学校的实际操作。

首先，关于陶行知的生活教育理念，此部分致力于对陶行知的教育理论进行深入的分析和重新审视。前三章从"求真""大爱""创造"三个视角深入解读了陶行知生活教育理念的三大核心价值。接下来的第四至九章则对陶行知生活教育理念的目标、德育、课程内容、教学方法等进行了全面的探讨，并将其系统化，同时对这一系统进行了新的探索，目的是为了让读者获得更深层次的理解和体认。

其次，新生活教育理论的探索部分，从提出建立"生活教育学"开始，分析大自我生活教育、生活教育现代化以及新生活教育探索，着手构建新生活教育理论体系，该体系包括马克思主义生活哲学基础，新生活教育的课程构建、学习方法、课堂模式以及教师发展等方面，旨在提供一个基础的新生活教育理论框架。

最后，关于行知实验学校的建设实践，此部分着重于应用新生活教育理论，深入探讨行知实验学校的定义、特性、建设挑战、发展阶段、实践途径、主要任务、文化分析、实践经验以及整体建设等方面。详细介绍了行知实验学校作为高质量活力系统的特点，并在建设过程中建议借鉴陶行知活力办学的案例。此外，还详细阐述了行知实验学校的五个发展阶段、发展途径和主要任务，并分享了"六陶并进"的福建建设经验以及行知实验学校创陶文化的办学主张，最后一章还提供了整体实验建设的方案。

尤为值得一提的是，志平在书中也研究了新生活教育的学习方式，这与笔者"治学·统能学习"（其螺旋上升链条为：治学·统能学习→能位教育→位法社会→法治中国→治学·统能学习……）的教育理念一脉相承、不谋而合。我们都认为，学习不仅仅是知识的传授，更是能力的培养与个性的发展。志平通过深入挖掘陶行知的教育思想，提炼出了新生活教育的学习方式，其中提出了实践性学习、继承性学习和构建性学习三种学习方式，文中指出"如果仅仅坚持'做'的实践性学习，而忽视了'教'的继承性学习和'学'的构建性学习，那么'做'的实践性学习就不能长久，也难获显效。所以，简单地把'教'也归为'做'，把'学'也归为'做'，把它们合一了，在某种程度上同一了，那就是大误区。但是陶行知先生没有出错，他说的'教学做合一'，其实也是告诉我们实践性学习、继承性学习、构建性学习三者是紧密结合、不可分离的，且以实践性学习为基础。"由此，他强调学习的整体性（三者紧密结合、"教学"做相关联）与生成性（构建性学习），这既是对陶行知"教学做合一"思想的继承，也是对当前学习方式（以继承性学习方式为主）的革新。我相信，这一学习方法的推广与应用，将极大地促进学生学习能力的提升与综合素质的发展。

《新生活教育——陶行知生活教育思想当代演进与行知实验学校建设》不仅是一部学术著作，更是一部具有实践指导意义的研陶作品。它不仅为教育工作者提供了新时代理解陶行知教育思想的窗口，更为当前探索教育改革、实践新生活教育提供了宝贵的经验与启示。我期待并相信，此书的出版将推动陶行知生活教育思想的当代演进，对于促进当前教育改革与创新亦将产生积极影响。

在此，我诚挚地向广大教育工作者、研究者以及所有关心教育发展的读者推荐此书。愿我们共同努力，以陶行知教育思想为指引，以新自己生活的教育为共同愿景，为培养具有创新精神与实践能力的新时代人才，为构建更加均衡、优质、活力的教育体系，贡献我们的智慧与力量。

涂怀京

2024 年 11 月 7 日

（涂怀京，福建省陶行知研究会常务副会长、福建师范大学硕士生导师、华东师范大学博士）

目 录

第一部分　陶行知生活教育思想再探

第一章　陶行知生活教育的"求真"思想 …………………………… 3
第二章　陶行知生活教育的"大爱"思想 …………………………… 12
第三章　陶行知生活教育的"创造"思想 …………………………… 19
第四章　陶行知生活教育的目标体系 ………………………………… 25
第五章　陶行知生活教育的德育思想 ………………………………… 34
第六章　陶行知生活教育的课程思想 ………………………………… 41
第七章　陶行知生活教育的教学思想 ………………………………… 52
第八章　陶行知生活教育的理论体系 ………………………………… 62
第九章　陶行知生活教育理论的新探 ………………………………… 70

第二部分　新生活教育理论探索

第一章　倡议建立"生活教育学" …………………………………… 83
第二章　新生活教育的前奏：大自我生活教育 ……………………… 91

第三章　生活教育当代化与新生活教育探索 ………… 103
第四章　新生活教育的马克思主义生活哲学基础 ………… 116
第五章　新生活教育理论的主要内容 ………… 131
第六章　新生活教育的课程建构 ………… 152
第七章　新生活教育的学习方式 ………… 183
第八章　新生活教育的教师成长 ………… 193

第三部分　行知实验学校建设实践

第一章　行知实验学校的性质与建设问题 ………… 213
第二章　行知实验学校是高质量活力型系统 ………… 223
第三章　行知实验学校建设的陶行知活力办学案例 ………… 233
第四章　行知实验学校建设的新生活教育理论 ………… 246
第五章　行知实验学校建设的阶段、主要任务和路径 ………… 253
第六章　行知实验学校建设的福建经验 ………… 272
第七章　行知实验学校办学文化的梳理 ………… 292
第八章　行知实验学校的办学文化案例 ………… 303
第九章　行知实验学校建设的整体实验模式 ………… 318

后记 ………… 334

第一部分

陶行知生活教育思想再探

第一章　陶行知生活教育的"求真"思想

生活教育，不论何种生活教育，都是人的生活教育，而人的生活必然有两个永恒的主题，一个是做事，一个是做人。对于做事，陶行知主张的"在劳力上劳心"，解决了中国几千年的手脑分离的不良传统，但是对于做人，陶行知说的"教师的职务是'千教万教，教人求真'；学生的职务是'千学万学，学做真人'"[①] 似乎可以勉强应付，但是深入一问，"如何让中国人做真人"却没有很好地回答，只是说"这教人求真和学做真人的教学自由，也只有真正的民主实现了才可能"[②]。陶行知的生活教育理论在某种程度上也可以视为"真"教育，"真"这个概念是生活教育的核心概念之一，属于生活教育理论追求的重要价值观。虽然大家对陶行知"千教万教教人求真，千学万学学做真人"这句话很熟悉，但也有许多教师对此"真"的意蕴不甚明了。在"培养什么人"和"怎样培养人"这两个重大的理论与实践问题背景下，再次梳理陶行知"求真"教育思想和阐明"真"的内涵，挖掘"求真"教育实践启示，对丰富新时代中国特色社会主义教育思想意义重大。

---

① 胡晓风，金成林，张行可，等. 陶行知教育文集 [M]. 成都：四川教育出版社，2007：556.
② 陶行知. 陶行知全集（第四卷）[M]. 成都：四川教育出版社，1991：637.

一、陶行知"求真"教育思想内涵

"千教万教教人求真,千学万学学做真人。"这句话有两个关键点,一个是"求真",一个是"真人"。这个"真"是怎样的真?如何"求真"?这个"真人"是怎样的真人?这些都有待探明。然而,我们并不能完全从陶行知原话中得到这些方面的确切内涵,只能通过陶行知著作原文来做一个推理探明。

(一)真:真实、真理和真相

1. 真实。陶行知曾对他儿子陶晓光说:"我们必须坚持'宁为真白丁,不作假秀才'之主张进行。倘使这样真实的证明不合用,宁可自己出钱,不拿薪水,帮助国家工作。"[1] 这里的"真"就是和事实相关的真,他对儿子的这番告诫,表明他求真的"真"有真实这层内涵。

2. 真相。陶行知关于真相的说法有:"发明教育原理的,必须按着一个目的,将千万的事实征集起来,分类起来,表列起来,再把它们的真相关系一齐发现起来,然后乃能下他的判断。得此就可明了别人研究的结果,也可使人明了自己所办事业的真相,并且还有许多问题要借助统计才有相当解决的。"[2] "所以我觉得一方面要有人办教育,一方面还要有人分门别类的观察调查、研究各种教育之消长和真相,报告国人,使彼此有所参考。"[3] 从陶行知这些论述可以看出,真相也要建立在事实基础上,而且要经过研究,如通过分类、观察、调查这些研究方法,才能从事实中获得真相。

---

[1] 胡晓风,金成林,张行可,等. 陶行知教育文集 [M]. 成都:四川教育出版社,2007:488.

[2] 胡晓风,金成林,张行可,等. 陶行知教育文集 [M]. 成都:四川教育出版社,2007:48.

[3] 胡晓风,金成林,张行可,等. 陶行知教育文集 [M]. 成都:四川教育出版社,2007:81.

3. 真理。陶行知关于真理的话语，如"真理离开行动好比是交际花手上的金刚钻戒指"①"在行动之中追求一切的真理，把真理来指导提高一切的行为"②"'行是知之始，知是行之成'，是教人从源头上去追求真理"③。陶行知认为"伪知识"的根源是缺乏经验的基础，并认为，"追求真理。探讨之路有五，即行动、观察、看书、谈论、思考，称之为五路探讨，也可称之为五步探讨"④。这些都说明真理以行动、观察等为基础，要靠头脑，如谈论、思考和看书等获得。这也是他后来主张"在劳力上劳心""手脑双挥""教学做合一"的方法去获取"真理"原因，这与我们常说的"实践是检验真理的唯一标准"是接近的。

真实、真相和真理之关系，可谓由陶行知这句话道出："惟勇者乃能承认事实之真相，惟智者乃能从事实中求出路。"⑤ 勇者，是情感和意志之人，真相是从事实上来的，也就是建立在真实上。而智者是认知之人，求出路，可谓求得真理，也是从事实而来。即真相和真理都基于真实，真理又要基于真相。事实都要从经验，从行动、观察、看书、思考和谈论而来，这"五路探讨"不能孤立，要"手脑双挥"和"在劳力上劳心"。因此，陶行知先生的"求真"是求三种"真"，即真实、真理和真相，而方法是"教学做合一""五路探讨""手脑双挥"等。

（二）真人：真情感、真知识和真意志

陶行知曾说："育才学校办的是知情意合一的教育……这种主张，基本上是不错的，但遗憾的是没认清知识教育与感情教育并不对立，同时知情意三者并非从割裂的训练中可以获取。"⑥ 可见，陶行知讲的真人，必然是知情意都真的人，

---

① 胡晓风，金成林，张行可，等. 陶行知教育文集 [M]. 成都：四川教育出版社，2007：396.
② 胡晓风，金成林，张行可，等. 陶行知教育文集 [M]. 成都：四川教育出版社，2007：400.
③ 胡晓风，金成林，张行可，等. 陶行知教育文集 [M]. 成都：四川教育出版社，2007：469.
④ 胡晓风，金成林，张行可，等. 陶行知教育文集 [M]. 成都：四川教育出版社，2007：492.
⑤ 胡晓风，金成林，张行可，等. 陶行知教育文集 [M]. 成都：四川教育出版社，2007：266.
⑥ 胡晓风，金成林，张行可，等. 陶行知教育文集 [M]. 成都：四川教育出版社，2007：481.

可以认为是具有真情感、真知识和真意志的人。

1. 真情感。情感往往反映在关系中，一个人有真情感，从原理上看，应该在三个关系上有真情感，即与自我的关系、与他人的关系、与世界的关系。与自我的关系，找到存在和生活的意义。与他人的关系，是"我与你"还是"我与它"的关系。与世界的关系，找到自己的使命和理想。只有构建对了三个关系，情感才能真。他认为儿童应该"自由的对宇宙发问，与万物为友，并且向中外古今三百六十行学习"①。在《诗的学校》一文中，他又说："宇宙为学校，自然是吾师。众生皆同学，书呆不在兹。"②

2. 真知识。陶行知认为，"我们要考察知识的本身。知识有真有伪。思想与行为结合而产生的知识是真知识，真知识的根是安在经验里的。从经验里发芽抽条开花结果的是真知灼见，真知灼见是跟着智慧走的。"③ 可见，真知识，是要解决思想和行动结合的问题，要"在劳力上劳心"。做真人也是要做有真知识的人。

3. 真意志。陶行知关于意志的论述的确不多，但是他认为"工作不要太散漫，也不要太紧张，要有一定的计划。没有计划，把应做的重要事情丢掉，同时反养成懒惰"④。意志是对能量的合理有效分配，是指挥行动的，意志不足会受到计划影响，真意志是能够帮助人完成目标和计划的行动力量。计划和目标是实现这种分配的一种手段。陶行知非常重视计划的作用，认为"人生为一大事来，干一大事去"的人，都要计划自己的人生，合理安排自己的能量，让意志力在大事、紧要事中发挥攻坚作用，哪怕是碰钉子也要成功。他曾经把计划作为生活教育的重要内容，与健康的生活教育、劳动的生活教育、艺术的生活教育、科学的生活教育、改造社会的生活教育并列。

关于情感、意志和知识之间的关系，陶行知认为它们是统一的、相互促进

---

① 胡晓风，金成林，张行可，等. 陶行知教育文集 [M]. 成都：四川教育出版社，2007：520.

② 胡晓风，金成林，张行可，等. 陶行知教育文集 [M]. 成都：四川教育出版社，2007：300.

③ 胡晓风，金成林，张行可，等. 陶行知教育文集 [M]. 成都：四川教育出版社，2007：193.

④ 胡晓风，金成林，张行可，等. 陶行知教育文集 [M]. 成都：四川教育出版社，2007：332.

的。他指出:"感情教育……主要的是追求真理的感情;在感情之调节与启发中使儿童了解其意义与方法,便同时是知的教育;使养成追求真理的感情并能努力与奉行,便同时是意志教育。意志教育不是发扬个人盲目的意志,而是培养合于社会及历史发展的意志。合理的意志之培养和正确的知识教育不能分开,坚强的意志之获得和一定情况下的情绪激发与冷淡无从割裂。"[①] 陶行知进一步认为:"现在我们要求在统一的教育中培养儿童的知情意,启发其自觉,使其人格获得完备的发展。"[②] 陶行知的真人并不仅是道德上的真君子,还是生活中人格完整的人,即知情意合一的人,知求真,情求善,意求美。

(三)"求真"与"真人"的关系

对真实、真理和真相的追求,即"求真",有利于实现真感情、真知识和真意志。"求真"是做"真人"的前提,陶行知说:"追求真理做真人,不可丝毫懈怠。"[③] 事实上,明了"求真"和"真人"的内涵和关系,但如何求真仍然是一个问题。陶行知主张科学教育,提出了科学的生活过程,即"行动生困难,困难生疑问,疑问生实验,实验生断语,断语又生行动,如此演进无穷"。[④] 这样的过程,可以简单地认为是"行知行"的过程。但显然第一个"行"和第二个"行"是不一样的。结合陶行知"行动是老子,知识是儿子,创造是孙子",[⑤] 我们可以大胆推知,第二个"行"改为"创"再好不过的,即"行知创"。也就是说,在获得真相知识之后的行动,才是创造。甚至我们可以这样认为,"行"最重要的是获得"真实","知"最重要的是获得"真相",而"创"最重要的是获得"真理"。从这点来看,"创"是用新的实践来检验真理,一旦创造出来,就可

---

① 胡晓风,金成林,张行可,等. 陶行知教育文集 [M]. 成都:四川教育出版社,2007:481.

② 胡晓风,金成林,张行可,等. 陶行知教育文集 [M]. 成都:四川教育出版社,2007:481.

③ 胡晓风,金成林,张行可,等. 陶行知教育文集 [M]. 成都:四川教育出版社,2007:488.

④ 胡晓风,金成林,张行可,等. 陶行知教育文集 [M]. 成都:四川教育出版社,2007:276.

⑤ 胡晓风,金成林,张行可,等. 陶行知教育文集 [M]. 成都:四川教育出版社,2007:327.

以视为真理。

二、求真树人：陶行知"真"教育对教师成长的启示

立德树人，是教育的根本要求。这个"德"若狭义点理解，能够落实到"真"上，对于陶行知"真"教育而言，求真树人，可以说是非常贴切的概括了。

（一）真教育下教师"求真"的"教研写"成长路径

对于教师而言，教育教学是一个科学的生活过程，也是一个"求真"的过程，这个过程渗透大环节的"行知创"，也在大环节中包含无数小环节的"行知创"。这里仅就大环节而言，教师大环节的"行"对应的是"教"，教师大环节的"知"对应的是"研"，教师大环节的"创"对应的是"写"。

1. 教之行，关键在真实

教师对于自己的教，大都是说自己很累，很辛苦。一来有现实的因素，现阶段师生比例不合理，工作量大；二来教师不钻研，不用工具，"死教书、教死书、教书死"现象多。这些都是认知、情感与意志不在事业上的原因。新人教师，一定要在最初几年的教学之行中获得真实感受，发现教学的困难和问题，不能仅限于模仿别人，通过模仿解决问题。要能在真实的教学过程中，发现制约教育教学的关键问题和关键环节，从而进一步提升自己。

2. 研之知，关键在真相

陶行知曾说，"教育为最有可为之事。古今名人莫不由研究教育而出。如达尔文、杜威、威尔诺刻等，皆由研究教育而出者也"，又说"经验教育家，以经验自居，不肯研究理论"[①]。的确在获得真实之教学问题时，教师要想获得进一步的成长就是研究教育。这是获得真知识、新知的必然路径。在研究问题阶段，

---

① 胡晓风，金成林，张行可，等. 陶行知教育文集[M]. 成都：四川教育出版社，2007：36.

教师不会分类，不善调查、观察，就很难从事实中获得真相。所以，一线教师要重视行动研究，重视科研。

3. 写之创，关键在真理

这里的"写"不能仅理解为狭义的写，它包括公开课、成果发表、研讨课等表达创新的各种情形。很多教师成长停滞与无法进入"写"的阶段有莫大的关系。进入"写"阶段，教师就要将教学中碰到的问题提出来，达成理论与实践的沟通，并提出解决问题的对策。教师要获取这样的对策，一定要将研究的假设进行试验，进行检验，才能真正获取真理。很多教师缺乏真理思维。真理思维，是一种理性思维、抽象思维、理论化思维，重视概念的界定，重视原理、规律和关系的探明。但是许多教师在这方面动脑太少，害怕理论，害怕概念，一动脑就心虚，就要搬出名人名言、教育家来坐镇，这并非获取真理的正确之路。

事实上，对大部分教师而言，入职前 1—5 年处于非舒适区，新教师有一个快速成长的阶段，这个阶段成长一般是经验成长；然后就逐渐放慢速度，到第 5—7 年，就进入舒适区。倘若这个阶段不能让自己走出舒适区，从经验成长阶段走向理论成长阶段，从"真实"阶段走向"真相"阶段，提出自己的教学假设，甚至教学主张，那便停滞不前。也有些教师，有自己的主张，但是始终无法进入实验成长阶段，无法拿自己的主张去实践、推广，去探寻世界的真理，也是要停滞的。

（二）真教育下教师树真人的内容

1. 培养具有"真情感"的学生

有真情感的，往往是拥有"真自我"的人。"真自我"的人，其自我是围绕自己的感受构建，有"假自我"的人，其在童年的自我是围绕妈妈或重要他人的感受而构建的。大多数人小时候会受父母的压迫，父母要按他们的意愿教养，这就造成大多数人都是在这种"假自我"中成长的，其感情被这种"假自我"包裹。而"真自我"不仅能够围绕自我感受，还能围绕事实，总是针对事实和生活的感受来构建自我，改进自我，即陶行知说的"实际生活是我们的指南针"。"假自我"却围绕别人的感受，围绕书本、权威、命运的感受来构建自我，如孔子说的三畏："畏天命、畏大人、畏圣人言"。

回到教师的做法上，就是不要强迫学生按照"我"的意愿行动，在师生关系隔阂的问题上，有些教师无法做到师生"心心相印"。因为教师的目标往往不是围绕学生建立的，而是围绕学科和社会评价建立的。有的教师常常说，"我是为了你们好"，并且的确"为了你们好"而尽职，但是学生会觉得这很假。学生觉得自己成了教师的工具。假集体没有真正的温暖，不是"我与你"的本体关系，而是"我与它"的工具关系。陶行知在《育才学校创办旨趣》一文中说："真的集体生活必须有共同目的，共同认识，共同参加。"[①] 中国是社会主义国家，以集体关系为主，倘若集体关系是假的关系，这是危险的。

2. 培养具有"真知识"的人

陶行知认为，"惟有从行动上得来的真知识，才是真的力量"[②]。当前学校教育在这方面依旧显得捉襟见肘，学生学习知识多是从书本中阅读而来，这类知识没有"经验做准备金"，就缺了"信用"，没有真力量。如今劳动教育的再重视，研学实践的逐步推广，希望能为学生学习知识提供经验基础。然而仅是增加这类实践类课程是不够的，还应该加强各学科综合实践课的渗透，完成教学方式由书本到生活和教学场所由教室内到教室外的转型。

如果学生对所学知识缺乏兴趣，那么这种知识就属于缺乏真力量的知识。对教师而言，培养具有"真知识"的人，教学应该从以"教"或"学"为中心转向以"做"为中心，不能只满足于知识传授，而是应该与学生的行动紧密联系，让学生真正掌握知识。

3. 培养具有"真意志"的人

计划是提升个人意志的重要法宝。实践证明，有计划的生活和没有计划的生活，效率和质量差别很大，前者总是比后者好很多。有少数人认为，计划是妨碍自由的。与其说计划妨碍自由，不如说计划妨碍任性。近年来疫情背景之下，学生没有学校课时计划安排，学习生活就处于自由之中，线上学习暴露出一些学生意志薄弱的问题，学习效果大打折扣，学习成绩下降了很多。

联合国教科文组织出版社的《学会生存：教育世界的今天和明天》一书提到："未来的文盲不是不识字的人，而是没有学会怎么学习的人。"自主学习是指

---

① 胡晓风，金成林，张行可，等. 陶行知教育文集 [M]. 成都：四川教育出版社，2007：478.

② 胡晓风，金成林，张行可，等. 陶行知教育文集 [M]. 成都：四川教育出版社，2007：313.

一个人不受外界环境干扰和影响，主动进行学习的一种学习方式，更是一个人走向卓越的核心能力。对于教师而言，培养这种自主学习者成为教育教学的重要任务。

总之，对教师自己而言，"求真"过程是"教研写"不断递进的过程；对培养学生而言，"树真人"则需要教师能以学生为中心，心心相印，构建学习共同体，倾听、接纳学生。教师应转变教学方式，促进学生自主学习，立体地让学生拥有真感情、获得真知识和培养真意志，做"知情意合一"的真人。

第二章 陶行知生活教育的"大爱"思想

陶行知先生是伟大的人民教育家,他的教育理论充满了大爱,他的生活教育理论可以说是大爱的教育理论。陶行知的大爱教育就是教师用"爱满天下"之心、用自身的生命去发现学生、了解学生、解放学生、信仰学生和变成学生的教育。

一、陶行知爱的教育思想内涵

陶行知说:"捧着一颗心来,不带半根草去。"① 这样的爱心,是"爱满天下"的大爱心;陶行知说:"你若把你的生命放在学生的生命里,把你和你的学生的生命放在大众的生命里,这才算是尽了教师的天职。"② 这种用生命,不是要去牺牲,而是要让彼此之间的生命得到交融;陶行知说:"发现小孩、了解小孩、解放小孩、信仰小孩、变成小孩。"发现小孩是爱的前提,了解小孩是爱的基础,解放小孩是爱的方法,信仰小孩是爱的理念,变成小孩是爱的行动。陶行

---

① 胡晓风,金成林,张行可,等. 陶行知教育文集[M]. 成都:四川教育出版社,2007:584.
② 胡晓风,金成林,张行可,等. 陶行知教育文集[M]. 成都:四川教育出版社,2007:397.

知说:"真教育是心心相印的活动。"① 因此,要有"发现小孩"的耐心、"了解小孩"的诚意、"解放小孩"的智慧、"信仰小孩"的理念和"变成小孩"的行动才能做到教育上的心心相印,向着这样的方向前进的教育是真教育,是大爱的教育。

二、"爱"之行为的需要基础

对陶行知"爱的教育",我们还需要作更深层次的认识。当年陶行知教育思想和理论发展起来的时候,心理学还没有得到大发展,陶行知教育理论明显少有心理学方面的理论探索。鉴于此,笔者从行为的基础——需要,挖掘、寻找爱的行为起点。

(一)行为的目的在于满足需要

虽然心理学上,人的行为动力是由主观需要和客观事物共同制约决定的。按心理学所揭示的规律,欲求或需要引起动机,动机支配着人们的行为。当人们产生某种需要时,心理上就会产生不安与紧张的情绪,成为一种内在的驱动力,即动机,它驱使人选择目标,并进行实现目标的活动,以满足需要。需要满足后,人的心理紧张得以消除,然后又有新的需要产生,引起新的行为,周而复始,循环往复。

(二)马斯洛需要层次理论

马斯洛需要层次理论,亦称"基本需求层次理论"。这个理论是行为科学的理论之一,由美国心理学家亚伯拉罕·马斯洛于1943年在《人类激励理论》中提出。他将需要分为五种:生理需要,安全需要,情感和归属需要,尊重需要,

---

① 胡晓风,金成林,张行可,等. 陶行知教育文集[M]. 成都:四川教育出版社,2007:210.

自我实现需要。另外还有两种需要，即求知需要和审美需要。这两种需要未被列入马斯洛的需求层次中，他认为这二者应居于尊重需要与自我实现需要之间。

某种程度上，马斯洛的需要层次理论可以与弗洛伊德的人格理论结合起来。笔者将就此来做尝试。

（三）从弗洛伊德的"三我"到"四我"

弗洛伊德关于人格的理论是"本我""自我""超我"。如果假设人的全部人格就是这三种"我"，那么马斯洛的需求层次理论的需求应该可以分别指向这三个"我"。也就是人的需求，必定是某种"我"的需求。

"本我""自我""超我"都是心理人格的"我"。笔者为了理论的完美性，这里加上一个"体我"。"体我"是人的身体之我，表现在对内外环境的知觉的我。"体我"不同于"本我""自我""超我"，完全是人的物质性"我"。马斯洛需求理论中也有对应的"体我"的需求。"体我"同样是有需求的，比如，身体有缺陷，其产生自卑的可能性很大，很多人有"体我"方面的补偿心理，比如个子矮的，喜欢找个子高的伴侣，胖的喜欢找瘦的伴侣，主要对应马斯洛的生存性生理需要。

综合来看"体我""本我""超我"是人在其物质性、生物性、社会性三个方面的进化结果，而"自我"是个体对这三者的认识并协调统一的、意识的"我"，属于精神性的"我"，笔者将这"四我"称为"全人格我"。

三、"大爱"教育思想：陶行知"四颗糖"的故事新解

陶行知爱的教育的故事之一是陶行知的"四颗糖"的故事。我们先回顾这个故事，再对这个故事进行心理学上的剖析。

有一天，校园里一个学生王友在打另一个学生。陶行知匆忙走过去喝住，然后对王友说："你下午三点钟到我办公室来！"

下午三点钟，王友诚惶诚恐地来到他的办公室，准备接受严厉的惩罚。不

料，陶行知竟微笑着迎上前去拉住他的手，亲切地让其坐到自己的身边，并从自己的口袋里掏出一块糖来。

"让你三点到，你就准时到，说明你很遵守时间，这很好。"陶行知说，"这块糖就是对你的奖励。"王友接住糖，满脸疑惑。

这时，陶行知又掏出一块糖。

"我了解过了，是他欺负女同学你才打他的。"陶行知将第二块糖轻轻地递过去，说，"这说明你很有正义感，也应该奖励。"

当王友接住第二块糖时，疑惑的脸上开始有了笑容，眼睛里闪烁着一种喜悦的光芒。陶行知掏出第三块糖。

"你很懂得尊重别人！"陶行知接着说，"当你打架时，我走过去让你住手你就不打了，这很好嘛，我就喜欢你尊重别人这一点，也应该奖励。"

王友接住第三块糖后，开始不好意思起来。他眼睛里的喜悦，渐渐被自责、后悔和羞愧所代替，面对这样的校长，他不得不垂下自己的头来。

"打人——毕竟是不对的。"王友低垂着头，小声表态说，"校长，我错了，我愿意向他道歉！"

"好！"陶行知立即从衣袋里掏出第四块糖，高兴地说，"我就知道你是一个知错能改的好学生，更应该奖励！"

王友离开陶行知办公室时，眼睛里含满了感动的泪水，而陶行知的脸上，则始终是带着微笑的。

从上面这个故事，可以看到陶行知是如何满足"四我"需要的，正是这种全面地满足"四我"的需要，这个故事才能成为经典爱的教育故事。

故事中写道："陶行知竟微笑着迎上前去拉住他的手，亲切地让其坐到自己的身边，并从自己的口袋里掏出一块糖来。"陶行知拉住学生的手，让其坐到自己的身边，这些行为都是对学生"体我"的满足，表面上拉近与学生身体的距离，实际上缩短了心理距离。

故事中又写道："'让你三点到，你就准时到，说明你很遵守时间，这很好。'陶行知说，'这块糖就是对你的奖励。'"遵守时间是对他人的尊重，是"超我"的表现，陶行知肯定该学生的"超我"。

接着，陶行知说："我了解过了，是他欺负女同学你才打他的。"陶行知将第二块糖轻轻地递过去，说，"这说明你很有正义感，也应该奖励。"这也是对学生

"超我"的认同。

紧接着,陶行知说:"你很懂得尊重别人!""当你打架时,我走过去让你住手你就不打了,这很好嘛,我就喜欢你尊重别人这一点,也应该奖励。"这段话表面上是写学生尊重老师,但实际是表明陶行知肯定了学生的"自我"即该学生能够有正确的现实判断,老师叫他住手,他就住手了,没有失去自我判断能力。

故事还写道:"王友接住第三块糖后,开始不好意思起来。他眼睛里的喜悦,渐渐被自责、后悔和羞愧所代替,面对这样的校长,他不得不垂下自己的头来。

'打人——毕竟是不对的。'王友低垂着头,小声表态说,'校长,我错了,我愿意向他道歉!'"

这些都是反映王友"本我"的转变。

因此,陶行知接下来就说:"好!"并立即从衣袋里掏出第四块糖,高兴地说,"我就知道你是一个知错能改的好学生,更应该奖励!"

这第四块糖就是奖励王友"本我"的。

总体上看,陶行知先生首先通过微笑、拉手、并坐等行为奖励了王友的"体我";然后通过第一、二块糖奖励了王友的"超我";再通过第三块糖奖励了王友的"自我";最后一块糖奖励王友的"本我"。

在笔者看来,陶行知平衡地对待王友的"体我""自我""本我""超我"从而使其得到应有的满足,才产生了完全的、大爱的教育效果。

在这个故事中,陶行知先生有去发现、了解王友打人的原因,有解放王友自我的认知能力,让他意识到自己的错误,有信任王友,看到他正义的一面,更有变成孩子,与王友拉手、并坐在一起。这是用心、用生命的大爱的教育。因此,"大爱"教育思想指的是教育者实施爱的行为,以满足"全人格我"的需要,激发受教育者的行为动机,产生使学生受教育的行为。陶行知先生的"大爱"是教师用"爱满天下"之心、用自身的生命去发现学生、了解学生、解放学生、信仰学生和变成学生的教育。之所以说是大爱,是因为这种爱是对受教育者"全人格我"的爱。在这个故事中,我们也看到了陶行知先生是如何用心、用生命去发现学生、了解学生、解放学生、信仰学生和变成学生。陶行知先生的发现学生、了解学生的目的是激发学生"超我",解放学生是激发学生"本我",信仰学生是激发学生"自我",而变成学生是激发学生"体我"。这就是"全人格我"的大爱。

四、陶行知"大爱"教育思想的启示

从上面的分析，我们逐渐可以看到陶行知"大爱"教育思想的模样了。

（一）对生活中常见的爱的启示

在日常生活中，有各种各样的爱。为什么会有这些爱，说到底，是不同的"爱"满足不同的"我"的需求。

"望子成龙"——很多父母希望自己的孩子有出息，给孩子灌输成为成功人士的各个方面，并加以训练。说到这种爱，父母往往说，"我也是为了孩子好呀"，但实际上，孩子并不会因为这种爱而得到很好的发展。"望子成龙"基本上只关心孩子的"超我"而忽视了孩子"体我""本我""自我"的需求。不幸的是，教师也容易跟父母一样。因为很多教师在潜意识中认为教师要像父母一样爱学生，也希望学生能成龙。

"溺爱"——大多数家庭有"溺爱"孩子的倾向，尤其是独生子女的家庭，孩子基本上不用体力劳动。这是过度不满足孩子"体我"的表现。对一个孩子来说，"体我"需要一定的正常劳动。

"严父之爱、慈母之爱"——很多父母要么对孩子施以权威的"严父之爱"，处处要求做到很好，要么对孩子施以"慈母之爱"。这两种爱，一种极易压抑孩子的"本我"欲望，一种则容易放任孩子的"本我"欲望，两者都不是正确的爱。

（二）要始终站在学生的角度，全面地关爱学生"全人格我"的发展

从心理学角度分析，陶行知"大爱"教育思想的目的是让我们看到，爱的本质指向要满足人格的多个"我"的需求。当前爱的教育的关键词有"平等""尊重""理解""宽容""赏识""民主"等；还有传统爱的教育关键词，如"严格"

"信任"等。这些关键词，一定程度上与陶行知发现学生、了解学生、解放学生、信仰学生和变成学生有着很大的区别。这就指明爱的教育应该要看到学生个体的我，不再是一个单独的我，而是多个人格我的综合体。比如"平等"，教育者对学生的平等，要能够平等到人格我的各个方面，不能只是某些人格我的平等。我们常常看到这样的新闻，在天气严寒甚至下雨的季节，学生被学校要求（冒雨，衣服单薄地）迎接上级教育部门的检查。这就没有平等地对待学生的"体我"。同样像"尊重""理解""宽容""信任""严格"等都要全面地对待学生人格的我，这是爱的教育原理最重要的启示。结合陶行知"大爱"教育思想，我们就能够明白，对待像"平等""尊重""理解""宽容""信任""严格"等爱的行为，教育者要始终站在发现学生、了解学生、解放学生、信仰学生和变成学生的角度，全面地关爱受教育者人格的"我"的发展。

真正的教育，也必定培养学生的博爱。这种爱，是对人生生命的挚爱。一个挚爱自己人生和生命的人才会有接受教育的根本动力。教师如果要具备爱，那么他的爱要能够有助于激发学生追求人生生命的目的；他的爱必须是大爱，是对学生"全人格我"的爱。唯有这样的爱才能真正激发人的生命意志，使之成为生命的根本动力。

第三章　陶行知生活教育的"创造"思想

为什么中国教育就不能培养出创新型人才？社会苦恼，家长苦恼，教育家更苦恼。钱学森临走时留下了"钱学森之问"：中国学校为什么培养不出杰出人才？伟大的人民教育家陶行知先生一生专心地改造没落的旧教育，在建设民主科学的新教育奋斗历程中，创立了具有中国特色的生活教育理论，其中关于创新教育思想不乏真知灼见。为了更好地响应科教兴国和人才强国战略，顺应构建教育生活化这一当代中国教育发展的核心理念，回应"钱学森之问"，本书充分挖掘其重要的理论指导、实践应用方面的价值。这里主要对陶行知创造教育思想进行探索。

一、"敢"：生活教育关于创造精神与创造意识

一般来说，一个人要有创造精神或创造意识，先要有怀疑精神。西方文明中有优良的怀疑传统。笛卡尔怀疑一切，最终找到"我思故我在"这个不可怀疑的起点。休谟怀疑一切知识的来源，提出一切知识来源于经验，开辟了经验论传统。康德怀疑传统的认识，提出了哥白尼革命式认识观——逻辑是先验存在的。西方文化中一贯具有的怀疑精神传统，成为西方文明不断创新的不竭动力。中国人缺少创造精神也是有原因的，如孔子说："畏天命，畏大人，畏圣人言。""非

礼勿视，非礼勿听，非礼勿言，非礼勿动。"而当今我们的教育也变成"畏本本，畏权威，畏领导"和"非考勿问，非考勿思，非考勿学，非考勿教"。陶行知在论述第一流的教育家时就教导教育家要有胆量。他说："敢探未明的新理，即是创造精神；敢入未开化的边疆，即是开辟精神。创造时，目光要深；开辟时，目光要远。总的来说，创造、开辟都要有胆量。"[1] 又在《育才十字诀》最后一诀说："十（誓）必克服……必须有战到底之意志，才能克服大难，以至于成。"从中不难看出，要想创新，得有"胆量"。这胆量要"目光深""目光远"才能拥有。间接地要求创新者去"探未明的新理""入未化的边疆"，要求得更深，看得更远，还要有韧性，有战斗到底的意志，那就是胆量和目光要长期保存，不能是一时的。一时的胆量和目光是难以有创新，必然会被打压下去。因此有这种创造精神，就不难没有创新的意识。

可见陶行知先生强调胆量和眼光，是针对国民缺少"开辟"创造的勇气来说的。如今我们的教育仍旧有这种左不敢、右不敢的现状，因此，创造精神和创新意识首先需要的是勇气，其次才是怀疑的启示。

二、"做"：生活教育关于"创造能力"的论述

一般来说，人与动物的区别在于人的头脑，人的头脑可以创造新的东西来改造自然。世界的各种物质文明、精神文明都要靠人脑来发明创造，不是仅靠本能和手脚就可以。而一个人的头脑的聪明和创造能力取决于其思维水平，一个人的思维水平越高，其创造力和聪明度就越高。一个人的思维水平取决于记忆力、理解力和创造力，且理解力是决定思维水平的关键。古代封建社会的读书人被训练出很强的记忆力，为了科举考试，大多数士人能熟背四书五经，但这并没有提高我们民族的理解力，更别说创造力。因此，我们民族思维水平并不高。纵观当今

---

[1] 胡晓风，金成林，张行可，等. 陶行知教育文集[M]. 成都：四川教育出版社，2007：47.

的各种发明创造，尤其理论上的创造，我们民族贡献给世界人民的太少。理解力的关键就是思维的逻辑，凡新的创造包括对新的概念、新的判断、新的命题、新的推理等一系列的创造，本质上是对事物之间关系的联系和发展的认识，也即对规律的认识，都要有依据。缺少依据，创造就不可能真正形成，更不能让大多数人创造。这个依据指的就是如何思维的形式——逻辑。

中国学生有较好的记忆力，有能分析和归纳处理既成的确定的知识的能力。而对于不确定的、没有依据的、不被支持的想法却甚少有这样的能力。因此，陶行知先生认为创造能力培养的关键是在行动上，在做上。要先行动，才去"知"，才去理解。因此，他将自己的名字由"知行"改为"行知"。他说："由行动而发生思想，由思想产生新价值，这就是创造的过程……中国现在的教育是关门来干的，只有思想，没有行动的。"可见行动是在创造过程中陶行知看得最重的。为此，在传统的"教""学"思想中，陶行知加上了"做"，提出"做中学""做中教""教学做合一"的教育思想。"做"是学知识的开始，我们的教育不在做上下工夫，就不能得到客观世界的第一手资料，就谈不上理解客观世界了，也就只能在前人的知识上玩文字游戏，读死书了。虽然做是开始，但学是目的，所以不是为做而做，是学生为学而做，是教师为教而做，提倡"在劳力上劳心"。可见由行动开始的创造过程也是针对我们民族"劳力"不"劳心"、"劳心"不"劳力"这种割裂的文化传统而提出的。在提高创造能力上，可以看出陶行知先生指出了"在劳力上劳心"的做上学和教的创造途径。这种途径基于"劳力"，目的在于"劳心"，可以提高思维水平，真正达到提高创造能力的目的。

三、"真"：生活教育关于创造环境

卢梭说："人生而自由，却又无往而不在枷锁之中！"① 人人都渴望自由，"却又无往而不在枷锁之中"。因此自由总是需要争取和追求的，人为了争取自

---

① 〔法〕卢梭. 社会契约论 [M]. 何兆武，译. 北京：商务印书馆，2006：4.

由，必须激发自己的创造能力和改造世界的能力。我们的民族向来缺乏求真的自由精神。因此古代中华民族就无法与自然科学的发明创造真正有缘，有人会说，中国古代有许多领先世界的发明创造，但那些发明创造是基于经验的技术，并没有形成必然性的认识和普遍性的传播应用。中国古代有四大发明，而关于这些发明的原理却是西方人发现的，没有这些原理的发现就没有它们的普及应用。当代技术发明，无不是建立在科学理论的基础上。同样，没有追求真的逻辑思维，我们的民族道德的善也将是伪善。比如，古代伦理中的"君君臣臣、父父子子、夫夫妇妇"这三纲规定君臣、父子、夫妇之间的相处原则，在逻辑上属于辩证关系，即君臣之间、父子之间、夫妇之间有交集。如果交集的双方具有同类的关系，那么应该首先承认它们的平等性。可儒家的"三纲"并不承认这种平等关系，即不承认君与臣首先都是人，具有平等性，君往往不是人，是天子，即使是人也是圣人、圣上，而臣只能是人。因此，君臣关系就是有差等，不被认为是辩证关系而是包含关系。因此，中国古代甚至至今仍旧没有形成完全的人人平等的意识。没有平等的君臣之间、父子之间、夫妇之间的关系，哪里可能会有真诚的善。再者如果没有求真的自由精神，连美也会失去了真，通观我们的国画艺术，其画的特点是离形取神，而实际上，国画根本就不注重透视原理，不注重物体明暗关系，可见一斑。

不求真，不较真，人就无法掌握自然、社会、人的心理的必然规律，就无法有自由。没有自由，创造就无从谈起，因此陶行知特别主张求真，说："千教万教，教人求真；千学万学，学做真人。"[①] 求真，为创造的世界营造一个培养"真"人的"真"环境。而对于求真，陶行知看得更透，他知道，"非要有民主的教育不可，非要解放人不可"。因此，"解放"和"民主"是陶行知对创造环境解答的要点，他提出了"六大解放"思想和民主的创造思想。他说："培养创造力，以实现创造的民主和民主的创造。解放眼睛，敲碎有色眼镜，教大家看事实。解放头脑，撕掉精神的裹头布，使大家想得通。解放双手剪去指甲，摔掉无形的手套，使大家可以执行头脑的命令，动手向前开辟。解放嘴，使大家可以享受言论自由，摆龙门阵，谈天、谈心，谈出真理来。解放空间，把人民与小孩从文化鸟

[①] 胡晓风，金成林，张行可，等. 陶行知教育文集[M]. 成都：四川教育出版社，2007：556.

笼里解放出来，飞进大自然、大社会去，寻觅丰富的食粮。解放时间，把人民与小孩从劳碌中解放出来，使大家有点空闲，想想问题，谈谈国事，看看书，干点于老百姓有益的事，还要有空玩玩，才算是有点做人的味道。有了这六大解放，创造力才可以尽量发挥出来。"① 就民主的创造思想，他提出"我要提醒大家注意创造力最能发挥的条件是民主……但如果要大量开发创造力，大量开发人矿中之创造力，只有民主才能办到，只有民主的目的、民主的方法才能完成这样的大事"②。

因此，创造的环境条件是民主。陶行知说："民主应用在教育上有三个最要点：1. 教育机会均等，即教育为公，文化为公……2. 宽容和了解……3. 在民主生活中学民主。"③ 而具体教育上要进行解放，其目的是"求真"。"六大解放"使环境与目的结合起来，真正将创造力发挥出来。

四、"实"：生活教育关于创造能力的评价标准

我们的教育允许追求创造吗？一是学校教师没有创造的自由精神和被允许求创造的自由精神。学校管理衙门化，学术权力不能在学术中起主导作用就是最好的明证。二是学生也不被激励创造。"考试教育"就是这种压抑的根源。如果说教育需要考试，这一点没有错，不论是笔试、面试还是口试都是促进、检测和评价教育成果的重要手段。然而我们的考试往往用心之怪，算计学生，无所不用其极地刁难学生，要求学生迎合考试；混乱学生的正确的认识，无视学生的主观创造看法。

---

① 胡晓风，金成林，张行可，等. 陶行知教育文集[M]. 成都：四川教育出版社，2007：543.

② 胡晓风，金成林，张行可，等. 陶行知教育文集[M]. 成都：四川教育出版社，2007：521.

③ 胡晓风，金成林，张行可，等. 陶行知教育文集[M]. 成都：四川教育出版社，2007：521.

陶行知认为，评价创造教育的成绩，并不是不要考试，而是不要那种摧残人才、摧残青少年和消灭民族生存力的杀人的考试。他主张"创造的考成所要考的是生活的实质，不是纸上的空谈"。他还举了几个例子，一是校内师生及周围人民的身体强健了多少？有何证据？二是校内师生及周围人民对于手脑并用已经达到了什么程度？有多少人获得了继续不断的求知欲？有何证据？三是校内师生及周围人民对于改造物质及社会环境已经达到什么程度？有何证据？这三个问题，要求学生必须对学习的人事物，对周围的人事物都要关心，而且还得拿出证据，平时不仅要关心，还得做这些，否则就没有证据。这种考试，不是唯"书"是从，是源于生活的，生活需要解决什么问题，就要考什么，这种考试考的是实实在在的生活，也要学生实实在在去做。关键在于一个"实"字。

总之，陶行知先生的创造教育思想告诉我们，要有创造的精神，就要有胆量和眼光，在于一个"敢"字；要提高创造能力，就要"在劳力上劳心"，在于一个"做"字；要评价创造能力就要用"创造的考成"，考的是生活的实质，在于一个"实"字；要有创造的环境就要有民主的环境和解放人的方法，最终目的还是在于一个"真"字。综上，陶行知创造教育思想可以用"敢做真实"四字真言来概括。

第四章 陶行知生活教育的目标体系

陶行知提出了独特的生活教育目标体系，该体系具有深厚的理论内涵和广泛的实践意义。其目标体系主要包含三个方面：对人的培养目标、对教育的发展目标以及对社会的目标。这三个方面相辅相成，共同构成了陶行知生活教育目标体系的丰富内涵。它不仅关注人的全面发展，还注重教育的发展和完善（知情意合一），以及教育对社会的贡献（改造社会）。这一目标体系体现了陶行知对教育事业的深刻理解和独特见解，对于推动新时代中国式现代化教育的发展具有重要的启示作用。

一、陶行知生活教育的目标体系内容

（一）"真善美的活人"培养目标

1917年，陶行知先生从美国回国任教南京高等师范学校。1919年7月，陶行知先生在浙江第一师范学校演讲时说过，新教育的目的"可分两项说明：第一对于天然界，要使学生有利用他的能力。……第二项目的，是对于群界要讲求共和主义，使人人都能自由守着自己的本分去做各种事业。……概括说起来，就是要养成'自主'、'自立'和'自动'的共和国国民"①。从中可以看出陶行知先生很早就形成了有关教育目标的两个方面：一是对人的能力培养，二是对人的社会化的培养。1924年，他对南京安徽公学提出明确目标：我们研究学问，要有科学的精神；我们改造环境，要有美术精神；我们处世应变，要有大丈夫的精神。并特别强调"做人中人的道理很多，最要紧的是要有'富贵不能淫，贫贱不能移，威武不能屈'的精神"②。到此，陶行知先生的教育目标初步形成三个方面：一是个人的能力；二是教育的改造社会（环境）；三是做人。

1926年，陶行知的生活教育培养目标初步形成，最初这个目标是提出来试验乡村师范、培养乡村教师的："我们深信乡村教师必须有农夫的身手，科学的头脑，改造社会的精神。"③ 后来，这个目标先扩大为四个，最后是五个方面，如在《改革乡村教育案》中陶行知认为："乡村小学教育应按照下列目标训练之：1. 农人的身手；2. 科学的头脑；3. 艺术的兴味；4. 改造社会的精神。"④ 据他在晓庄时期的学生刘季平说："三十年代，他在晓庄师范就曾提出农夫的身手、科学的头脑、改造社会的精神等招生条件，后来又具体化为健康的体魄、劳动的身手、科学的头脑、艺术的兴趣、改造社会的精神五种生活要求，作为培养目标。"⑤ 陶行知先生在《这一年》⑥中明确提出生活教育的五目标："一、康健的体魄；二、农人的身手；三、科学的头脑；四、艺术的兴趣；五、改造社会的精神。我主张以国术来培养康健的体魄，以园艺来培养农人的身手，以生物来培养科学的头脑，以戏剧来培养艺术的兴趣，以团体自治来培养改造社会的精神。"这五个目标中，"康健的体魄"也有作"健康的身体"，"农人的身手"也有作"劳动的身手"。

---

① 胡晓风，金成林，张行可，等. 陶行知教育文集[M]. 成都：四川教育出版社，2007：48.
② 胡晓风，金成林，张行可，等. 陶行知教育文集[M]. 成都：四川教育出版社，2007：109.
③ 胡晓风，金成林，张行可，等. 陶行知教育文集[M]. 成都：四川教育出版社，2007：150.
④ 陶行知. 陶行知全集：第二卷[M]. 成都：四川教育出版社，1991：414.
⑤ 刘季平. 改革师范教育的新路[M]. 合肥：安徽教育出版社，1990：8.
⑥ 胡晓风，金成林，张行可，等. 陶行知教育文集[M]. 成都：四川教育出版社，2007：209.

生活教育的另一个目标就是"培植生活力"。在《我们的信条》（1926年11月）中陶行知先生明确提出："教育就是培植生活力。"此后在《教学做合一下之教科书》（1931年10月）中，要培养的生活力与五个目标就合一了，即生活力的培养是从五个方面开展的。文中指出："以上七十种生活力和教学做指导，不过是我个人随手所举的例子。把它们归起类来，（一）至（一〇）属于康健生活；（一一）至（二〇）属于劳动生活；（二一）至（五〇）属于科学生活；（五一）至（六〇）属于艺术生活；（六一）至（七〇）属于社会改造生活。我想这些例子不过是全部生活力之少数，内中之概括的还应该细分。"[①] 以上是关于生活力这个教育目标的五个方面，生活力的培养就是要培养活人，培养有能力的人。

关于个人的培养目标，就是做怎样的人。主要有以下几种做人的观点：

一是做真人。陶行知写过一篇《假人》的文章，倡议大家要洗心革面，共同手创一个光明磊落的真世界。《假人》一文附有十首诗，分别为《假好人》《假父子》《假母女》《假夫妻》《假情人》《假朋友》《假师生》《假军队》《假官吏》《新武松》。可见陶行知先生对当时社会中各种假人现象的深恶痛绝。所以倡导教育要教真人，就是他的一个重要思想。这就是我们所熟悉的"千教万教教人求真，千学万学学做真人"。但是如何做"真人"呢？陶行知在《小学教师与民主运动》中很无奈地说："这教人求真和学做真人的教学自由，也只有真正的民主实现了才可能。"[②] 这表达了做"真人"必须有民主的环境，也就是要人人平等的环境。

在《追求真理做真人》一文中，陶行知先生说："我们必须坚持'宁为真白丁，不作假秀才'之主张进行。……总之，'追求真理做真人'不可丝毫妥协。"[③] 明确表达了做"真人"的途径是"追求真理做真人"。然而真理如何追求？民主环境如何产生？为了解开这些问题，就必须分析中国人做不了"真人"的根源。

二是做自动的人。他说："不能自动即被动。被动是要受到人家的牵制，愈

---

① 胡晓风，金成林，张行可，等. 陶行知教育文集 [M]. 成都：四川教育出版社，2007：258.

② 胡晓风，金成林，张行可，等. 陶行知教育文集 [M]. 成都：四川教育出版社，2007：556.

③ 胡晓风，金成林，张行可，等. 陶行知教育文集 [M]. 成都：四川教育出版社，2007：488.

被动愈受牵制。牵制愈多，则民族性愈弱，国势愈危。个人能自动，则个人人格自尊。全国国民人人能自动，则国势自强，则国体自尊，莫之敢侮了。"① 培养自动的人是陶行知先生一贯的主张。自动的人，是自动主义所提倡的。1919年，陶行知在《学生自治问题之研究》中指出："近世所倡的自动主义有三部分：一、智育注重自学；二、体育注重自强；三、德育注重自治。所以，学生自治这个问题，是自动主义贯彻德育的结果。"② 1927年，他又在《中国乡村教育运动之一斑》中介绍了乡村师范学校的课程。其中一门课程就是学生自动地教学做，是由学生自动计划和决定的。这门课程大部分是关于个人的事情。1940年，《育才学校教育纲要草案》再次指出："育才学校要养成儿童之自我教育精神。除跟教师学外，还跟伙伴学，跟民众学。"③ 自动的人，扩展开去，就是要做主人，做人中人，做小先生，做自觉的人，自立立人，以教人者教己的人。

三是做整个的人。陶行知先生在《学做一个人》提出："要做一个整个的人，别做一个不完全、命分式的人。""做一个整个的人，有三种要素：（一）要有健康的身体。（二）要有独立的思想。（三）要有独立的职业。"做整个的人是陶行知关于做人思想中的重要组成部分。这整个的人要手脑并用，在劳力上劳心，劳动与教育不分家，生活与教育不分家。也就是要全人教育（人人干活，人人求知，不做工的人不配吃饭，不做工的人也不配受教育），要全程教育（活到老，做到老，学到老，教到老，团到老），要全面教育（健康的身体、劳动的身手、艺术的兴味、科学的头脑、改造社会的精神）。

1943年，在《创造宣言》一文中，陶行知先生说："教育者不是造神，不是造石像，不是造爱人。他们所要创造的是真善美的活人。真善美的活人是我们的神，是我们的石像，是我们的爱人。教师的成功是创造出值得自己崇拜的人。先生之最大的快乐，是创造出值得自己崇拜的学生。"④ 至此，陶行知的做人思想

---

① 胡晓风，金成林，张行可，等. 陶行知教育文集［M］. 成都：四川教育出版社，2007：343—344.
② 胡晓风，金成林，张行可，等. 陶行知教育文集［M］. 成都：四川教育出版社，2007：54.
③ 胡晓风，金成林，张行可，等. 陶行知教育文集［M］. 成都：四川教育出版社，2007：484.
④ 胡晓风，金成林，张行可，等. 陶行知教育文集［M］. 成都：四川教育出版社，2007：507.

已经变成了培养"真善美的活人"。"真"已经知道,何谓"善"?善是能够实践、能够自动的人,能够自立立人、自觉觉人的人。何谓"美"?美就是完整的人,全面、全程的人。何谓活人?活人就是有生活力的人。这就是"真善美的活人"。

(二)"教育为公"的教育目标

1945年,他在《实施民主教育的提纲》中明确谈到了教育的对象和教育的目的。其中指出:"'文化为公''教育为公'是教育的目的,但又不妨因材施教。国民教育,与人才教育略有不同。国民教育,是人人应当免费受教育。"[1]

他积极推动教育走向民主,或者说将民主运用到教育方面。"第一,民主的教育是民有、民治、民享的教育。第二,民主的教育,必须办到各尽所能,各学所需,各教所知。"[2] 如此的教育,才是民主的教育,这是陶行知先生对"教育为公"的最大愿望。之所以提出民主教育,是因为大清帝国时代是"一个主人教育与四万万人的奴隶教育,和文武百官的奴才教育"[3],还因为国民党搞党化教育。

关于民主教育的方法,他在《民主教育》一文中罗列了十种之多:

(一)教育为公,以达到天下为公;全民教育,以实现全民政治。我们反对党化教育,反对党有党办党享的教育,因为党化教育是把国家的公器变作一党一派的工具。

(二)教人民肃清法西斯细菌,以实现真正的民主。

(三)启发觉悟性。

(四)培养创造力。

(五)各尽所能,各学所需,各教所知,使大家各得其所。

(六)在民主的生活中学习民主、在争取民主的生活中学习争取民主。

(七)尽量采用简笔汉字、拉丁字母,双管齐下,以减少识字困难,使人民

---

[1] 胡晓风,金成林,张行可,等. 陶行知教育文集 [M]. 成都:四川教育出版社,2007:535.

[2] 胡晓风,金成林,张行可,等. 陶行知教育文集 [M]. 成都:四川教育出版社,2007:534.

[3] 胡晓风,金成林,张行可,等. 陶行知教育文集 [M]. 成都:四川教育出版社,2007:559.

特别是边民易于接受教育。

（八）充分运用无线电及其他近代交通工具，以缩短距离，使边远地方之人民、小孩可以加速地享受教育。

（九）民主教育应该是整个生活的教育。

（十）我们必须发现穷办法，看重穷办法，运用穷办法，以办成丰富的教育。

这十种民主教育的方法，其实可以归纳为五种：一是启发觉悟性。使民众明了什么是民主教育，反对法西斯，反对党化教育，反对专制教育。二是培养创造力。三是各尽所能，各学所需，各教所知，各得其所。四是在民主的生活中学习民主。五是注意应用字母、科学和经济的方法实现民主教育。

（三）"造富的社会"的社会目标

陶行知先生反复强调教师和学生"心中都应当有一个理想的社会"，而"教育是实现理想社会的历程，假使现实社会中有不好的东西，我们就要运用教育的力量去变化它。至于优良的虽在社会之外，也要把它吸引进来"。生活教育认为："中国乡村教育走错了路！他教人离开乡下向城里跑，他教人吃饭不种稻，穿衣不种棉，做房子不造林；他教人羡慕奢华，看不起务农；他教人分利不生利；他教农夫子弟变成书呆子；他教富的变穷，穷的变得格外穷；他教强的变弱，弱的变得格外弱。因而惊呼'前面是万丈悬崖，同志们须把马勒住，另找生路'。"[①]因此，生活教育的另一教育目标就是造富的社会。

1930年，陶行知在《晓庄三岁敬告同志书》提到："在教育的立场上说，我们所负的使命：（一）是教民造富；（二）是教民均富；（三）是教民用富；（四）是教民知富；（五）是教民拿民权以遂民生而保民族。"[②] 这最后一项，可谓保富。1931年，他在《中华民族之出路与中国教育之出路》一文中，又说："中国教育的第二条出路：教人创造富的社会，不创造富的个人。"并指出："创造富的社会之过程中，教育之任务如下：（一）教人创造富的社会，便是教人创造合理的工业文明，便是引导人民在合理的工业上出头。（二）教人创造合理的工业文明，便是教人创造合理的机器文明，合理的机器文明，便是要人做机器的主人，

---

① 陶行知. 陶行知全集（第一卷）[M]. 成都：四川教育出版社，1991：100.
② 胡晓风，金成林，张行可，等. 陶行知教育文集 [M]. 成都：四川教育出版社，2007：235.

不做机器的奴隶。（三）科学是工业文明的母亲，我们要创造合理的工业文明，必须注重有驾驭自然的力量的科学。甲、任何教师必须擅长一门自然科学，没有自然科学训练的，不配做现代的教师。乙、科学要从小教起。丙、不做无学，不学无术。科学实验要在做上学，在做上教。读科学书籍，听科学讲演，而不亲手去做实验，便是洋八股而非真科学。（四）农业对于富力之增加，有两种方式：一是使全国无荒废之地；二是把科学应用到农业上来，使地尽其利。最后，等到工业吸收了一大部分之农人，即可使农业变成工业化的农业。（五）教后起青年运用双手与大脑去做新文明的创造者，不教他们袖起手来去做旧文明的安享者。（六）教人同时打破'贫而乐''不劳而获''劳而不获'的人生观。这三种人生观，都是造富的心理上的最大障碍。（七）教人重订人生价值标准。农业社会与向工业文明前进之农业社会是不同的。纯粹的农业社会的一切是静止的。向工业文明前进的农业社会的一切是变动的。我们要有动的道德，动的思想，动的法律，动的教育，动的人生观。有人说知识要新，道德要旧。这简直是应该扫除的一种迷信。旧道德只能配合旧知识。新知识必得要求新道德。（八）创造富的社会，头脑里要装着科学。"[1]

造富的社会的目标，就要变成开展科学教育。自从陶行知先生明白这个逻辑之后，就主张要开展科学教育，写了一系列文章，如《如何可以不做一个时代落伍者》《科学的生活》《科学的孩子》《儿童科学教育》《关于科学教育》《不如学阿尔》等。这些文章阐述了为什么要学习科学，如"要救中华民族，必须民族具备科学的本领，成为科学的民族，才能适应现代生活，而生存于现代世界"[2]；阐述去哪里学习科学，如"自然小姐是天下最妒忌之小姐。……帮助您做一个伽利略或牛顿，甘心情愿和您共同侍奉自然小姐"[3]；阐述学习科学的方法，如"法拉第，发电机，电化世界，统统都是从一个手脑双用的订书徒那儿来的"[4]等内容。不仅如此，陶行知还发动"科学下嫁"运动。这些都阐明对科学教育与生活教育目标之间的深刻关系。

---

[1] 陶行知. 陶行知全集（第二卷）[M]. 成都：四川教育出版社，1991：629−630.
[2] 陶行知. 陶行知全集（第八卷）[M]. 成都：四川教育出版社，1991：304.
[3] 陶行知. 陶行知全集（第二卷）[M]. 成都：四川教育出版社，1991：666.
[4] 陶行知. 陶行知全集（第二卷）[M]. 成都：四川教育出版社，1991：121.

二、生活教育目标的启示

（一）生活教育目标的三个方面

因此，我们将教育目的分成三个方面：一是个性目标，即为了个人的全面发展和成长；二是共性目标，即为了社会整体发展的需要设置的目标，也可以说是造富的目标；三是公性目标，即教育为公，这是谈教育本身的民主发展。这三个层面的教育目标设置，使未来学校生活教育的目标突破个人和社会的二元局限，进入三元，教育本身的发展也是生活教育发展的目标。这三大教育目标构成了一个三位一体的生活教育目标体系，陶行知使得生活教育成为一个非常立体的教育思想。但是这三个教育目标的内在逻辑和来源还不是非常清楚。故此，对新生活教育进行探索，要对生活教育目标进行改进，这是非常困难的。从陶行知的生活教育目标中我们可以看到，这里对三元思想的运用，不仅有大三元，还有小三元。大三元是指社会、个人和教育本身，小三元，如个人，涉及真善美三个方面。

除了三元思想，我们也看到五性思想的运用，如"活人"培养的五个目标："一、康健的体魄；二、农人的身手；三、科学的头脑；四、艺术的兴趣；五、改造社会的精神。"[①] 造富的社会的五富："（一）是教民造富；（二）是教民均富；（三）是教民用富；（四）是教民知富；（五）是教民拿民权以遂民生而保民族。"这最后一项，可谓保富。教育为公的民主教育方法实现，也可以归纳为这五个方面。

（二）生活教育的目标体系统一指向是生活的改造的目的

教育目的是由教育目标组成，陶行知生活教育目标的三个方面都指向了生活

---

① 胡晓风，金成林，张行可，等. 陶行知教育文集[M]. 成都：四川教育出版社，2007：209.

的改造这个最终目的。这样的教育目的最终是要让生活发生根本的改变。

"生活教育是生活所原有，生活所自营，生活所必需的教育"[①]。生活教育的目标体系是三元五性，但是根本上是为了生活的改造，只是因为生活的主体多样，故而生活改造的内容多样。

---

① 胡晓风，金成林，张行可，等. 陶行知教育文集 [M]. 成都：四川教育出版社，2007：333.

第五章　陶行知生活教育的德育思想

当前中小学德育问题常有一种困境：一是德育地位不稳固，表现为追求智育的效率而轻视德育的效果；二是德育的内容不全面，表现为偏公共德育，而轻私德培养；三是德育的目的不针对，表现为公共德育培养中偏重德育项目和知识的进程，不看重私德的改造；四是德育的方法不可行，表现为知识化德育中，教师多灌输，学生缺少自治和实践；五是德育的方式不合理，表现为教师说教缺乏以身作则，集体生活环境缺乏德育影响。这种困境是一个岔路走向了另一个岔路，这种德育现状仍旧在许多学校中重演。当今中小学德育问题复杂，一种新的解决这种德育困境的方案——"生活德育"在学界得到充分讨论和研究。然而，这个解决路径也令学界一些学者不甚满意。在中国的近代，陶行知先生曾经实践过"生活教育德育"，他的德育核心思想主张的是——生活是目的，德育是工具，对解决当今德育问题仍有可借鉴之处。

一、陶行知生活教育德育思想内涵

在此，有必要先提下"生活德育"这个概念。生活德育为何会产生，有论者认为："现代德育……在很大程度上是悬挂在空中破碎而又抽象的德育……据此我们提出生活德育论。"① "生活德育论是指通过道德的生活来学习道德，或者说真实有效的德育必须从生活出发、在生活中进行并回到生活。"② 但是，通过德育生活化，在生活中实践，回到生活，就会形成道德，这是值得怀疑的。正如有论者批评说："他们大多是理论的空谈，既没有实践的检验，也不具有可操作性，读完他们的许多策略和途径，我们还是不会做。"③ 因为日常生活，并不能天然地造就道德的形成和持续。甚至可以说，未加认识、不以改造为目的的日常生活世界不足以造就道德，甚至可能因此而损害道德。因此，有论者直接说："生活德育提出十多年，效果不彰，也是明证。……生活德育……往往成为一些学校作秀的口号，在实践上表现为穿新鞋走老路。"④

陶行知先生是生活教育的创立者，他的德育思想可以称为"生活教育德育"。陶行知先生对生活教育下过定义："生活教育是给生活以教育，用生活来教育，为生活向前向上的需要教育……从效力上说，教育要通过生活才能发出力量而成为真正的教育。"⑤ 何为"教育要通过生活才能发出力量而成为真正的教育"？笔者认为，德育要成为真正的德育，就必须通过生活，并且要发出力量，这个力量就是认识和改造生活，使生活向上向前。因此，人们必须着眼于生活的改造，道德才能真正形成，德育才有真正的用处，才能有真正的力量。正如陶行知先生对学问的要求一样："学问之道无他，改造环境而已，不能把坏的环境变好，好的环境变得更好，即读百万卷书有何益处？"⑥ 而实际情况是，学生学了道德的学问，并没有在他们的生活中发出力量，改造环境，改造生活。这难免让人怀疑，德育绕过了生活这个目的，自己成为目的，甚至德育还把生活作为手段，让生活的好人好事来装点自己的地位和价值。因此，"生活教育德育"和"生活德育"的区别是：前者强调对"生活"的认识、改造，德育要服务这个目的，生活是目的，德育是工具，道德的发展是为了更好地辅助学生认识生活、改造生活。陶行

---

① 高德胜. 生活德育简论 [J]. 教育研究与实验，2002（3）：1.

② 高德胜. 回归生活的德育课程 [J]. 课程·教材·教法，2004（11）.

③ 张忠话. 生活教育：我们研究了什么 [J]. 现代大学教育，2009（4）：37.

④ 董美英，金林祥. 中国传统生活德育的五个基本实践理路 [J]. 现代大学教育，2014（2）：77.

⑤ 胡晓风，金成林，张行可，等. 陶行知教育文集 [M]. 成都：四川教育出版社，2007：469.

⑥ 陶行知. 陶行知全集（第二卷）[M]. 成都：四川教育出版社，1991：590.

知先生眼中的工具是什么呢？他把语言、书本和文字都看成工具，而且认为："人的生活，必须有相当工具，才能表现出来。工具充分，才有充分的表现；工具优美，才有优美的表现；工具伟大，才有伟大的表现。"① 之所以说德育是工具，是因为德育是一门学问，一种教育手段，和数学、语文等学科教育本质上是一致的，所以也是工具。后者强调德育回归生活，强调生活化德育，生活为德育服务，生活是工具，德育是目的。两者差异是很明显的。通过比较，不妨将陶行知的"生活教育德育"的核心内涵理解为：生活为目的，德育是工具，德育是服务生活向上向前发展的手段。

二、陶行知生活教育德育思想的主要内容

当前对陶行知的生活教育德育思想的研究多从德育及其当代价值等角度来梳理，并没有抓住德育的地位、内容、目的、方法、方式等都要服务于改造生活这个目的的要点。没有以生活为目的德育，陶行知的德育思想就失去它最宝贵的特色。当前国内教育没有完全摆脱考试教育的束缚，故而陶行知的生活教育德育思想，对解答如今仍走在岔路上的德育困境有许多值得借鉴的地方。

（一）德育的地位：道德是做人的根本，也是生活的根本

陶行知先生认为："道德是做人的根本，根本一坏，纵使你有一些学问和本领，也无甚用处，否则，没有道德的人，学问和本领愈大，就为非作恶愈大。"② 还认为"道德为本，智勇为用"，可见他是把道德放在首要地位。这一点，在官方层面不能不说是清楚的，但是无法变成行动。现实中，学校教育在实践中仍侧重服务智育，即侧重服务学生片面的生活，而不为学生全部的生活服务。"道德是做人的根本"，这人是怎样的人？应该是具有全部生活的人。如此推理下去，

---

① 陶行知. 陶行知全集（第二卷）[M]. 武汉：湖北教育出版社，1983：76.
② 陶行知. 陶行知全集（第三卷）[M]. 成都：四川教育出版社，1991：471.

道德也应该是生活的根本。人的生活有许多，道德要成为其根本，就不能因为道德坏了生活。因此，生活要过得好，道德就不能不好。换言之，要追求好的生活，就得修炼好道德，否则"这根本一坏，纵使你有一些学问和本领，也无甚用处"。

（二）德育的内容：公德和私德都不可欠缺，它服务人的公共生活和个体生活

"在德育上，公德和私德，都不可欠缺的。"[1] 在我国，公德、私德的区分始于梁启超。他在1902年写的《论公德》一文，强调中国人缺少"公德"，而"私德"充斥生活。"公德"是社会性公共道德；"私德"是个体安身立命、终极追求的修身的道德。从今天来看，学校教育是重了公德而不注重私德。但是正如陶行知先生所说："私德不讲究的人，每每就是成为妨碍公德的人。"[2] 陶行知先生将道德分为"公德"和"私德"，反映了道德有两种内容和形式，分别服务人的公共生活和个体生活。但是私德不修，还会妨碍公德，可见，私德应该更加讲究。

（三）德育的目的：道德是培养人，培养改造生活的人

陶行知的整个教育目标都是要培养"人"，培养"人中人""完整的人""真人""主人""真善美的活人"等，这些"人"本质上都是一致的。1930年，陶行知先生在《晓庄三岁告同志书》中指出："我们不但是一个人，并且是一个人中人。人与人的关系是建筑在互助的友谊上，凡是同志，都是朋友，便当互助。"[3] 1939年，他在重庆创办育才学校时，曾有人对他办学的目的产生疑问，他特别强调，育才学校"不是培养他（学生）做人上人，有人误会以为我们要在这里造就一些人来升官发财，跨在他人之上，这是不对的。我们的孩子们都从老百姓中来，他们还要回到老百姓中去，以他们所学得的东西贡献给老百姓，为老百姓造福利"[4]。育才学校培养学生不做人上人，这个道德目标是为了改造生活，让这些孩子回到老百姓去，以他们所学得的东西贡献给老百姓，为百姓造福。

---

[1] 陶行知. 陶行知全集（第一卷）[M]. 成都：四川教育出版社，1991：314.
[2] 陶行知. 陶行知全集（第三卷）[M]. 成都：四川教育出版社，1991：471—472.
[3] 陶行知. 陶行知全集（第二卷）[M]. 武汉：湖北教育出版社，1983：213.
[4] 陶行知. 陶行知全集（第三卷）[M]. 成都：四川教育出版社，1991：379.

（四）德育的方法：道德注重自治，个体生活和社会生活都要自治

生活教育德育注重自治，从个体生活的角度来说，是因为生活是每个人的生活，生活能不能过好，他人代替不了，而道德是做人的根本也是生活的根本，因此必须注重自治。"德育注重自治……不是自由行动，乃是共同治理，不是打消规则，乃是大家立法，守法；不是放任，不是和学校宣布独立，乃是练习自治的道理。"① "鼓励自治。这便是教学生对于学问方面或道德方面，都要使他能够自治、自修。"② 从社会生活的角度来说，注重自治是因为要造就能够共同治理国家的公民。陶行知认为："今日的学生，就是将来的公民；将来所需要的公民，即今日所应当养成的学生。专制国所需要的公民，是要他们有被治的习惯，共和国所需要的公民，是要他们有共同自治的能力。"③ 仍需注意的是，"学生自治是学生团结起来，大家学习自己管理自己的手续"④。

（五）德育的方式：师生共学共教共修养，道德教育要在集体生活中进行

当前一些德育的困境可以说是师生没有在共同的生活上"共学共教共修养"。"要学生做的事，教职员要躬亲共做；要学生学的知识，教职员躬亲共学；要学生守的规矩，教职员躬亲共守"⑤ "一个不长进的人是不配教人，不能教人，也不高兴教人的"⑥ "教师的天职是自化化人"，从这些主张可以看出，陶行知的生活教育德育要求师生共修养。除了师生的共修养，他还强调集体生活教育："集体生活是全盘教育的基础，是学生自我向社会化道路发展的重要推动力，是个体

---

① 陶行知. 陶行知全集（第一卷）[M]. 成都：四川教育出版社，1991：29.
② 陶行知. 陶行知全集（第一卷）[M]. 成都：四川教育出版社，1991：314.
③ 陶行知. 陶行知全集（第一卷）[M]. 成都：四川教育出版社，1991：29.
④ 陶行知. 陶行知全集（第四卷）[M]. 成都：四川教育出版社，1991：466.
⑤ 陶行知. 陶行知全集（第一卷）[M]. 成都：四川教育出版社，1991：500.
⑥ 胡晓风，金成林，张行可，等. 陶行知教育文集[M]. 成都：四川教育出版社，2007：396.

心理正常发展所必须的。集体生活可以逐渐培养一个人的集体精神，它是用众人的力量集体地创造合理、丰富、进步的生活，以集体生活不断创造的过程来教育儿童。"他曾经制定《育才学校之礼节与公约》，其中就包括会场、师生间、同学间、师生工友间、穿衣、饮食、居住、图书史地馆、敬国旗、纪念周、室内见师长、室外相见等不同场所、场合，不同人之间的生活礼节。这些生活礼节就是一种道德规范，也是一种集体生活教育。

三、践行陶行知生活教育德育思想应坚持的三点

（一）服务生活是目的

德育能不能取得核心地位，取决于德育对生活的作用。陶行知先生强调道德败坏对人的生活的影响更大，它一坏，就是相反的力量。德育对生活的重要性不言而喻。德育是为了生活，就必须使得我们学校的德育教育要落实到生活中，而不仅仅在课堂、学校的活动中。德育以生活为目的，就要使得德育服务公共生活和个人生活。学生的生活需要认识和改造，这是一定的。从公共生活来说，学生要社会化，而公德有助于学生参与公共生活的认识和改造。从个体生活来说，私德有助于学生修养个体私生活。因此，公德和私德教育都不可欠缺。在为了生活方面，师生应该具有什么样的道德，师生的道德就不能仅仅是公共道德，更需要私德。需要强调的是，道德的工具性，不是为了生活目标去扭曲我们的道德，而是要修养我们的道德以真正实现生活的美好。

（二）在改造真实生活中建设

虽然德育是为了生活服务，但是如何用德育来服务生活，仍然值得深思。大多数学校仍依靠外在的系统德育工程建设，企图通过大量的有"业绩"的活动来实现德育的效果。陶行知先生倡导师生"共学共教共修养"，这也适合家长和学生的关系。陶行知先生说："真正的教育是心心相印的。"这意味着教师和学生要

心心相印，心心相印应该走入对方的生活，师生"共学共教共修养"来改造真实生活。如果没有改变师生真实生活的努力，德育无疑就成为摆设。德育的成效也应该体现在师生真实生活获得的改造上。当今德育的另一个困境是教师、家长自身德育状况不佳，教师作假、家长私德出问题的很多，仅以他们为实施德育的主体，而不是同等改造的对象，并不能得到很好的德育效果。

（三）在生活中循序渐进地培养学生自觉觉人

"德育注重自治"，不代表每个人一开始就能够自治。从道德的发展规律来说，自治是一个无律到他律再到自律的过程。因此，必须循序渐进地培养自治。有的践行陶行知教育思想的实验学校针对学生的德育建设，将德育分成五个发展阶段：体验阶段、他觉阶段、自觉受教阶段、自觉自动阶段和自觉觉人阶段。实验学校对同一个道德要求、行为分阶段进行实施。如不丢纸屑，让一年级学生观察、体验生活中丢纸屑的情况，感受、体会纸屑对环境的影响；要求二年级学生遵守校规，不丢纸屑；要求三年级学生接受家长、老师、同学的监督，自觉受教不丢纸屑；要求四年级、五年级学生做到在家、学校、教室、校外、社区都自觉自动不丢垃圾，还能捡起垃圾，维护环境；要求六年级学生对丢纸屑、垃圾的行为要能主动劝阻。通过这样逐级的培养，可以规范学生的道德行为，促进学生道德的认知、情感和意志的发展。

第六章　陶行知生活教育的课程思想

课程观需要回答课程的本质、价值、目标、结构、内容等一系列基本问题。[①] 陶行知的生活教育课程观认为，课程的本质即"生活即课程"；课程的价值是社会和个人价值，培养人中人，即社会中的自觉自动的真人；课程结构包括学科课程、集体生活课程和个体生活课程。

一、陶行知的生活教育课程观

（一）全部的生活即课程

"生活教育是以生活为中心之教育。"[②] 陶行知先生又说，"全部的生活，就是全部的课程"。生活教育的观点就是全部的生活即课程。"没有生活做中心的教育是死教育，没有生活做中心的学校是死学校，没有生活做中心的书本是死书本。在死教育，死学校，死书本里鬼混的人是死人——先生是先死，学生是学

[①]　韩例芬. 课程观研究综述 [J]. 牡丹江教育学院学报，2008 (3)：62—64.
[②]　胡晓风，金成林，张行可，等. 陶行知教育文集 [M]. 成都：四川教育出版社，2007：279.

死！先死与学死所造成的国是死国，所造成的世界是死世界。"① 从这些话可以看出，生活教育课程是以生活为中心的课程，是活的课程，相应的书也是活书。因此，先生说："我们要活的书，不要死的书；要真的书，不要假的书；要动的书，不要静的书；要用的书，不用读的书。总体来说，我们要以生活为中心的教学做指导，不要以文字为中心的教科书。"② 虽然先生要生活做课程，但他并没有反对文字的教科书，他还说："我要声明在先，我并不拘泥于文字之改变。倘使真的拿生活为中心使文字退到工具的地位，从死的、假的、静的、读的，一变而为活的、真的、动的、用的，那么就称它为教科书，我也不反对；倘使名字改为生活用书或教学做指导，还是以文字为中心，便利先生讲解，学生静听，而不引人去做，我也不能赞成。"③

（二）课程即工具

陶行知先生说："对于书的根本态度是：书是一种工具，一种生活的工具，一种'做'的工具。工具是给人用的，书也是给人用的。"④ 他曾给教育下了一个精辟的定义："教育是什么？教育是教人发明工具，制造工具，运用工具。生活教育教人发明生活工具，制造生活工具，运用生活工具。"⑤ 他还说，"过什么生活就用什么书""做什么事就用什么书"，也就是过什么生活就用什么课程。生活教育把书做工具，也就是把课程做工具，所以，生活教育的课程观，包括了课程即工具的主张。

（三）课程是实施教育的重要抓手

陶行知先生对学校课程和教科书的重要性有极高的评价："盖课程为学校教

---

① 胡晓风，金成林，张行可，等. 陶行知教育文集[M]. 成都：四川教育出版社，2007：279.

② 胡晓风，金成林，张行可，等. 陶行知教育文集[M]. 成都：四川教育出版社，2007：283.

③ 胡晓风，金成林，张行可，等. 陶行知教育文集[M]. 成都：四川教育出版社，2007：283.

④ 胡晓风，金成林，张行可，等. 陶行知教育文集[M]. 成都：四川教育出版社，2007：280.

⑤ 陶行知. 陶行知全集（第二卷）[M]. 成都：四川教育出版社，1991：77.

育之中心,假使课程得有圆满解决,则其他问题即可迎刃而解。"对于教科书,陶行知先生称之"课本便是用碗端来的饭,吃起来很便当。否则,一粒粒的散在桌上,是多么的难吃呵";对于学生,"没有课本是不易维持继续求进的兴趣"的,"书是最好的东西,有好书,我们就受用无穷了"。

教育目标的制定,就是课程构建和课程目标的设定,紧接着就是教学、评价和管理等一切的相关。因此,我们认为课程是实施新生活教育的重要抓手。新生活教育的实现,不是仅靠提倡、研究教学方法的改革就能实现,要从课程进行改革,一种新的课程及其体系的实施才能保证一种教育模式的转变。生活教育是活力型教育模式,而生活课程是活力型教育模式实施的重要抓手。

二、陶行知生活教育课程理论体系

(一)课程目标:为了社会和个性

前面的章节,我们已经讨论了陶行知先生的生活教育目标,从中知道生活教育要培养"真善美的活人"、要改造社会、要民主的教育。陶行知先生是根据教育目标决定教育内容的原则来谈这个问题的:

"这要从社会和个性两方面讲。从社会这面讲来,要问这课程是否合乎世界潮流,是否合乎共和精神。学了这课程之后,能否在中国的浙江,或是浙江的杭州,做一个有力的国民。"[①]"编制课程的人,必须明了动的社会的种种需要,将他们分析起来,设为目标。再根据儿童个人心理之时期,能力之高下,分别编成最能活用之课程,使社会需要不致偏废,儿童能力不致虚耗。"[②]

南京晓庄试验乡村师范创校后,陶行知在谈到晓庄新的课程观时指出:"我

---

① 胡晓风,金成林,张行可,等.陶行知教育文集[M].成都:四川教育出版社,2007:52.

② 胡晓风,金成林,张行可,等.陶行知教育文集[M].成都:四川教育出版社,2007:63.

们的实际生活,就是我们全部的课程;我们的课程,就是我们的实际生活。"①"生活教育指示我们说:过什么生活用什么书。"②

正如陶行知先生认为教育要与时俱进,要按着时势进行。如果社会有新的需要,就当添加新的功课去适合它,指导它,社会的新需要没一定,增加新功课也随之而异。

(二)课程资源:全部生活是我们的课程

陶行知先生曾提出一个前瞻性的观点,生活课程的资源来源于社会。他坚信,整个社会就是一个巨大的生活场所,也是教育无处不在的圣地。从这个角度来看,社会的教育资源自然就成了学校的课程资源。无论我们身处何处,只要有生活,就有教育,也就有可供开发的课程资源。

陶行知先生认为,生活课程资源的根本在于生活本身。他明确指出,生活是教育的核心,教育必须围绕生活展开。生活不仅决定了教育的方向和内容,更是课程资源的源泉。只有通过生活,教育才能发挥其真正的力量,成为真正意义上的教育。

在陶行知先生看来,生活与课程是紧密相连的。他强调:"全部课程就是全部生活,我们没有课外的生活,也没有生活外的课。"③ 这意味着,我们的课程并非脱离生活的抽象知识,而是与生活息息相关的实践经验。

陶行知先生所创办的晓庄师范学校,便是一所充分体现其生活教育理念的学校。这所学校以宇宙为教室,以自然为宗师,倡导学生深入生活,与大自然亲密接触。在晓庄,学生与马牛羊鸡犬豕做朋友,对稻粱菽麦黍稷下工夫。这些看似平凡的生活实践,却成了他们学习的重要课程。

陶行知先生对晓庄的教育模式赞不绝口。他形容学生们头顶青天,脚踏大地,以东南西北为围墙,以大千世界为课堂,以万物变化为教科书。在晓庄,无论是老者、壮年、少年还是幼儿,无论是男性还是女性,都是彼此的先生,也都

---

① 胡晓风,金成林,张行可,等. 陶行知教育文集[M]. 成都:四川教育出版社,2007:183.

② 胡晓风,金成林,张行可,等. 陶行知教育文集[M]. 成都:四川教育出版社,2007:280.

③ 陶行知. 陶行知全集(第一卷)[M]. 成都:四川教育出版社,1991:106.

是彼此的学生。这种将课程融入生活，将生活引进课程的做法，使得晓庄的课程变得鲜活多彩，充满了生命活力。

陶行知先生进一步指出："整个社会是我们的学校，全部生活是我们的课程。"[①] 他呼吁"为着要过有意义的生活，我们的生活力是必然的冲开校门，冲开村门，冲开城门，冲开无论什么自私自利的人所造的铁门"[②]。最终达到"以前进的生活提高落后的生活，以合理的生活提高不合理的生活，以有计划的生活克服无秩序的生活"[③] 的目标。

陶行知先生的这一理念，不仅为我们提供了丰富的课程资源，更为我们指明了教育的方向。在当今这个信息爆炸的时代，我们更应该关注生活，关注社会，从生活中寻找教育的灵感和动力。只有这样，我们的教育才能更加贴近实际，更加符合时代的需求，培养出更多具有创新精神和实践能力的人才。

（三）课程评价：引导人产生动作、思想和新价值

这种评价是指对课程编制成教科书的评价。为使课程符合学生能力发展需要。首先，陶行知先生对教科书的好与坏，提出了三个判别标准："（一）我们要看这本书有没有引导人动作的力量，有没有引导人干了一个动作又干一个动作的力量。（二）我们要看这本书有没有引导人思想的力量，有没有引导人想了又想的力量。（三）我们要看这本书有没有引导人产生新价值的力量，有没有引导人产生新益求新的新价值的力量。"[④]

如何做到这三个方面呢？陶行知先生给出了十四条建议：

（一）做的目标。

（二）做的材料。

（三）做的方法。

---

① 胡晓风，金成林，张行可，等. 陶行知教育文集 [M]. 成都：四川教育出版社，2007：392.

② 胡晓风，金成林，张行可，等. 陶行知教育文集 [M]. 成都：四川教育出版社，2007：395.

③ 胡晓风，金成林，张行可，等. 陶行知教育文集 [M]. 成都：四川教育出版社，2007：551.

④ 胡晓风，金成林，张行可，等. 陶行知教育文集 [M]. 成都：四川教育出版社，2007：286.

（四）做的工具。

（五）做的理论。

（六）从做这事引导人想到做那事。

（七）如做的事与时令有关便要做那事。

（八）如做的事与经济有关便要有做的预算。

（九）如做的事须有途径之指示便要有做的图。

（十）如做事须多人合作便要有做的人的组织。

（十一）如做的事须多方参考便要有做的参考书籍。

（十二）如做的事与别的事有多方的关系便要有做的种种关系上的说明。

（十三）在做上学的人可引导他记载的过程，做的结果，做上发生的问题与心得。

（十四）在做上教的人可引导他指示进行考核成绩。

如此的十四条建议，自然可以让一件事做得透彻，这就是生活教育的"在劳力上劳心"的做了。

（四）课程实施：教学做合一

"不做无学；不做无教；不能引导人做之教育，是假教育；不能引导人做之学校，是假学校；不能引导人做之书本，是假书本。"[①] 关于做的教学法，陶行知也有研究，"教育法的演进大概可以分为四个阶段：第一个阶段凭先生教授，不许学生发问；第二阶段师生共同讨论，彼此质疑问难；第三个阶段，师生共同在做上学，在做上教，在做上讨论，在做上质疑问难；第四个阶段师生运用科学方法在做上追求做之所以然，并发现比现在可以做得好一些的道理"[②]。陶行知评价说："第一个阶段的教育连花也不会开，何况果子！第二个阶段的教育只会开花，不会结果。到了第三个阶段才会结果，但未必有美味。要想有美味硕大的果子必得跳上第四个阶段。第四个阶段是教学做合一之极，则它在此处已与科学打成一片了。"在陶行知先生看来，"教学做合一"不仅是课程的教育方法，也是

---

① 胡晓风，金成林，张行可，等. 陶行知教育文集[M]. 成都：四川教育出版社，2007：280.

② 江苏省陶行知研究会，南京晓庄师范学校. 陶行知文集[M]. 南京：江苏教育出版社，2008：430—431.

课程评价的重要标准。

"教学做合一"是陶行知生活教育理论的一个根本观点，主张教的、学的、做的三合为一。陶行知说："教学做合一是全人类教育历程之真相，无论男女老少，丝毫没有例外。"① 他尤其强调了"做事"并指出："先生拿做来教，乃是真教；学生拿做来学，乃是实学。不在做上下工夫，教不成教，学也不成学。"② 这正是对传统教育教学活动的批判。传统的教学，教师只管教，学生只管学，结果便造成了一个个的"书呆子"。陶行知先生主张以"做"为中心，要求凡学都要根据做，事情怎么做便须怎样学，怎样学就怎样教；教法、学法和做法应当合一，教师既教又学，学生则是学；教学不只教人学，更为重要的是教人做事。

"教学做合一"是生活法，也就是教育法。它的含义是："教的方法根据学的方法；学的方法根据做的方法。事怎么做便怎样学，怎样学便怎样教。教与学都以做为中心。在做上教的是先生，在做上学的是学生。教的法子要根据学的法子；学的法子要根据做的法子。"③ 教法、学法、做法应当合一。

三、陶行知生活教育课程结构与实践

（一）中心小学的课程实践

中心小学的课程是以活动的方式开展的。陶行知是这样说的：

他们第一件活动是整理学校。教师和学生同做，抹桌、扫地、擦窗……每个人担任一处地方，大家一齐做起来，不消半小时，把全校都收拾得清洁可爱了。

---

① 江苏省陶行知研究会，南京晓庄师范学校. 陶行知文集 [M]. 南京：江苏教育出版社，2008：366—367.

② 胡晓风，金成林，张行可，等. 陶行知教育文集 [M]. 成都：四川教育出版社，2007：176.

③ 胡晓风，金成林，张行可，等. 陶行知教育文集 [M]. 成都：四川教育出版社，2007：280.

第二是晨会。晨会里的活动有升旗、唱歌、校长或教师谈话，散后学生方才到课堂里去。"清洁检查"是极重要的，教师和年长的学生共同执行，检查学生的脸部、眼睛、牙齿、手指等等。倘若在家里洗得不干净的，就罚他在学校洗干净。

第三，这些活动完毕以后，就开始别种活动。无论读法、算术、写法，都和乡村生活或其他教材联络的，这些学校要乘各种机会运用文字到实际生活需要上去。例如：有一个不识字的乡人，要求学校替他写一封信，教师就请年长的学生来写。经过教师的修正，便选那最好的交给乡人。这样的写作都给相当的分数。

第四，放午学半小时之前，教师或年长的学生，用故事式体裁对学生报告国家大事，或乡民须合作的事情。这种报告必须学生回去说给家里人听，再将家里人听了以后的反应报告到学校里来。

第五，园艺是重要活动之一，有两种工作：学校设计与家庭设计。在这里我们必须叙述实行这种工作的困难。第一，农民反对教师率领儿童做学校园艺工作。他们说："我们送孩子来是读书的，不是做工的。"许多乡村教师所以失败，就是这个缘故，我们是预先料到的。事先，我们邀请了许多学生的父母，对他们说："我们想教儿童根据地上的出产，教他们读，教他们写，教他们算，使他们所能种的都会读、会写、会算，所以要种园。地上的出产他们可以带回家去，或是卖给人家。"经过这样解释，父母都赞成学校的举动了，学校的计划也就前进无碍。第二个困难是发生于单级小学里的。单级小学里学生的年龄、能力都参差得很多，在田里当然发生困难了。但是我们用了分工法做去，各个儿童都依着自己的能力忙于自己的工作，困难竟减少了。

第六，手工科包含修理校具、校舍和制造教具、校具。教师带着学生做木工和泥水工，是学校很重要的手工。简单的科学器具，也是自己做的。

第七，卫生科是巡回医生来指导的。学校教师跟着医生做检查沙眼、布种牛痘等简单医术，成效都很好。这几所学校里每人都有单独的手巾、牙刷、茶杯。我们希望不久再添聘巡回看护士。

第八，团体的设计，可以用欢迎会来做例子。学生知道有学问的客人来了，一群学生和一位教师便开一个谈话会，筹备怎样欢迎客人。他们推举一个学生作主席，一个学生作纪录，编拟开会节目，指定各人的工作。他们又推定二个学生写请柬，二个学生送信邀请客人。以上的工作在半小时以内都做完了。过了一刻，客人来了，依着拟定的秩序单——致欢迎词，奏乐，来宾演说，致答词，全体唱歌……一件一件地实行下去。临了，学生还替全体摄了一张影。

第九，校舍是公开的，给全体村民公用。信用合作社、农产物展览会、村民武术会、村民结婚的礼堂和赛会的会场，都可以借用学校的校舍场地。到了夜里还开办村民夜校，夜校也是教师来主持的。

第十，请乡村能干人来帮忙，给乡村成年人教育。中心小学的教师实在太忙了，到了夜里当然想要休息，所以另外想出方法来办理夜校。一个乡村里，必定有几个很能干、很肯为公众服务的人，教师就请他们来帮忙。在燕子矶试验这个方法，成效很好。现在我们要编一种农民千字课，专为乡民用的，每天花一小时的工夫，四个月以后，大都能读平民报，写普通的信。这样做去，乡村学校不但能给儿童教育，也可以教成人呢！①

（二）晓庄学校的课程结构与实践

在晓庄学校时期，陶行知先生的课程结构是：全部的课程包括了全部的生活，即一切课程都是生活，一切生活都是课程。全部活动——教学做——可以分为五个部分：

（一）中心小学活动教学做。中心小学活动教学做可以分做六组：国语算术组，公民组，卫生组，自然组，园艺组，游戏娱乐组。每组各设研究指导员。（二）分任院务教学做。全校的文书、会计、杂务、卫生等工作，都是指导员指导学生做的。（三）征服自然环境教学做。这项包括科学的农业、造林、基本手工、卫生和其他教学做。（四）改造社会环境教学做。这项包括村自治、民众教育、合作组织、乡村调查和农民娱乐等教学做。（五）学生自动的教学做。这部分活动都是学生自动计划和决定的。大部分是关于个人的事情。②

这些课程，既有生活，又有活动，还有学生自己的生活，是试验乡村师范学校非常好的生活课程，体现了乡村师范学校的培养目标："（一）养成农人的身

---

① 胡晓风，金成林，张行可，等. 陶行知教育文集 [M]. 成都：四川教育出版社，2007：188.

② 胡晓风，金成林，张行可，等. 陶行知教育文集 [M]. 成都：四川教育出版社，2007：189.

手；（二）养成科学的头脑；（三）养成改造社会的精神。"① 使用的教学就是"教学做合一"。

（三）育才教育的课程结构与实践

1939年，陶行知先生来到重庆，亲手创办了举世闻名的古圣寺育才学校。育才学校的课程除按部章规定开设普修课外，又按学生"性之相近"的特点，分别建设了音乐、戏剧、文学、绘画、社会、自然六个组，根据各组学术性质开设特修课。开始时，普修课和特修课在教程安排上各占一半时间；以后又将两类课程的时间调整为2/3比1/3；最后，又从实际出发，改进为3/4比1/4。特修课的开设，为学生特殊才能的发展提供了环境，创设了时空。在这样的课程中学习，学生的个性得到充分绽放，自由施展才能。育才学校的十几岁孩子就能纵论时局，进行文学创作、自编剧本、自己导演，能作曲、作歌，也能写生、速写……育才课程为中国民主革命和社会主义建设孕育了一大批英才。

四、陶行知的生活教育课程观启示

（一）进一步推动课程的范式更新

陶行知先生以整个生活为课程资源的课程观，与当前基础教育课程改革课程观不是一个范式，也与传统教育的课程观不是同一个范式。历来课程范式有不同种，有以学问为中心的课程范式，有以人为中心或者说以儿童为中心的课程范式，有以活动为中心的课程范式，也有以生活为中心的课程范式。四种课程范式不同，就意味着是不同教育范式。教育部颁发的《基础教育课程改革纲要（试行）》强调："改变课程内容'难、繁、偏、旧'和过于注重书本知识的现状，

---

① 胡晓风，金成林，张行可，等. 陶行知教育文集[M]. 成都：四川教育出版社，2007：189.

加强课程内容与学生生活以及现代社会和科技发展的联系""各门功课都应重视学科知识、社会生活和学生经验的整合,改变课程过于强调学科本位的现象",要"积极开发并合理利用校内外各种课程资源"。这些课程的改革精神,体现了向以生活为中心的课程范式的进阶,但仍旧还需要不断对课程进行改革更新。

(二)明确了课程是工具的根本观点

课程既然是工具,就不能以课程为教育的中心。课程是实现教育的工具,如今我们的教育以课程为中心,教育都以课程的实施为根本目标,从而忘记了生活的目的、教育的根本目的。这种工具异化的教育在现实中依旧存在,值得我们反思。更有甚者,将以课程为中心转为以考纲为中心,建立起"教学考合一"的教育法。我们说以生活为中心,是正面的,以课程为中心,是中庸的,那么以考试为中心确实是负面的了。然而,考试本身是实际生活,是当前社会现实、教育现实,以考试为中心是否就是以生活为中心呢?我们只能说,考试是全部的生活的一部分,但不能偷换概念将以考试为中心等同于以生活为中心。换句话说,以课程为中心的教育,课程是工具,转为以生活为中心,这种生活就包括以考试为中心。除了考试,学生在学校中还要发展生活力,全面发展学生素质。

第七章　陶行知生活教育的教学思想

新课程改革的有效，落到实处是课堂教学的有效。这种有效与课堂教学内容、教师教学过程和方法等密切相关。陶行知先生自回国后开始自己的教育生涯，在其一生中，不断探索教育教学的有效性，并在批判传统教育的弊病和辨别西方教育思想在本土的不适应性过程中，形成了"生活教育"理论。今天我们反思新课程有效教学的问题，绕不开陶行知先生探索出的教学思想。

一、陶行知教学思想产生的过程

陶行知先生教学思想的产生大概有三个阶段：一是反对教授法形成"教学做合一"教学法；二是批判传统教育教学内容形成"生活即教育"教学内容；三是反思认知过程形成"行以求知知更行"教学过程。

（一）反对教授法，形成"教学做合一"教学法

陶行知先生曾在《创造的教育》中说："传统的教育，他们一个教室容纳四五十人，试问教师的力量有多大，能够完全去推动全级学生？所以就发生了教

育方法上的错误。"① 针对教育方法上的错误，陶行知先生说："我自回国之后，看见国内学校里先生只管教，学生只管受教的情形，就认定有改革的必要。"② 他指的是他于 1918 年 5 月任南京高等师范学校教务长时，在南京高等师范学校校务会议上提议改"教授法"为"教学法"，未获通过的事情。

1919 年，陶行知先生撰写《教学合一》，已经明确认识到我们传统教学中存在的种种问题并论证了"教学合一"的合理性。文中说："现在的人叫在学校里做先生的为教员，叫他所做的事体为教书，叫他所用的法子为教授法，好像先生是专门教学生些书本知识的人。"③ 文中主张"教学合一"，有三条理由："第一，先生的责任不在教，而在教学，而在教学生学……第二，教的法子必须根据于学的法子……第三，先生不但要拿他教的法子和学生学的法子联络，并须和他自己的学问联络起来。"④ 前两个理由是说先生的教应该和学生的学联络；第三条理由是说先生的教应该和先生的学联络。

1925 年，他又在南开大学作题为《教学合一》的演讲，经张伯苓校长建议后改为"教学做合一"。1927 年 11 月，陶行知先生再在晓庄学校演讲《教学做合一》与《在劳力上劳心》。《教学做合一》开篇即言："教学做合一是本校（晓庄学校）的校训，我们学校的基础就立在这五个字上，再没有一件事比明了这五个字重要了。"⑤ 后进一步论述："教学做合一是一件事，不是三件事。我们要在做上教，在做上学。在做上教的是先生，在做上学的是学生。从先生对学生的关系来说，做便是教；从学生对先生的关系说，做便是学。先生拿做来教，乃是真教，学生拿做来学，乃是实学。"⑥ 可见什么是真正有效的教学，陶行知先生明确主张做中学、做中教，"教学做合一"才是真教、实学。《在劳力上劳心》一文对此解释得更加明了："真正的做是劳力上劳心。""劳力而不劳心，则一切动作都是郁于故常，不能开创新的途径；劳心而不劳力，则一切思想难免玄之又玄，不能印证与经验。劳力与劳心分家，则一切进步发明都是不可能了。"⑦ 可见教

---

① 陶行知. 陶行知全集（第三卷）[M]. 成都：四川教育出版社，1991：525.
② 陶行知. 陶行知全集（第一卷）[M]. 成都：四川教育出版社，1991：125.
③ 陶行知. 陶行知全集（第一卷）[M]. 成都：四川教育出版社，1991：21—24.
④ 同上.
⑤ 陶行知. 陶行知全集（第一卷）[M]. 成都：四川教育出版社，1991：124—125.
⑥ 陶行知. 陶行知全集（第一卷）[M]. 成都：四川教育出版社，1991：124—125.
⑦ 陶行知. 陶行知全集（第一卷）[M]. 成都：四川教育出版社，1991：128.

学中"真正之做"的重要性及其原理是"在劳力上劳心"。只有"在劳力上劳心",才能达成有效教学。此后陶行知先生在《教学做合一之下教科书》一文中又说:"不做无学;不做无教;不能引导人做之教育,是假教育;不能引导人做之学校,是假学校;不能引导人做之书本,是假书本。"① 从中我们不难得出,"教学做合一"是有效教育的一条规律。

也有的教育专家学者提出了课堂教学有效规律,比如"先学后教,以学定教""先教后学,以教定学"等,是教与学的关系,没有把"做"视为教育教学中的根本作用。陶行知先生提出"做上学,做上教","做"就是"在劳力上劳心"。反对只有教和学的劳心的教育,契合反对缺少实践的教育和没有"做"的考试教育。因此只要教学能够接近实践,接近"在劳力上劳心",就能解决新课程提出的关于知识涉及的过程和方法、情感态度和价值观的问题,就更加接近有效教育。

(二)批判教育教学内容,形成"生活即教育"教学内容

陶行知先生深恶那些死教育、不死不活的教育,读死书的教育,他曾指出旧时代的学生成长过程有三个阶段:一是读死书;二是死读书;三是读书死。这也是他探索"以生活为中心"的有效教育教学思想的动力。1921年,陶行知先生在金陵大学作题为《活的教育》的演讲时说:"教育可分三部:A. 死的教育;B. 不死不活的教育;C. 活的教育。死的教育,我们索性把它埋下去,没有指望了。"并提出活的教育方法:"一是要用活的人去教活的人;二是拿活的东西去教活的学生;三是要拿活的书籍去教小孩子。"② 这个时候,陶行知先生还没有完全形成用生活来教育的理念。

关于有效教学内容的形成,陶行知先生曾经总结说:"'生活教育'第一次的发现,是民国七年在南京高等师范演讲。中国的教育太重书本,和生活没有联系。教育不通过生活是没有用的,需要生活的教育,用生活来教育,为生活而教育。为生活需要而办教育,教育与生活是分不开的。我们应以前进的生活提高落后的生活,以合理的生活提高不合理的生活,以有计划的生活克服无秩序的生

---

① 陶行知. 陶行知全集(第二卷)[M]. 成都:四川教育出版社,1991:652.
② 陶行知. 陶行知全集(第一卷)[M]. 成都:四川教育出版社,1991:403—408.

活。民国八年是生活教育思想上的萌芽。民国十五年，有五六个教师下了决心，丢掉了传统教育下乡去。民国十六年三月十五在南京的一角，才出现生活教育的具体机构——晓庄师范，也就是生活教育从理论到实践开始的一天。"[1]

1929年，他才发表《生活即教育》一文，"没有'教育即生活'的理论在前，绝产生不出'教学做合一'的理论。但到了'教学做合一'的理论形成的时候，整个的教育便根本的变了一个方向，这新方向是'生活即教育'"。并推出"是生活便是教育；是好生活便是好教育，是坏生活便是坏教育；不是生活便不是教育；所谓之'教育'，未必是生活，即未必是教育"[2]。在陶行知先生看来，教育如果不是生活的或者不是好的生活的，那就不是教育，不是好教育，换句话说就不是有效的教育。后来他在《创造的教育》中又再次表述了生活作为教育的内容的重要性："创造的教育是以生活为教育，就是生活中才可求到教育。教育是从生活中得来的，虽然书也是求知之一种工具，但生活中随处是工具，都是教育。况且一个人有整个的生活，才可得整个的教育。"[3] 因此，我们可以把"以生活为中心"看成是陶行知先生教育教学有效思想的一个组成部分。

"以生活为中心"这条教学规律反映教育教学内容能不能有效实施。如果教育的内容不是生活的或者脱离生活的，那么教育教学就无效。我们搞新课程改革的目的之一就是教育的内容改革，因为传统教材的"难、繁、偏、旧"已经不能完全适应时代发展的需要。教育教学内容要实现真正的有效还是要以生活为中心。唯有生活的才是实践的、实际的和实用的。

（三）反思认知过程，形成"行以求知知更行"教学过程

解决了教学法和教学内容，陶行知先生逐渐发现，如何在教学过程中运用这些教学法和教学内容，也是非常关键的，也就是生活教育如何做（教）的问题。他提出的"行知行"使有效教学不仅限于课堂的有效，还包括了课后的有效。

1928年，陶行知先生发表《行是知之始》第一段，7月在《乡教丛讯》上发表《行是知之始》全文。文章中明确提出："阳明先生说：'知是行之始，行是知之成。'我以为不对，应该是'行是知之始，知是行之成'。"之后陶行知先生对

---

[1] 陶行知. 陶行知全集（第四卷）[M]. 成都：四川教育出版社，1991：638—639.
[2] 陶行知. 陶行知全集（第二卷）[M]. 成都：四川教育出版社，1991：7—8.
[3] 陶行知. 陶行知全集（第三卷）[M]. 成都：四川教育出版社，1991：533.

知行的关系不断研究，整理了《知行诗歌集》，写了《手脑相长歌》。此时，陶行知先生还没有看到王阳明的话有一半是正确的，也即"行是知之成"。

1931年11月11日，他在《申报·自由谈》发表《思想的母亲》一文，借鉴杜威的教学过程法提出了"行知行"的教学过程思想："我拿杜威先生的道理体验了十几年，觉得他所叙述的过程好比是一个单极的电路，通不出电流。……所以我要提出的修正是在困难之前加一行动之步骤。于是整个科学的生活之过程便成了：行动生困难；困难生疑问；疑问生假设；假设生试验；试验生断语；断语又生了行动，如此演进于无穷。"①

1934年7月，他发表《行知行》短文，开始以"行知"为笔名，从此正式改"陶知行"为"陶行知"。"行知行"揭示了人们的认知规律，解决了"教学做合一"教学法在教学过程中的问题。他曾用诗的语言总结为"行以求知知更行"②。

"行以求知知更行"反映的是有效的教学过程，是第三条规律。"行以求知"是从实践到理论，"知更行"是从理论到实践，合起来便是理论与实践的统一。这样就完成了一个认识过程和学习过程的循环。实际上，现在很多教师的教学只有从知到知。这有两个危害：一是不知道为何知就是那样；二是不能从知到行。确切地说，从知到知，上没有"老子"，下没有"孙子"（"行动是老子，知识是儿子，创造是孙子"③——陶行知语）。更确切地说，从知到知不能发现体验知识的过程和方法（因为没有"行以求知"），也无法感受到行动过程中情感、态度和价值观的变化（因为没有"知更行"）。

陶行知先生先后解决了一个新教育的方法、内容和过程，完成了生活教育的基本理论建设。

---

① 华中师范学院教育科学研究所. 陶行知全集（第二卷）[M]. 湖南：湖南教育出版社，1984：404.
② 胡晓风，金成林，张行可，等. 陶行知教育文集[M]. 成都：四川教育出版社，2007：498.
③ 胡晓风，金成林，张行可，等. 陶行知教育文集[M]. 成都：四川教育出版社，2007：327.

二、"教学做合一"的内涵

"教学做合一"的意思，陶行知先生是有明确阐述的："教的法子根据学的法子，学的法子根据做的法子。事怎样做就怎样学，怎样学就怎样教。比如种田这件事要在田里做，就要在田里学，也就要在田里教。教学做有一个共同的中心，这个中心就是'事'，就是实际生活；教学做都要在'必有事焉'上用功。""教学做合一"的思想关键是"做"这个字，那么做是什么，陶行知先生认为"做是发明，是创造，是实验，是建设，是生产，是破坏，是奋斗，是探寻出路"[1]，可见这个"做"是包含一切的。陶行知先生认为，"教""学""做"三者是一件事的三个方面，本身就是一体的，只是说法不一，老师拿做教人，学生拿做向人学。实际上要理解好"教学做合一"得从四个方面：一是"做"就是在劳力上劳心；二是"做"的特征：陶行知先生说有三个，即行动、思想和新价值之产生；三是"做学教合一"，有个公共的中心，这"中心"就是"事"，就是实际生活；四是"做"一定要借助工具，书本是其中工具之一。

（一）"教学做合一"：在劳力上劳心

陶行知先生还专门定义了"做"——"在劳力上劳心"。单纯的劳力，只是蛮干，不能算"做"；单纯的劳心，只是空想，也不能算"做"。真正的"做"，只是"在劳力上劳心"。现在看来，"在劳力上劳心"还得继续深挖，这样才能体现新生活教育的特别之处。新生活教育将这"劳心"再加以分类，使它应该在三个方面进行劳力上劳心，也就是在劳力上要劳知、劳情和劳技三个方面。而这三个方面与布鲁姆教育目标分类是一致的，是在认知领域、情意领域和动作技能领域的三个目标。

（1）认知领域教育目标。布鲁姆等人把认知领域的教育目标，从低级到高级

---

[1] 陶行知. 陶行知全集（第二卷）[M]. 成都：四川教育出版社，2005：528.

共分为识记、领会、运用、分析、综合、评价六个层次。

（2）情意领域教育目标。依据价值内化的程度分为接受或注意、反应、价值评价、价值观的组织、品格五级。

（3）动作技能领域教育目标。布鲁姆本人并没有编写出动作技能领域的目标分类，这个领域出现了好几种分类法，目前尚无公认的最好的分类，这里介绍的是辛普森（E. J. Simpson）的分类。他把动作技能领域的教育目标，分为知觉、准备、有指导的反应、机械动作、复杂的外显反应、适应、创作七级。动作技能的各个层次，也均有各自的一般目标，这些目标可以用一些特殊学习结果和行动的动词加以表示。这样的目标再分，使劳心有了更加细致的内容。这就意味着，一个人在生活中做一件事，认识得有提高，技能得有提高，情感得有转变。

（二）"做"的三大特征：行动之产生、思想之产生、新价值之产生

陶行知先生曾经对"教学做合一"进行总结："'做'含有下列三种特征：行动；思想；新价值之产生。"① 陶行知先生的"做"就是他的教学法，他的教学法有三种特征：行动、思想和新价值之产生。就思想而言，教学的内容是有思想的、有价值的。就行动而言，教学的内容是能做的，能学会的。不能做的、不能学会的课，不是好课。就新价值之产生，一堂好课，必定是要引起学生的变化的，所以陶行知先生说，"教育就是教人变化"。这三个特征与上面的劳知、劳情、劳技，可谓是一一对应的。这就意味着，劳知的特征是产生"思想"，根据分类，这种思想不仅仅是认知、理解，还有思维、逻辑方面的，重在形成新的创新思想，重在对思想的内在把握。劳情的特征是产生"新价值"。劳情不仅是兴趣和态度的培养，更是价值观、精神的形成，及感动和触动，那种来自心灵的撼动，所谓教育是心心相印的活动，不可谓不要劳情。劳技的特征是产生"行动"。技能是否是好技能，不是简单可以做就行，而是这种技能能产生行动。这就是技能熟练所带来的成就。

（三）"教学做合一"的共同中心——事

陶行知先生说，教学做合一的共同中心是"事"，也就是实际的生活。又说：

---

① 陶行知. 陶行知全集（第二卷）[M]. 成都：四川教育出版社，1991：651.

"我们'做'一件事，便要想如何可以把这件事做得好？如何运用书本？如何运用别人的经验？如何改造用得着的一切工具？……那末，才使这件事做得好。同时，还要想到这事和别事的关系，这事和别事的互相影响。我们要从具体想到抽象，从我相想到共相，从片段想到系统。这都是'在劳力上劳心'的工夫，不如此，则既不是'在劳力上劳心'，也不是真正的'做'了！"

从这个角度来理解教学做合一，其实又深入了一步。前面的理解是针对一件事，在劳力上劳心要深入。这深入是要借助工具的。后面就是这事要与别事联系，就是横向的了。

那么，为何中心得是"事"呢？以"事"为中心，就是以生活为中心，因为生活教育要执行下去，课程没有形成，教材没有成形，那生活这个大概念就要化作小概念，分成一件件事来完成。一天的生活，就是一天的事情，任何生活都可以变成事情来做。

（四）"做"一定要借助工具，书本是其中工具之一

事情要做，不能光有方法，有目标，还得有工具。陶行知先生说："'做'不但要用身上的器官，并且要用身外的工具。'做学教合一'的主张是：做什么事，便要用什么工具。望远镜、显微镜、锄头、斧头、笔杆、枪杆、书本子……都是工具，物虽死而要用活的工具。"[1] 陶行知先生也批判了专想到用笔和书本这两种工具的传统教育。现在社会发展很快，互联网+对教育的影响也很大，教育的工具、平台不同，"教学做合一"就会有不同的表现。

但是新生活教育对这工具有更多的主张，认为工具不仅仅是物质的，还可以是方法、软件、思想，其实物质的工具也是运用了思想、方法的工具。这工具最主要一个是思维的工具。新生活教育特别强调这种思维工具的发明和创造，认为思维工具产生思想、知识、方法、程序工具，思想、知识、方法、程序工具产生软件、机器、智能等我们常规理解的工具。因此，思维工具是根本，一个人受生活教育，最根本上是要从中获得思维的工具。

思维工具的获得是从继承、创新的过程中获得，如阅读前人著作，看别人的

---

[1] 胡晓风，金成林，张行可，等.陶行知教育文集[M].成都：四川教育出版社，2007：215.

思维。我们现在比较熟悉的思维工具，如中国传统的思维是阴阳五行思维，尤其阴阳二元思维使用最多。马克思主义哲学的思维工具是唯物辩证法思维。逻辑是研究思维的工具，因此逻辑方面的掌握，是有利于这个工具的获得。

三、"教学做合一"揭示的三条规律

陶行知先生曾说"教学做合一是全人类教育历程之真相，无论男女老幼，丝毫没有例外"[①]。可见新课程教学也概莫能外。之所以如此，是因为陶行知"教学做合一"的三条规律是"以生活为中心""教学做合一"和"行以求知知更行"。

我们先看"以生活为中心"这条教学规律。首先，"以生活为中心"也就是以"事"为中心，因为任何生活都是一件件"事"组成的。其次，凡是"事"必定涉及事的背景、相关知识和技能原理，比如游泳这件事，必定涉及游泳的安全知识和游泳的技巧、技能原理。又比如语文中的朗读，音乐中的唱歌，美术中的绘画，数学中的面积、体积的计算都涉及相关的知识和技能；再次，"事"都是一个个活动过程，必定涉及过程和方法，比如游泳要先热身，再下水……其他的也都一样。最后，"事"的过程中也一定涉及价值观和情感态度的变化，没有人会像机器一样做事，不带感情、态度和价值观。

对"教学做合一"教学规律来说，其本质就是"劳力上劳心"，也即"做"。根据陶行知先生对"做"的特征的描述进行分析。就行动而言，必定涉及过程、方法、技能、态度和情感的问题；就思想而言，必定涉及知识及知识原理的问题；就新价值而言，必定涉及创造等问题。

"行以求知知更行"这条教学规律，反映的是"行知行"的过程，即第一个"行"是行动，中间的"知"是思想，第三条"行"是知后行，是应用思想的新行动，是新价值之产生。所以，它是"教学做合一"的过程具体化。

---

① 陶行知. 陶行知全集（第一卷）[M]. 成都：四川教育出版社，1991：135.

从上面的分析可以看出，陶行知"教学做合一"的三条规律与新课程三维目标紧密相关，因此，要想实现新课程三维目标并真正有效实施就绕不开陶行知先生的教育教学思想。如今我们的新课程教学改革也正往这个方向慢慢靠近，这一定更有利于我们有意识地改进课堂教学的有效性。

第八章 陶行知生活教育的理论体系

生活教育理论是一个由假说、目的、内容、条件、方法等构成的实践教育学体系，它的理论特质是丰富的，体现了我们对美好的教育追求。对当今效率型教育系统来说它旨在塑造一个活力型教育系统。生活教育理论体系，这里特指陶行知先生的生活教育学说。虽然，陶研界很多同仁都已经研究过，但陶行知先生的生活教育理论体系值得再深入研究。如果我们基于一个理论本应该具有的形态和特质去探索的话，也许就会有新的见解和启示。生活教育理论是"实践教育学"，这类教育学不是侧重教育行为规律的科学测量和对教育行为做科学的说明，而是侧重从"社会－文化"的背景，引申出教育的目的，提出教育的内容和实践规范。它强调应该根据教育实践去实现教育目的，从而达到"社会－文化"的目的，是一种应该怎么做的学问体系，尤其需要对其方法体系进行试验，以便探究这种方法体系达成目的的程度。它的科学性体现在其内在的假定与建议的可检验性、有效性、合伦理性和逻辑一致性。

一、生活教育理论从假说开始

生活教育是理论，是理论也就是假说，是假说也就是一个需要论证和实验的学说，所以陶研界有许多基地学校在做这件事。既然"生活即教育"是一个理论假说，那么它又是怎样的假说？从陶行知先生的观察看，他在《生活即教育》这篇文章中举了许多例子来说明，并写道："是什么生活就是什么教育，是生活就是教育，不是生活就不是教育。"由此归纳出"生活即教育"这个关系假说。

就关系而言，两者之间往往会有对立、统一的关系，而陶行知先生独特地看到第三种关系即合一关系。有人可能会认为"统一"就是"合一"，其实两者完全不是一回事。就以矛、盾来说，这二者一般情况下是对立的，但是如果在同一个人手中，那么矛和盾就可以统一起来，成为既有进攻的矛又有保护的盾的统一体。而"合一"是指，矛既能发挥本身的进攻性功能，又能发挥像盾的保护功能，在矛上矛和盾的功能得到合一。同样，盾既能保护又能进攻。因此，在生活即教育的这个关系假说中，就是生活既有生活的作用，又有教育的作用。教育既有教育的作用，又有生活的作用。陶行知先生对生活与教育关系的认识的确与我们认识两者事物的关系有所不同。

但是，"生活即教育"的"合一"关系，是从"分离"，走向"统一"，最后走上"合一"的。这点在陶行知先生论述生活与教育关系时说："可以分作三个时期：第一个时期是生活是生活，教育是教育，两者是分离而没有关系的。第二个时期是教育即生活，两者沟通了，而学校社会化的议论也产生了。第三个时期是生活即教育，就是社会即学校了。"[1] 生活教育揭示了生活与教育的特殊关系，但只是一种关系状态，还告诉我们：生活教育并非一开始就能"合一"，很多时候二者常处于"分离"和"统一"状态。事物的关系是事物的客观性，只能通过一定的条件改变来实现某种关系状态，达到我们希望的状态。因此，如何让生活与教育的关系从分离、统一转变成合一的状态，是要奔着一些目的去的，更需要创造一定的客观条件，还必须有改变的切入点和方法。换句话说，推动生活教育的发展，让生活与教育"合一"，是有其目的、条件、切入点和实施方法的。关于这点我们下一章再具体讨论，本章先对这个假说体系做一个概述。

---

[1] 胡晓风，金成林，张行可，等. 陶行知教育文集［M］. 成都：四川教育出版社，2007：227.

二、生活教育的目的论

教育的目的通常是两大类：一是社会；二是个人。陶行知先生说："教育是民族解放、大众解放和人类解放的武器。"① 其实教育的目的有三个层次：一是社会层面，就是共性的层面，如人类、国家、民族、社会、大众这个大层面；二是集体的层面，就是公性层面，如学校、年级、班级、家庭；三是个体的层面，如校长、老师、学生、家长。

社会改造，这是从共性层面说的。陶行知先生是民国时代的人物，他一生干了教育这件大事，是为了民国社会改造的大事去的。他曾主张"教人创造富的社会，便是教人创造合理的工业文明"。在当时中国，人民往往有传统思想和心理，如"贫而乐""不劳而获""劳而不获""劳力者治于人""劳心者治人"等，这都对创造合理工业文明、推进中华民族发展不利。他在《中华民族之出路与中国教育之出路》一文中，对中国现代化的问题做了阐述。要改造中国，推动中国现代化，就必须要从教育上着手。在当时他认为实现中国的现代化就是从农业文明过渡到工业文明，而这就需要科学。他曾为此开展"科学下嫁"运动。

学校是改造社会的中心，这是从集体层面说的。前两个目的，改造社会和培养人是相互合一的，没有社会的改造就无法实现培养人，没有人的培养，社会的改造也就是一句空话。陶行知先生在《中国乡村教育运动之一斑》谈到中心小学的意义时说："以学校为改造社会的中心。"② 我们这里注重集体层面的生活教育目的，也是综合考虑到陶行知先生做什么事情都重视组织建设，他认为"组织即力量"。实际上在陶行知先生那个时代，人的培养以建设学校培养最为快捷，乡村社会的改造以学校为中心也最有效。如今我们的学校难以有后一部分功能，单

---

① 胡晓风，金成林，张行可，等. 陶行知教育文集 [M]. 成都：四川教育出版社，2007：469.

② 胡晓风，金成林，张行可，等. 陶行知教育文集 [M]. 成都：四川教育出版社，2007：186.

是培养人，因为后一部分功能不足，培养的人也就不会改造社会了。

培养真善美的活人，这是从个体层面说的。教育的另一个目的就是培养人。陶行知先生多次谈到对真人的培养，如"追求真理做真人"①。他的活教育也谈到对活人的培养，后来就形成了"真善美的活人"。"真善美的活人"很难培养，因为传统教育内容和方法脱离生活，劳心不劳力，学的学问是假学问，死学问，照着这个反面自然要培养"真善美的活人"。在美的方面，陶行知先生特别注重环境美的建设和精神美的培养。

总之，从大的方面说，生活教育要教人创造富的社会；从中的层面说，生活教育要改造教育环境，"以学校为社会改造的中心"；从小的层面说，生活教育就是培养"真善美的活人"。

陶行知先生在《我们的信条》一文中说"教育就是培植生活力"，也曾在《我之学校观》中说"学校以生活为中心"。以生活为中心是不好操作的，所以转为生活力就比较好操作，而生活力也必须分类。陶行知先生在晓庄学校实验生活教育理论时，对生活力进行了分类。他将培植生活力的课程目标分成五类：健康的身体、科学的头脑、艺术的兴味、劳动的身手、改造社会的精神。这些课程目标是以"教学做合一"的方式来实施的，如中心小学活动教学做、分任院务教学做、征服自然环境教学做、改造社会环境教学做、学生自动教学做。而在晓庄时期的中心小学中，则是通过以国术来培养康健的体魄，以园艺来培养农人的身手，以生物学来培养科学的头脑，以戏剧来培养艺术的兴趣，以团体自治来改造社会的精神。在育才学校的时候，这五个目标是通过育才的集体生活，即劳动生活、健康生活、政治生活和文化生活来实施。后来依据这五个目标在《教学做合一下之教科书》一文中详细罗列了 70 项生活力②及相应的教科书，还提到如果这些生活力再细分，可以有三千种生活力要培养。

事实上，培植生活力能实现上面提到的三个教育大目标。如人们需要培养"真善美的活人"，为了培养真善美的人，就必须让教育回归到生活并与生活合一。否则学的东西脱离了实践和实际，也就谈不上真，谈不上真，善和美就更谈

---

① 胡晓风，金成林，张行可，等. 陶行知教育文集 [M]. 成都：四川教育出版社，2007：488.

② 胡晓风，金成林，张行可，等. 陶行知教育文集 [M]. 成都：四川教育出版社，2007：285.

不上。陶行知先生说"千教万教教人求真,千学万学学做真人",还是为了教育和生活的合一。而培养活人,也要"以实际生活为指南",培养生活力。在生活力课程方面由于以科学的头脑和改造社会的精神等为目标,就要考虑到对社会从农业文明到工业文明所需要的条件。而健康的身体、农夫的身手和艺术的兴味等,对培养"真善美的活人"不可缺少。所以,培植生活力要从五个方面着手,五个方面构建五大课程,并开发相应的教科书,而这些最终是为培养人和改造社会做基础。

三、生活教育的方法论

所谓生活即教育理论的成立只有满足以下两个条件,生活与教育才能合一,否则,生活与教育就处于对立、统一或分离的状态。

一是精神上自动。笔者认为,"生活即教育"存在一个中介,这个中介就是自我。为什么要加自我呢?因为生活和教育合一的状态一定少不了受教育者。如果受教育者的自我缺席了,那么生活就不能成为教育,教育也不是生活。所以,自我非常重要,可以假设一个人丧失了自我,就没有了主体性和自我判断力,怎么可能开展生活教育呢?陶行知先生其实非常注重这精神上的自动。大家都以为陶行知先生只是重视通过"教学做合一"来实现"生活即教育",其实在《答朱瑞琰之问》中他特别强调:"教学做合一不但不忽视精神上的自动,而且因为有了在劳力上劳心、脚踏实地的'做'为它的中心,精神便随'做'而愈加奋发。"在《育才学校教育纲要草案》也特别强调:"要养成儿童之自我教育精神。"

二是教学做合一。有了精神上的自动,不一定能"生活即教育",还得"教学做合一",或者"在劳力上劳心"。当年陶行知先生实践"生活即教育"的时候,为了推行教学做合一,他将教师的教和学生的学也合一在一起,但这回陶行知先生没有直接将两种关系合一,而是这二者都合一在"做"上,于是就有了"教学做合一"。正如陶行知先生所说:"教学做是一件事,不是三件事。我们要在做上教,在做上学。在做上教的是先生;在做上学的是学生。从先生对学生的关系说：做便是教；从学生对先生的关系说：做便是学。"① 为此陶行知先生特别谈了"做"的三个特征："一是行动；二是思想；三是新价值之产生。"这样说还是令人比较难以理解，在《答朱瑞琰之问》中他又特别强调了："做"字在晓庄有个特别定义。这定义便是"在劳力上劳心"②。

从这里我们看到"生活即教育"的假设是依靠"精神上自动""教学做合一"来实现的，而"教学做合一"又是"在劳力上劳心"来实现，而"在劳力上劳心"的时候，我们要在"行动""思想"和"价值"三个方面去努力。

四、生活教育实践内容

围绕生活教育的目的、内容和条件的实现，可以形成一个实践方法体系。从目前来看，陶行知先生这个方法体系还需要当下实验学校与时俱进地改进，这也是现在许多实验学校值得做的事情。

一是从精神的自动出发，需要"爱满天下""捧着一颗心来，不带半根草去"等精神。陶行知先生特别注重培养学生自动，从精神上自动，则收效最快。一个人能自动，恐怕得有点责任心，有点奉献精神。所以陶行知先生培养师范教师尤其注重这种奉献精神的培养，有了这种精神，做事就能够自觉自动了。生活教育才能实行得了。

二是从"教学做合一"出发，需要师生"共学共教共修养""以教人者教己""在劳力上劳心"。教学做合一，则师生就要合一，师生的生活就得共做起来。所以陶行知先生倡导师生都在"做"上合一，那么师生的生活就要共学共教共修养。做老师的和做学生的，都要"以教人者教己"，不能做"守知奴"。要"即行即知，即知即传，即传即联，即联即前"。既然是"在劳力上劳心"，就要"行以

---

① 胡晓风，金成林，张行可，等. 陶行知教育文集 [M]. 成都：四川教育出版社，2007：176.

② 胡晓风，金成林，张行可，等. 陶行知教育文集 [M]. 成都：四川教育出版社，2007：177.

求知知更行",也就要"行知行"。

三是从培养目标出发,需要针对大众,开展集体主义自治教育。如从培养"真善美的活人"出发,就要培养人中人、小先生,用活的教育。从"社会即学校"出发,需要把一切地方都要当作教育场所。既然要承认"生活即教育",那么生活处处就应该是学校,所以社会即学校、宇宙即学校也就成立了。但社会即学校,一切社会的人也就成为教育者,所以生活教育的对象不仅有学生,还有平民和大众,即社会全体大众。从改造社会的角度来看,要采用工学团的组织形式,或者开展社会大学教育。

四是从实施内容出发,要"培植生活力"和"以实际生活为中心"。而生活力的培养又需要从"健康的身体、农夫的身手、艺术的趣味、科学的头脑、改造社会的精神"等方面开设生活课程。

五、生活教育理论的特质与体系

陶行知先生曾系统阐述了生活教育理论的特质,主要包括六个方面:"生活的;行动的;大众的;前进的;世界的;有历史联系的"。笔者认为,生活教育理论的一个重要特质是它所构建的教育系统是一个活力型教育系统。从这个角度来看生活教育理论特质,似乎更能辩证地看出生活教育理论是一个有历史联系的、前进的、有待发展的理论。对一个教育理论而言,其理论要素是从假说开始,而假说是为了解决教育问题,是有目的的。教育理论还包括教育的对象、内容、场所、假说成立的条件、实现假说的方法体系和组织形式等,并包括这个理论的特质。鉴于篇幅,这里对生活教育理论体系的研究不能穷尽,希望同仁继续完善生活教育理论体系,对当前行知实验学校建设有很大的帮助。(如表1-8-1)

表 1-8-1 生活教育理论体系

理论体系要素	理论内容	实践方法体系
生活教育本体论	"生活即教育"	"以实际工作为教学的中心""以实际为生活的指南"
生活教育目的论	"改造社会""培养真善美的活人"	"以学校为改造社会的中心""乡村生活是学校生活的中心""追求真理做真人"
生活教育对象论	大众、平民	全程教育、全人教育、全面教育
生活教育内容	"培植生活力""健康的身体、农夫的身手、艺术的趣味、科学的头脑、改造社会的精神"	中心小学活动教学做、分任院务教学做、征服自然环境教学做、改造社会环境教学做、学生自动教学做；以国术来培养康健的体魄，以园艺来培养农人的身手，以生物学来培养科学的头脑，以戏剧来培养艺术的兴趣，以团体自治来改造社会的精神；在劳动生活、健康生活、政治生活和文化生活中实施
生活教育动力论	精神上自动："爱满天下""捧着一颗心来，不带半根草去"	"人生为一大事来，做一大事去"；"学生自治"；"儿童自我教育"
生活教育方法论	"教学做合一"："在劳力上劳心""即知即传""行是知之始，知是行之成""行以求知知更行"	"共学共教共修养""行动生困难，困难生疑问，疑问生假设，假设生试验，试验生断语，断语又生了行动，如此演进于无穷"
生活教育组织论	集体主义自我教育	小先生制、艺友制、工学团和各种教育组织
生活教育特质论	生活的；行动的；大众的；前进的；世界的；有历史联系的	活教育系统

第九章　陶行知生活教育理论的新探

"为生活而教育",把"生活"当作生活教育的中心,这是陶研界的普遍共识。正是这个共识,决定了生活教育理论在实践中的困境越来越大,这是因为当前学校教育教学很难真正在生活中实践,这意味着要对陶行知生活教育理论进行当代化的新探。对陶行知生活教育理论的发展,必须从如何在新时期打通生活与教育的关系,建立生活与教育的新中介环节入手。然而,教育中心历来是会转变的。教育中心是指教育应该围绕什么作为核心而开展,这种开展包括理论和实践两个方面。从19世纪末至20世纪初,美国出现了实用主义教育学说,这种教育学说为杜威先生所创立。当时杜威先生宣称反对传统的教育以学科教材为中心和脱离实际生活;主张让学生在实际生活中学习,提出"教育即生活""教育即生长""学校即社会"和"从做中学"。师从杜威的陶行知先生,回到国内,经过六年的经验,到1927年6月,逐渐对行与知之间关系有了深刻体悟,认为"行是知之始,知是行之成"[①]。两年后,陶行知先生在晓庄学校寅会上发表演讲谈到,八年的经验使他深刻悟到"教学做合一"的道理,并由此提出"生活即教育"的新方向。陶行知先生虽将杜威的理论翻了半个筋斗,但不管怎么样,教育的中心还是生活,只不过生活教育的方向转向了"教学做合一"。这种方向的转变所带来的教育理念的全新变革,也给中国教育的变革和发展产生不可低估的作用。今天我们依然要对此开展新的探索。

---

① 胡晓风,金成林,张行可,等. 陶行知教育文集[M]. 成都:四川教育出版社,2007:167.

一、"行知"与"亲知""说知""闻知"的辨析

行与知的问题，不仅是哲学领域的重要问题，更是教育的根本问题。陶行知先生对行与知之间的新关系的表述可谓开了我等的眼界。但认识总是会随时代的发展而发展，曾经高明的认识，日后往往小孩子都会懂透，人类正是依靠不断深入对世界、社会、人生的认识而变得越来越能够改造世界、社会、人生。

首先，我们回顾下陶行知先生在《行是知之始》一文的论证过程。一开始陶行知先生抛出观点："行是知之始，知是行之成。"接着举些生活、科学发明的例子论证。然后，从理论上开始论证，陶行知找到《墨辩》中提出的三种知识来源：一是亲知，二是闻知，三是说知。在联系实际进行一番论证之后，得出结论："这可见闻知、说知都是要安根在亲知里面，便可见'行是知之始，知是行之成'。"[①]

其次，我们来探讨下陶行知先生在此文中论证细节。此文论证所举之例子明显是有问题的，所举的例子有些是说明亲身体验可以获得知识，可谓"亲知"。再看理论上的论证，不难看出，"闻知、说知都是要安根在亲知"的观点，最终落脚点也是"亲知"。这个"亲知"有何深意？这个"亲知"告诉我们这里有一个关键的疑点。这个疑点就是"亲"。原本陶行知先生谈的是行与知的问题，结果出现了"亲"。这背后就藏着一个大秘密。

最后，我们来揭示这个秘密。它告诉我们陶行知先生谈论"行知"的问题，实际上谈论的却是"亲知"的问题。现在我们把"说知""闻知""亲知""行知"放到一起，也许就可以生出几点怀疑：

第一，"亲知"等同于"行知"吗？

第二，如果"亲知"不等同"行知"，那么"说知""闻知"都是要安根到

---

① 胡晓风，金成林，张行可，等. 陶行知教育文集 [M]. 成都：四川教育出版社，2007：168.

"亲知"还是"行知"？

第三，"说知""闻知""亲知"都是一种获得知识的途径，如果"亲知"是"亲身得来的"，恰好符合生活教育的特征，而"闻知"按照陶行知先生的解释是"从旁人那儿得来的，或由师友口传，或由书本传达，都可以归为这一类"。恰好"闻知"对应赫尔巴特开辟的传统教育的学科中心（或教师中心）。那么"说知"对应什么中心？"行知"不同于"亲知"时又对应什么中心？

先看第一个问题，"亲知"等同于"行知"吗？在笔者看来是不等同的。"亲知"是亲身得来的，表明个体参与了一件事情，他有体验，但是个体很可能不是有劳心地参与这件事情，他只是亲身参与。还有可能存在发生在一个人教另一个人的情况，被教育者仅仅是参与了，并没有用心。陶行知先生所举的例子有属于第一种情况的，比如小孩子起初未必知道火是热的，但是被烫了就知道了。但小孩子被烫知热这是"亲知"。但是"行知"不同，"行知"是"在劳力上劳心"，是激发了自我能动性的教育。比如陶行知先生举的另一个例子：伽利略在比萨斜塔上将轻重不同的球落下，便知道不同轻重之球是同时落地的。这个例子说的是伽利略实验的事情，实验明显是"在劳力上劳心"的，属于"行知"。这就明显看出"亲知"不等同"行知"，两者最大的区别在于是否劳心，虽然都有知，但前者"亲知"获得的很可能是感性认识，而"行知"所追求的是感性认识到理性认识的过程。陶行知先生不仅将教育停留在"行知"上，而是强调"行以求知知更行"，这是比"行知"更高级的阶段了，后一个"行"是知后的"行"，是自我能动性（理性）后的行动（生活）。

再看第二个问题，如果"亲知"不等同"行知"，那么"说知""闻知"都是要安根到"亲知"还是"行知"？很明显，"说知"和"闻知"归根结底要安根到"行知"，即安根到实践上。所谓实践是检验真理的唯一标准，否则"闻知"就是伪科学，"说知"就是伪推理。

最后第三个问题，"说知"对应什么中心？"行知"不同于"亲知"时又对应什么中心？"说知"是推想出来的知识。在当今现代教育中，科学知识必须建立在科学论证的情况下才容易被人们接受，教育不会以"说知"为中心。但退回到远古的宗教时代，书本经典未曾出现之时，也没有专门的学校教育及教师，人们的精神知识就是依靠口头相传的推想出来的知识——宗教的（神话的）知识。教育似曾以此为中心过。"行知"是"在劳力上劳心"的，显然"劳心"是教育的关键，用一个笔者喜欢的表达方式，是自我能动性，因此"行知"对应的教育中心是自我能动性。

"行知"，是自我能动性被激发以后的表现，而自我能动性没有被激发之时，生活教育中的"教学做合一"只能让学生"亲知"，即亲身参与了，知道了。

二、"生活即教育"有一个理想的前提

生活即教育，生活是亲身参与，教育是知，生活即教育，等同了"亲即知"，这是很别扭的，可见"生活即教育"隐含了一个理想的前提，即学生是要有自我能动性的。有自我能动性，"亲"就变成了"行"（实践）。

如果学生没有自我能动性，那么生活对学生来说往往不能产生教育的作用。这就是生活教育应用于行知实验学校没有多大效果的根本原因。当前全国少说也有千余所各级各类行知实验学校，这些行知实验学校基本都以生活教育为核心理念来办学。但是，不论这个学校如何卖力地将课堂生活化，教学生活化，课程生活化，作业生活化，评价生活化，校园文化生活化，凡其所能都用上，终是不能有理想效果的。甚至就算在生活本身中进行教育，也断然因为学生的个体的能动性的不同，使生活其实难以变成教育。因此，问题就出在学生的自我能动性上。

"亲即知"，没有能动性的"亲"是不可能转化为理性的"知"。生活即教育，没有自我能动性的生活，生活只能是生活，教育依然是教育，二者不可能产生必然的、本质的连接。人处于生活中，并不代表人可以行知，这和农民种田却不一定知道种田的科学、我们吃饭并不一定懂消化的原理是一样的。

因此，"生活即教育"应是生活即自我能动性教育。这个发现是由陶行知先生的观点中产生，他说："是健康的生活，就是健康的教育，是不健康的生活，就是不健康的教育；是劳动的生活，就是劳动的教育，是不劳动的生活，就是不劳动的教育；是科学的生活，就是科学的教育，是不科学的生活，就是不科学的教育；是艺术的生活，就是艺术的教育，是不艺术的生活，就是不艺术的教育；是改造社会的生活，就是改造社会的教育，是不改造社会的生活，就是不改造社

会的教育。"① 这段话原是告诉我们什么样的生活即受什么样的教育，所以生活即教育。然而真是这样的话，那就出问题了。因为人们对其生活往往不可控，也就是说，一个人是过健康的生活，还是不健康的生活，过科学的生活还是不科学的生活，过艺术的生活还是不艺术的生活，过改造社会的生活还是不改造社会的生活，他们往往处于无可奈何的处境。按陶行知先生的观点，他们就只能收获相应的教育。依此类推，人们过痛苦的生活，就受痛苦的教育，过单调的生活就受单调的教育，过失败的生活就受失败的教育，这不难让人感觉生活完全决定了教育，彻底忽视了人的能动性。我们应该期望的是不论一个人的生活处境是什么样的，我们都希望通过人的能动性使之受到健康的教育、劳动的教育、科学的教育、艺术的教育及改造社会的教育。毫无疑问，"生活即教育"之"教育"不能是教训、惩罚。过不健康的生活，不是得到不健康的教育，而是得到惩罚；过不科学的生活，得到的不是不科学的教育，而是得到教训。教育应该是积极的，有培养人的功能。我们希望的生活即教育，是不论什么生活都要产生积极的教育，这才是生活即教育真正目的。但陶行知先生认为，"是好生活便是好教育，是坏生活便是坏教育"②。提出生活应是自我能动性教育的目的是要解决"是坏生活便是坏教育"的问题。

生活即教育的理论困境在于，它的中介环节存在缺漏，原来陶行知先生所主张的"教学做合一"并不能保证"生活即教育"能够将人们所受到的所有教育转化为健康的教育、科学的教育、艺术的教育和改造社会的教育。正如他说："生活教育者承认'生活即教育'。好生活就是好教育，坏生活就是坏教育，前进的生活就是前进的教育，倒退的生活就是倒退的教育。"③ 这种观点也否定生活即教育中存在这样的事实，即很多人受着痛苦的生活，却收获着快乐的教育；很多人过着不健康的生活，却收获健康的教育；很多人过着奢侈的生活，却收获贫穷的教育……这样的反例不胜枚举。

不管怎么样，我们都希望生活与教育的关系能够进入第四个时期，即不论怎样的生活，都收获"自我能动的教育"，这种"自我能动的教育"即健康的教育、劳动的教育、科学的教育、艺术的教育和改造社会的教育，此时的生活不再单纯

---

① 陶行知. 陶行知全集（第二卷）[M]. 成都：四川教育出版社，1991：7—8.
② 陶行知. 陶行知全集（第二卷）[M]. 成都：四川教育出版社，1991：7—8.
③ 陶行知. 陶行知全集（第三卷）[M]. 成都：四川教育出版社，1991：593—594.

地等同教育，生活可以不同，而教育必须是自我能动的。这里不妨再大胆一点地说，生活即"自我能动的教育"，这是强调人的能动性对生活的改造。没有人的能动性，那么什么样的生活，必然受什么样的教育。人类的教育，不应该是这样的。人类创立教育，必然是出于改造社会的目的，而人的能动性是教育的根本要求。

基于上面的分析，人的能动性即是"生活即教育"的中介环节，强调了两个关键点：一是人；二是能动。"人"即表达了是谁推动生活走向自我能动的教育；"能动"表达了推动这种转化的行为和方向，在生活与教育关系的第三个时期，这种能动就是"教学做合一"，通过"教学做合一"的行为推动生活转化为教育，沟通了生活与教育。然而第三个时期生活与教育的沟通阶段只是蕴含了有人，因此第四个时期的生活教育沟通的人就不能停留在有人而没有指定人上了。那么这个人是指谁呢？笔者认为是自我。正是自我的能动性才能将各种生活都转化为自我能动的教育，也印证了这样的事实，不论环境还是外界给予个体怎样的不公正的生活，都可能造就个体的自我能动教育。对于任何从外而内的教育来说，教育效果要真正产生必须经由主体自我的参与。个体不会在缺失主体自我的情况下还能够受到积极的教育。到此，可以暂时将"生活即教育"的中介环节表述为自我的能动性，其中"自我"弥补了传统的能动性——"教学做合一"的缺漏。

三、"社会即学校"之社会缺失人的教育关系特征

陶行知先生为什么主张"社会即学校"？他在《社会即学校——答操震球问》中写道："我们主张'社会即学校'，是因为在'学校即社会'的主张下，学校里面的东西太少，不如反过来主张'社会即学校'，教育的材料，教育的方法，教育的工具，教育的环境，都可以大大增加，学生、先生也可以更多起来，因为这样的办法下，不论校内校外的人，都可以做师生的。'学校即社会'一切都少，

校外有经验的农夫，就没有人愿意去领教；校内有价值的活动，外人也不得受益。"① 这段话也告诉我们，"社会即学校"扩大了教育场所、教育资源和教育对象的范围。显然这里的论述缺失了人的关系特征。在学校内，人的关系特征是教育和受教育，在社会中，人的关系特征是否仍然可以描述成教育和受教育的关系？显然是要的，因为社会生活也是教育。但是社会不会自动变成学校，人与人的社会关系有很多种，有生产关系、契约关系、血缘关系等，这些关系也不会自动转化成教育关系。如何将人的社会关系转化成教育关系或者产生教育关系呢？这里只能有一种可能性，即由自我来构建这种关系。换言之，社会不会天然地存在教育与受教育的关系，那是存在学校内的，即使是在学校内，个体拒绝接受教育，也实质上切断了教育者与受教育者的关系。如果个体想将社会转化为学校，转化为教育场所，那么自我就要来构建这种教育关系。然而陶行知先生不是这么认为的。

首先，在陶行知先生的"社会即学校"中，似乎更是强调了教育者要去建构这种教育关系，他主张要"把社会当成学校，利用一切现有的物力提高人民的道德和文化水平"②。这样期望得到"整个的社会范围，即是整个的教育范围。那么教育的对象丰富，教育的意义也就丰富，取之不尽，用之不竭了"③。陶行知这种期望能否真的实现，恐怕是要打个问号的，将整个社会变成学校，通过教育者的行动，即使是在中国的现在也是没有办法办到，况且社会的组织和功能复杂，很多功能是拒绝转化成学校的功能。

其次，陶行知先生还主张社会学校化："把社会当做学校，其主张的方法之一是在庙宇、茶馆及所空闲的地方开展识字小组及讨论小组等活动。我们的方针是尽可能少花钱建房屋。找不到房屋在树荫下也可以。较大的会议总是在露天举行的。"④ 这样是否真正做到了"社会即学校"？我看没有，陶行知先生这种社会即学校并不是从实质上解决社会学校化，而是当时中国经济贫穷，教育没有经费，人才短缺，资源短缺，学校无法建造，不得不向社会寻些依靠来，解决教育资源（比如教室、教材、教师）短缺问题的无奈之举。那么从根本上也是从实质

---

① 陶行知. 陶行知全集（第二卷）[M]. 成都：四川教育出版社，1991：506.
② 陶行知. 陶行知全集（第六卷）[M]. 成都：四川教育出版社，1991：400.
③ 陶行知. 陶行知全集（第十一卷）[M]. 成都：四川教育出版社，1991：814.
④ 陶行知. 陶行知全集（第六卷）[M]. 成都：四川教育出版社，1991：400.

上解决社会学校化的途径是什么？

实质上解决社会学校化的途径，不是教育者的行动，也不是依靠些社会资源，而是自我的大自我构建。社会，对任何人来说，其内容和形式都是不同的，不同的人所接触的社会是不一样的。换言之，每个人接触的人和事物都是个性化的，每个人所经历的社会都是个性化的。既然如此，由教育者构建的"社会即学校"未免是共同的社会、共同的学校，未免是经过选择的社会、选择的学校。既然是这样的社会，那么其所谓的"整个社会范围，即整个的教育范围"就是一句实质上的空话，这样的社会范围、教育范围不可能是整个的，只能是简单的、浅层的、非实质的。因此，"社会即学校"能是自我构建的"社会即学校"，自我要在社会中构建学校的关系，即教育的关系，所该做的是让社会其他的人和物成为其自我的能动性的一部分，而不是简单的组成部分。倘若自我不能将其实质上（个性化）的社会人际和资源构建成能动性的一部分，就不可能保证自我在任何生活下都获得自我能动的教育。要保证能动性的第一步是将个体社会人际和资源变成自我的一部分，构建成大自我社会。由此，将遗留这样两个问题：大自我的能动性到底是什么？大自我能动性又是如何实现社会转化成学校，如何实现生活转化成自我的教育呢？

四、"教学做合一"思想的缺漏

陶行知先生在《生活即教育》一文中写道："我们可以说'教育即生活'是杜威先生的教育理论，也就是现代教育思潮的中流。我从民国六年起便陪着这个思潮到中国来。八年的经验告诉我'此路不通'。在山穷水尽的时候才悟到教学做合一的道理。所以教学做合一是实行'教育即生活'碰到墙壁把头碰痛时所找出来的新路。……到了'教学做合一'的理论形成的时候，整个教育便根本地变了一个方向，这新方向是'生活即教育'。"[1] 这段话有两点我们是可以看出来

---

[1] 陶行知. 陶行知全集（第二卷）[M]. 成都：四川教育出版社，1991：7—8.

的，其一，生活教育理论的来源是杜威先生的"教育即生活"，却不是照搬杜威先生的教育思想，它是将"教育即生活"进行翻新。之所以敢做这种翻新是因为有陶行知先生八年来的教育经验。其二，生活教育理论翻新依靠"教学做合一"达到翻新的目的，即到了"教学做合一"的理论形成的时候，整个教育便根本的变了一个方向。换言之，"教学做合一"对生活教育的理论形成具有重要作用。到底是什么作用？不难推想出陶行知先生应该是把"教学做合一"当作中介环节。由于"教学做合一"是将生活的"做"和教育的"教与学"联合起来，从而达成生活即教育。换句话说，如果生活教育不是运用"教学做合一"的教学方法，还是照搬传统的教授法——只有老师的教，没有学生的学，没有生活的做，就不可能有事情怎么做就怎么学，怎么学就怎么教，那么生活就无法转化为教育，生活自是生活，教育自是教育。

"教学做合一"是"在劳力上劳心"，是事情怎么做就怎么学，怎么学就怎么教。然而很多事情只有劳心，而没有劳力，某种程度上说"教学做合一"并不总是能成为很好的中介。基于上面的探讨，我们不难感觉到仅仅依赖"教学做合一"不可能完成生活转化为自我能动的教育、社会转化为学校这个任务，而大自我的能动性方可承担这种责任。但是，"教学做合一"仅仅是这种能动性的一部分，而且"教学做合一"还不是大自我的能动性，仅是人的能动性，其能动性的出发点是教育者，不是自我。"教学做合一"是教育者施行生活教育的教学方法，其本质依旧是教师的教学方法，而不是学生的学习方法。大自我的能动性是大自我"在劳力上劳心"，是大自我的"学教做同一"。"学教做同一"是学教做在大自我上得到同一。"学"，在大自我生活教育中，是一个从行到知的建构过程，不是自我的"学"，而是大自我的"学"，是以自我为中心的与人"共学"。陶行知先生曾经主张："要学生做的事，教职员躬亲共做；要学生学的知识，教职员躬亲共学；要学生守的规则，教职员躬亲共守。"但他的主张是针对教育者，我们的主张是针对受教育者。我们谈的大自我生活教育中的"教"是以自我为中心的与人"共教"，是从知到行的解构过程，是大自我的"教"，是分析、反思、怀疑和质询的过程，这需要借助工具、他人，也是学习过程，是"大自我"教育"自我"的过程。我们谈的"做"，也是以"自我"为中心的与人"共做"，是对知和行的重构过程，也是创造过程。教育进步的目的在于改造社会，改造社会人类的整体行为，不是自我个体的行为，个体聚合的大自我进行改造社会是最成功的

"共做"。可见，大自我的能动性下的"学教做同一"是共学、共教、共做，不同于站在教育者角度的生活教育的"教学做合一"。

其实，陶行知先生早就表达过这种朴素的共创造的观点。他说："先生创造学生，学生也创造先生，学生先生合作，而创造出值得彼此崇拜之活人。"① 这句话表达了大自我能动性的共学、共教、共做，先生和学生共学、共教、共做从而彼此创造出值得自己崇拜的活人。倘若在社会中，自我能够与他人共学、共教、共做，那么他人就是自我能动性的一部分，大自我就可以形成。

五、"行知实验学校"建设的困境

"生活"不再是生活教育的中心，是因为让学生接受生活教育，即使在"教学做合一"的情况下，学生也不必然沟通生活与教育。那么为什么陶行知先生能够用其教育理论解决实践的问题？为什么陶行知办的实验学校能够成功，而我们无法像陶行知先生那样办陶行知先生式的行知实验学校呢？

陶行知先生依靠的不仅是"教学做合一"这个法宝，还依靠"爱满天下"的大爱教育，以及"小先生制""学生自治"这些激发学生自我能动性的手段。一方面是陶行知先生的大爱教育，才能激活学生的自我能动性；另一方面是"小先生制""学生自治"的手段应用，才有学生的自我能动性被激活，所以生活与教育才能够沟通。因此，陶行知生活教育理论才能够被实践检验通过。

毫无疑问，我们的教师难以做到像陶行知先生一样具有"捧着一颗心来，不带半根草去"的崇高精神和崇高师德，也没有意识到培养学生自治、自我教育的能力对推动生活教育的本质联系。甚至很多实验学校只是学习生活教育理论，没有学习陶行知先生的崇高精神和崇高师德。即使陶行知先生的崇高精神和崇高师德被众多实验学校作为重要的追崇对象，实际上也难以明白陶行知先生的大爱教

---

① 胡晓风，金成林，张行可，等. 陶行知教育文集[M]. 成都：四川教育出版社，2007：507.

育与生活教育之间的本质联系。因此，大爱教育完全被当作教师教育的工具，而生活教育被当作教育学生的工具。"小先生制""学生自治"甚至没有被重视，更何况陶行知的大爱教育的原理并不为大家所真正认识和理解。总而言之，目前的行知实验学校，难以达到陶行知先生当年的教育效果，如果要从本质上达到要求，必须是要符合上面的三个条件：一是要大爱教育；二是要生活教育；三是学生自我能动性教育。

自我的能动性是生活教育理论发展的新方向。一方面要实行大爱教育，前提是教师要具备陶行知先生那样的崇高精神和崇高师德。但让所有教师具备这样的师德几乎是不可能的。因此，难以将这个大爱教育作为普遍规律推行下去。它也许会作为个别规律，影响着一些教师的师德成长。另一方面，承认学生是教育者，这不是让教师退出教育的本职功能，但对大多数热衷控制学生而让学生按照自己的教育意志发展的教师是无法适应甚至是难以接受的。因此，摆脱从外围激发学生自我能动性的大爱教育和"学生自治""小先生制"。不如就直接让教育的方向转向激发学生的自我能动性——也就是生活教育的新方向。

毫无疑问，当一个人具备了完全的自我能动性，开始自我教育，成为一个大自我教育者，那么不论是从生活中接受教育还是从学科中学习知识接受教育，都不是问题。因为自我能动性激发了的学生一定是能够"行知"的学生，从生活的"亲知"还是从学科中的"闻知"，抑或是其他方面的"说知"，最终都会被学生通过"行以求知知更行"。

教育，必定是要生活教育的，但是很多人做的都是假生活教育。因为保证是生活教育的唯一标志就是受教育者和教育者都是"自我能动"，否则没有"自我能动"的生活教育，不是生活教育。笔者希望生活教育的理论研究和实践理论能从"生活"的视角转向如何让学生和教师"自我能动"上，毕竟"自我能动"了的生活教育才是真生活教育。

第二部分

新生活教育理论探索

第一章 倡议建立"生活教育学"

《生活教育》2013 年第 8 期刊发了时任中国陶行知研究会副会长周洪宇教授在"2013 年湖北省陶行知研究会暨教育史研究会学术研讨会"的讲话录音稿《建立"陶行知学"》。笔者阅读该文受益匪浅，脑海中不断闪现一个想法，那就是为了更好地推动新世纪陶行知研究，有利于服务当今国家教育改革和发展，有必要建立"生活教育学"，推进生活教育当代化。

一、为何要建立"生活教育学"

建立"陶行知学"，这是周洪宇教授关于陶行知研究的思考与建议。他认为，近百年陶行知研究已经有一定的基础了，建立"陶行知学"，使之系统化、科学化，是新世纪陶行知研究的重要使命。为了说明建立"陶行知学"的合理性，周教授把此"学"解释为学问，是诸如红学、鲁学的学问之学，而非学科之学。并就此定义了"陶行知学"的内涵："是一门以陶行知的家世家庭、个人生平、事业贡献、思想学说、人格精神、历史作用、国际影响为主要研究对象的学问，涉及陶行知本人及其所处的时代环境、所经历的重要活动和重要事件、所交往的重要人物等，重点是研究陶行知的精神文化世界，对陶行知的历史价值及其局限性进行历史反思。"①

然而，要建立"生活教育学"，这个"学"又是什么"学"？一方面这个"学"是学问；另一方面这个"学"又可以接近学科，甚至可以在师范院校作为一门教育课程进行开设。然而这个"学"，其实是更相当于诸如学派的学，如要素主义、实用主义、永恒主义、新行为主义等。在笔者看来"生活教育学"是研究生活教育的发生、发展规律的学问，包括生活教育的发展史、生活教育的学科基础、生活教育的理论体系和实践应用等。

为何要建立"生活教育学"？笔者认为至少有以下几个原因：

一是"生活教育"的确存在。陶行知先生认为，生活教育不仅贯彻人生终始，还贯彻人类终始。这意味着，曾经的各种教育理论，虽不以"生活教育"之名，却必有"生活教育"之实。那么中西方的教育史在本质上是生活教育史，可以用生活教育的框架或视角来解读。因此，如果站在"生活教育学"视角去梳理中西方教育史，哪怕是简史，研究的成果也会是绚丽多彩的。

二是"生活教育学"可以成为解决中国未来教育问题的重要教育理论之一。首先，陶行知先生研究的生活教育理论是基于中国从农业社会过渡到工业社会的普及教育理论，而农业社会、工业社会和信息化社会生活教育理论是怎样的呢？不同的社会皆可以有相应的生活教育理论内容和形式。从目前来看，生活教育理论仍然是先进的，当今很多教育目标都没有达到生活教育提出的理想状态。其次，"生活教育学"可以梳理我们的教育史，今日的中国，已经不是农业社会过渡到工业社会，而是工业社会过渡到信息化社会。中国当今的普及教育（义务教育）、国民教育、终身教育又应该是怎样的呢？生活教育理论在解决学校教育的均衡、公平问题和解决课程、教学、教育目标问题等方面都会有让人惊喜的表现。

三是"生活教育学"的建立能够更好地促进陶行知研究。当前有的人认为陶研的盛况已经结束，现在走向了衰落期。这是因为"陶行知学"中大量的研究内容都是历史的，不具有发展性，它受制于历史的真实，比如陶行知的生平、经历、家族、家世、重要活动、重要事件、重要相关人物，这些都是历史的，不具有发展性，一旦成果真实，就无须重复研究。然而"生活教育学"不仅是历史的，还是当下的，更是未来的，充满了发展性。"生活教育学"的内容，会随着

---

① 周洪宇. 建立陶行知学 [J]. 生活教育，2013（8）：16—20.

人类生活、社会生活、个体生活的变化而发生变化，其教育内容、教育方法、教育场所等都会呈现新的内容或形式。因此，唯有建立"生活教育学"才能摆脱陶行知研究的衰退期，真正进入"深化期""全盛期"。而且，"生活教育学"是陶行知研究的核心，建立"生活教育学"，确立陶行知生活教育创立学派的价值对促进陶行知研究具有重要意义。历史上多少伟人的精神，都是因为其思想才能有价值。如果没有思想价值，其个体价值也就非常有限，终究会被遗忘。因此，一定要辩证地看待，"陶行知学"的价值在其"生活教育学说"价值，而陶行知其他思想、精神价值也在"生活教育学说"价值中才能更加发光。

四是拥有本土的立派教育学理论。中国教育思想源远流长，可是能传承的多半是教育思想，而谈得上立派的教育理论却很少。即使是生活教育理论，陶行知本人也没有以系统的学科范式建立其理论框架，这虽为后世研究打开了许多思路和突破口，然而却也对建立系统的生活教育学理论产生了不少障碍。建立"生活教育学"为本土的教育理论立学派不可缺失。目前，研究陶行知的"生活教育学说"的不是没有，也是有很多的，比如周洪宇教授就曾著有《陶行知的生活教育学说》一书。然而，这些研究被"陶行知"给限定了，无法真正把生活教育作为一个教育理论来研究建构，解决中国当今的教育问题。要建立"生活教育学"要避免这个生活教育是谁的教育理论，避免除了陶行知说过的，就不能纳入到"生活教育学"中的思维局限。如果能把"生活教育学"真正当成一个合理的、正确的学问来研究，就像已经非常成熟的各个学科的分支学科那样，规范地从其理论基础、理论发展、理论体系、理论应用等进行研究，那么生活教育学当代化，甚至国际化又有什么难的呢？

五是"生活教育学"还可以是世界的。如果仅仅是"陶行知学"，那么研究者必然大多数是中国人，难以成为世界的，但是"生活教育学"却可以是世界的。它的理论源头不是陶行知（陶行知虽然赋予其"名"，也研究了其"实"），甚至也不是杜威，至于其真正的创始人，还有待于站在"生活教育学"的视角梳理中西传统教育思想和教育理论，研究它的真正开端。如此，"生活教育学"的研究者就更多了，更能吸引教育界同仁投身这个极富财富的矿山中挖掘了。此外，这也为未来研究生活教育者，开放研究空间，这跟"陶行知学"研究不同，"陶行知学"研究与历史文本有重大关系，能容忍的创新度也是有限的。

鉴于以上五点，建立"生活教育学"有利于更好地推动陶行知研究，满足教育领域的学术发展，解决中国实际教育问题。

二、如何建立"生活教育学"

如果生活教育能够找到研究其历史、现状和未来的方法或哲学手段，从而揭示生活教育的发生、发展的规律，那么我们就可以建立"生活教育学"。除此之外，基于不同的教育哲学视角，审视生活与教育的关系，那么创立不同的"生活教育学"也不是没有可能。

（一）陶行知的"生活"与"教育"范畴与马克思主义哲学关于实践的论述

陶行知先生对"生活"的认识有两个含义：一个是沿袭杜威的从生物学中引申出来的"生活"含义，认为："有生命的东西，在一个环境里生生不已的就是生活。"[1] 另一个认识是接近马克思主义的"生活"观，认为："生活主义包含万状，凡人生一切所需皆属之。"[2] "所谓'做'是包含广泛意味的生活实践的意思。"[3] 两个含义大有不同，前者对生活的认识没有上升到人的实践的高度。陶行知先生对"教育"的认识也有两个含义：一是教育是培养人的活动。即"教育是教人化人""教人做人"；二是教育是"生活的改造"，是"民族解放、大众解放、人类解放之武器"[4]。在陶行知先生看来教育是培养人、改造生活和社会的活动。这样看来，陶行知先生关于"生活"和"教育"的认识都贯彻了马克思主义实践观，就连"生活"与"教育"的关系也是对立统一的，生活决定教育，教育改造生活。正是陶行知先生的生活教育学说自觉或不自觉地运用马克思主义哲学基本原理，给我们打开了建立系统的"生活教育学"的缺口。由于陶行知先生

---

[1] 陶行知. 陶行知全集（第二卷）[M]. 长沙：湖南教育出版社，1985：180.
[2] 陶行知. 陶行知全集（第一卷）[M]. 长沙：湖南教育出版社，1985：78.
[3] 陶行知. 陶行知全集（第三卷）[M]. 长沙：湖南教育出版社，1985：623.
[4] 周洪宇. 陶行知的生活教育学说[M]. 武汉：湖北教育出版社，2013：180.

的过早仙逝，这种彻底贯彻马克思主义基本原理的生活教育学理论并没有建立起来，这是建设有中国特色社会主义教育学说的可为之处。

（二）运用马克思主义基本原理研究"生活教育学"基本问题

什么是生活？如果我们自觉地运用马克思主义基本原理，那么生活的本质就是实践主体的生活实践。这里把生活理解为生活实践，而不仅是生命的活动，意味着生活具有实践的特征：生活是主体感性和理性统一的能动性的实践活动。而就实践主体而言，又包含类主体、集团主体和个体主体，简称"类体""集体"和"个体"。

什么是教育？如果同样自觉地运用马克思主义基本原理，那么教育是社会运动的一种形式，教育是社会活动，是社会生活，还是认识社会生活和改造社会的活动。这样教育就有三种内涵，它本身是社会生活，同时又是认识社会生活和改造社会生活的活动。

我们知道，马克思主义基本原理对人类社会运动过程有深刻的认识和改造的功能，它也可以对生活教育这种主体实践的社会活动进行深刻的认识和改造。生活与教育也是一对对立统一的矛盾体，生活与教育的关系发展，取决于主体实践的作用，不同的实践主体有不同的生活教育，即类体生活教育、集体生活教育和个体生活教育。这三种生活教育与社会的发展亦步亦趋，这是因为三种实践主体，在社会发展过程中，受制于社会发展水平，受制于人们对教育内容的需要。不同实践主体的生活能够成为教育活动登上历史舞台呈现出阶段性的特征，就有了生活教育的发展史。而这三种生活教育理论形态和实践形态，曾经都是以非生活教育之名而被过去的人们所实践着。因此，"生活教育学"其中一个重要的任务是要将这样的"生活教育学"历史揭示出来。

（三）梳理"生活教育学"历史的方法

为了揭示生活教育学的历史发展过程，就必须揭示其历史发展的阶段性特征。正如社会有不同形态特征，才能揭示社会发展过程。同理，对生活教育进行分类，揭示生活教育在理论与实践中的形态特征，同样有利于揭示生活教育的发展史。

陶行知先生曾对生活有过两种分类：一是把生活分成健康的生活、艺术的生活、劳动的生活、科学的生活和改造社会的生活，相应的有五种教育。另一种是在《生利主义之职业教育》中提到："人之生活有四，即职业生活、消闲生活、社交生活和天然界生活。"① 后一种分类方式较为模糊，很难说是合理的。倒不如以工作生活、学习生活、日常生活概括之。日常生活中有消闲也有社交生活。

笔者认为还有第三种分类，此种分类源于人的生活存在三种状态，也是实践主体的三种状态：一是作为人类的个体存在；二是作为集体中的个体存在；三是作为自身的个体存在。这三种存在是同时的，故人有三种生活状态，即三种生活实践状态，笔者称之为"类体生活""集体生活"和"个体生活"。其中，类体生活是个体作为人类的一分子，其生活实践反映了人类的类本质，即共性的生活。集体生活中有小集体和大集体生活。小集体生活是指家庭、家族、班级、学校、学习组织、社团、党组织等生活，大集体生活是指社区生活、民族生活、社会生活。集体生活反映了人作为集体的一分子的群本质（社会性）。个体生活是每个人比较私有性的生活，每个人一天要花大量时间与自己相处，过独立的个体生活，其间的安排、组织、实施、管理等都是由个体进行。这方面生活，学校教育关注的少。个体生活反映了人作为个体的特殊本质（个性）。

基于此，我们把生活教育分成三类：一类是类体生活教育，即以人类共性的生活实践经验为主要内容。这种教育不是以一种直接经验的方式进行，而是以一种间接的方式进行体验。这类生活教育的内容主要以文献资料、学科成果和学科课程等来体现。二是集体生活教育，即以集体社会性的生活实践经验为主要内容。通常是以个体参与集体活动的方式进行，目前学校以活动课程来体现。三是个体生活教育，即以个体个性的生活实践为主要内容，如个人的日常生活、内在心理生活等等。在学校中，这类生活教育内容还是隐性的。

---

① 陶行知. 陶行知全集（第一卷）[M]. 成都：四川教育出版社，1991：12.

三、"生活教育学"的几个重要研究内容

"生活教育学"可供研究的内容很多，下面几个是比较重要的研究内容：

（一）"生活教育学"的学科基础研究

比如哲学基础、心理学基础、社会学基础等。而这些哲学基础、心理学基础和社会学基础，却不会简单地拿来其已有的常规认识。生活教育学作为一个教育研究的新视角，其实际功效将超过其本身学科或学问的建设意义。同时，它自身的建立和发展对哲学、心理学和社会学本身也具有反向构建的作用。

（二）生活教育史的研究

这个研究可以承前启后，可以为生活教育学的理论体系建立良好的基础。生活教育史的研究，不仅是研究生活教育本身的发展过程，还要研究生活教育学史，其中各个阶段的代表人物的相关贡献都值得研究，这种研究倒是与一个学科的研究史和发展史很相同。生活教育史的研究理论也是非常重要的，不同的视角、不同的研究方法，所呈现的内容就不大相同。到目前为止，教育史研究已经经历两个阶段，第一个阶段是教育思想和制度史，第二阶段是教育活动史。教育活动史还在进展之中，主持此项研究课题就是周洪宇教授。这么看来，完全有教育生活史或生活教育史或生活教育运动史。

（三）"生活教育学"的具体理论研究

到目前为止，至少研究了从农业社会过渡到工业社会和工业社会的生活教育理论，前者是陶行知研究的，后者是杜威研究的。而农业社会的生活教育理论、信息化社会（第四次工业革命）的生活教育理论是怎样的？生活教育有没有一个基本的学科范式？这个范式会是怎样？是否可以建立一个科学的生活教育学理论？这些问题的答案就是"生活教育学"所要研究的，即生活教育的目的、教育

内容、课程、教学法、学习理论、实验学校建设等等。

（四）"生活教育学"的实践应用

目前运用陶行知生活教育思想办学的行知实验学校有许多，然而并没有形成相关的实验学校建设理论，实际上，正是因为要对实验学校建设的理论进行研究，我们才能真正发现"生活教育学"在当今学校建设中应有的理论形态。

从以上的几个重要的研究内容可见，"生活教育学"对建立一个有本土基因的较为系统的教育理论流派是行得通的，这也是当今缺乏本土教育理论指导下的中国教育改革者愿意看到的。

第二章　新生活教育的前奏：大自我生活教育

当前中国教育的现状：一是对考试教育的恋恋不舍；二是对素质教育的孜孜以求；三是对创新教育的极力渴望。但是，放不下考试教育，也没有任何理论，可以说考试教育是一无是处的；对于素质教育，也没有理论可以让教育者和学校放心去操作；更谈不上创新教育，因为没有这样的教育环境去让教育者自由地创新。面对这一切该怎么办？通过新课程改革，教育似乎有所变化。有人希望通过陶行知先生的生活教育来改革，因为它比杜威的教育思想更先进，然而也面临许多困境。这一切该何去何从呢？作为一个学陶10多年的"小陶子"，笔者认为，被众多专家学者认同的陶行知生活教育理论也需要与时俱进，以服务于当今中国教育改革的时代使命。

一、从生活教育到大自我生活教育

（一）教育主体的变更

回顾教育发展的历史，人们对教育中谁是教育主体的认识，总是变化的。在中世纪，上帝在教育中占据重要的主体地位，牧师等都是传道布业者，没有自己的思想，表面上是他者教育，其实仍然是他者和自我教育的合体。如果我们考察学生的整个学习过程并换一种视角来看待学生的学习,那么我们的观念就会主动发生变化。学生的学习过程包括预习、听讲、复习、练习、改错、考试等诸多环节,其中只有听讲是教师主导,其他像预习、复习、练习等都是学生自我教育的过程。从时间的量上来说,一般预习、复习、练习的时间会超过课堂听讲的时间。因此可以得到这样的结论:他者教育和自我教育是当前学校教育的主要方式。站在学生的角度,预习是初步熟悉知识;听讲是在教师主导下精细学习知识;课后复习是联通知识;练习、考试是运用知识。因此,整个学习过程是学生从初步熟悉到进一步熟悉再到联通、应用的过程。以大自我教育的视角来看,大自我只需要经由上述的几个环节就可以学习好知识,教师身影被淹没了。如果视教师为大自我的重要参与者和支持者,一如书籍等其他教育资源的作用,只是这个作用一直被视为很重要,那么教师就为自我所用,构成学生的大自我。考察一下那些无师自通的大成功者,教师的作用真可以从重要转为一般。

(三)从个体生活到大自我生活

很多时候,人们不满意当前学校的非生活化教育,认为其压抑学生的创造性。而笔者不以为然,不认为教学内容非生活化是使学生缺少创造能力根本原因。相反笔者认为学习内容——抽象的内容,或者理论的内容才是最具有美性,具有让人有不可停止追求的动力。平常的学习绝不是停留在生活的经验上,而是直达经验、现象背后的规律。换言之,正是这现象背后的、抽象的规律才促使我们开始这一系列的教育行动,我们却认为直接追求这种知识的教育行动是不够生活、低价值,这何以令人信服呢?

中国教育创造能力低有以下几个原因:一是停留在较低层次的教育上,即"是什么?为什么?怎么做?"这三个层次上。这三个层次只解决了一个知识的来源和应用的问题,而无法解决其创新的问题——第四个层次——还能怎么样?即知识的重构过程,我们的教育几乎缺乏这项功能。二是由于受教育者参与教育过程的程度比较低。很多时候,受教育者只是课堂听讲和课后做作业,没有足够的自我参与到学习过程中。在听讲中,教师满堂灌,学生满堂听,思考少;作业模仿例题,同样思考少,错了,就多做题,反复做,这样培养的学生能有多少创新?只是被灌输和记住些知识和解题的方法。三是经验背后的规律是脱离生活的辨析。就那些在数学上、物理上、化学上的规律,更多的时候是前人总结的,因此脱离个体生活。从某种角度来说，这种认识是对的，但是这种认识的合理是建立在脱离学生生活的基础上。如果我们将生活的概念扩大化，称之为大生活，从个体的生活进入类体生活即人类的生活，那么曾经的数学、物理、化学的规律都是类体生活的再现，是大生活的表现，也就无所谓脱离生活之说。因此，传统的教育内容并没有什么特别的错，如果说它脱离个体生活，但它是类体生活的内容，而类体生活是大自我的生活的一部分。

（四）陶行知生活教育理论的与时俱进的发展

陶行知先生是中国伟大的人民教育家，其教育思想的重要组成部分是生活教育。陶行知的生活教育实际上只是他我生活教育思想，这种生活教育包含了一个教育者和一个受教育者，教育者和受教育者是不同的人，陶行知先生希望将其合二为一——"教学做合一"：教是相对于老师来说的，是教；相对学生来说就是学了；二者都是做，教要做中教，学要做中学。因此，称之为"教学做合一"。但不管怎么说，"教"和"学"发生在不同的教育主体身上，因此是他我的生活教育。他我生活教育是他者对自我的生活教育，因此实践操作就会变成：他者选择生活的内容让自我来学会生活。

自我生活教育情况就有所变化，教育的主体是一个人，教和学都是同一个人，教是我，学也是我，是"师我同一"的教育，是"学教做同一"。他我的教育是他教我的教育，自我生活教育是自我教自己的教育，两者是教育的两个不同阶段。任何教育都是起初经由他者进行主体的教育，然后才有主体对自己进行教育。他者教育我，但最终还得自我进行自己的教育，这个自我应该对自己进行改造，通过物质和意识的经验来改造自己的精神，达到教育的最终境界。

他者生活教育是有局限性的，任何他者都无法真正走入受教育者的实际生活，顶多是其生活的参与者，甚至是过客，他者无法代替受教育者真正生活。有些生活是隐蔽的，具有隐私性质，只有自我才能窥探和经历。唯有自我真正开始教育自己，才能将各种不好的生活转化为好的教育，将挫折化为动力，将失败化为斗志。任何的教育最终都得依赖自我的认同，才能转化成教育的成功。

陶行知先生的生活教育思想揭示了生活与教育的深刻关系，并创造性地表述了"生活即教育"的观点。生活与教育的关系，有其时代的先进性，适合旧中国落后发展的教育现状。那时中国的教育水平低，人们对高层次的教育需求不大，因此经由他者生活教育就可以解决自我生活教育问题，而且可以省钱、省力、省时，是好的教育。这种生活教育，是依赖"做"来联系的，没有"做"，就没有生活教育。但当今，越是高层次的教育，越是脱离了生活实际，变得愈加抽象和独立，教育的成功越来越依赖自我和大自我，生活的走向越来越从共性走向个性，从类体走向个体，从广大走向单一，从知识走向体验，从实践走向理论。仅仅依赖"做"来打通生活与教育之间的关系，已不大可能，没有以自我觉醒乃至大自我觉醒的这种主体高度参与的生活教育，也必定是失败。由此，在生活教育前加上大自我，构成了大自我生活教育就是这个觉醒。

二、大自我生活教育的内涵

（一）"大自我生活"是大自我生活教育的内容

一般来说，"生活即教育"至少有这几点含义：第一，过什么样的生活，就受什么样的教育；第二，生活是生命的东西，随着时代的变化而变化，随着社会的发展而发展；第三，"生活即教育"，不只是适应生活，还要解放人类的创造力，创造新生活；第四，"生活即教育"主张因时因人制宜，从当时当地和不同教育对象的生活实际出发，决定教育的内容；第五，书本也是前人社会生活经验的总结，书是要读的，但不能死读，要和现在生活联系起来加以活用；第六，十分重视运用活环境的活势力。由此提出"大自我生活即教育"，依据陶行知先生的思路，过什么样的生活就受什么样的教育，生活随时代变化而变化，因时因人制宜等，大自我生活教育恰恰是阐述生活教育的另一个阶段，也是生活教育的真正要旨。因为任何生活最终都必须发展成大自我生活，才能成为教育的前提。他者生活只能与大自我生活有交集，而不会是同一个集合或包含大自我生活的集合。

人与人是不同的。同一个文本，同一个环境，同一个时间，同一个人，都会因人而不同。任何人的自我生活从整体上看都是独一无二的，犹如一个人的生命是独一无二的一样。提"大自我生活即教育"是为了让人们更加清楚"生活即教育"的真正主旨是大自我生活即教育，明白他者教育的局限性。大自我生活教育是教育的广阔天地，是开发教育理论的新处女地带。随着对个体心理学的深入认识，人们更加关注那些通过自我教育，并成功地使自我成为自己想成为的人物的案例。这些人物是我们大自我生活教育中的成功先例，几乎包括我们能随口说出的一切伟大名人。

大自我生活的含义，需要明白以下几点：一是什么是大自我？首先，大自我不是自我，也不是他我，是大自我，表明它首先是自我，考察那些学习优秀的学生和在人生中取得成就的伟人，自我教育是他们增长智慧的不二途径。孔子十五而志于学，孟子更是自学成才的典范。其次，大自我有两层意思：第一，大自我是指以自己为中心集结教师、书籍、家庭、朋友、组织等一切资源进行自我教育，这些资源与自我构成大自我。考察古人所说的"寻师访友"，无不是要构建一个大自我。陶行知先生提出的"五路探讨"学习方法，也有"寻师访友"的旨意。第二，从历史角度看大自我，这种大自我反映类体的大自我，即构建一个民族历史的大自我，能拥有这种大自我体验的人一般是创造历史的人物，如孔子、毛泽东、陶行知。他们把本民族、国家的生活体验和个人自我实现结合起来进行教育自己。此外，自我教育与自主教育有些不同，自主教育强调教育的自主性，自我教育强调教育的自我中心性。

二是大自我生活是什么样的生活？"生活即教育"，这点陶行知先生已经解释了很多，笔者再补充一点：平常学生都是学习书本知识，因而觉得与生活相距较远。进行生活教育就可以使学生变得聪明，变得有创造力吗？生活中，有太多有生活体验却没有创造力的人，诚如陶行知先生所说，空谈生活，不是生活教育。陶行知先生说要产生生活工具，凭借这生活工具方可产生教育的作用。他说的是从生活到理念（工具）这个过程。笔者倒是有另一个认识：我们学习的知识，实际上多是书本上的语言符号，离真正的知识还有一段距离。真正的知识是经由体验到经验到观念再到理念和信念的，因此，学习知识也还得反过来学习，从知识出发回到观念、经验和体验中去，最后到生活中。这也是生活教育——从知识到生活的过程。我们学习前人的科学知识就可以这样学习，将他们的知识还原到生活中。这种认识告诉我们老师和应用生活教育办学的校长不要傻傻地只会从生活中教育我们的孩子，我们的孩子能有多少生活体验呢？不丰富的生活体验又怎么帮助我们的孩子继承人类生活的体验呢？所以我们以课本知识为载体，还原类体生活体验也就是大自我生活体验，把这当作教育的内容。此外，大自我生活教育不仅是类体的生活教育，还涉及个体将自己和周围朋友、组织的生活体验化作教育内容进行自我教育。这个教育内容要遵循从生活到工具（理念、知识）的过程。我们在生活中写作、游戏、活动等无不是要提炼出一个知识（经验、观念或者信念之类的）才觉得是有意义的。可见，生活本身与生活走向知识哪个才是好教育？陶行知先生认为"生活即教育"，笔者认为有意义的生活才可以是好教育。

（二）"大自我社会"是大自我生活教育的场所

陶行知先生认为，"社会即学校"，意思是教育发生的场所不应该局限在学校，而应该在社会的任何地方。他说："学校生活是社会生活的起点。"又说："学校生活是社会生活的一比方。"还说："学校与社会打成一片，社会教育与学校教育打成一片""必须与社会息息相关，不了解社会的需求便是盲目的教育"。从中不难看出，他所说的社会不是某个人意识中的社会，而是一种实际存在的社会。他认为，这样的社会生活应该变成学校生活，因为学校与社会应该打成一片。学校教育与社会教育也要打成一片。可是，教育落实到每个受教育者，他意识中的社会和可接触社会才是他受教育的场所，才是他的"学校"。因此当今教育更应该将社会的概念深入大自我社会的概念。教育者更应该看到每个受教育者的自我社会的差异，从而对教育场所有不同理解，对学校有不同体认。对很多受教育者来说，他的受教育场所并不大，就是家庭和学校；对另一些学生来说，这种场所可能扩展到更广阔的地带。而这就是他的大自我社会意识与他人的不同之处，如果这些学生缺乏大自我生活教育能力就无法开发大自我社会资源来教育自己。此外，与大自我社会相对他者社会，作为传统教育者，每个教育者都有这种自我社会的体认，他们往往用自己的自我社会体认作为学校来教育受教育者。他者社会在传统教育中明显代替了学生的自我社会体认。

关于大自我社会，需要明确几个含义：一是大自我社会是意识中的也是现实中的社会。就意识来说，大自我社会包括类体的社会意识，指的是人类的社会变换进程的各个阶段。各个阶段的社会历史都是自我学习的重要资源。有句话说，"读史使人明智"，历史的社会是最好的学校，有助于个体建立大自我的概念。就现实的社会而言，大自我社会是群体社会，是包括自己和他者的社会。能将这种社会实现的，如当今的互联网，它构建了虚拟空间，构建了虚拟的社会，也构建大自我社会的平台。因此，从历史角度上看，历史承载着类体社会，而当今的互联网正承载着扩展现实的群体社会。这些虚拟的社会也是大自我社会，是未来造就人才的场所。家庭、学校、社区，加上历史的和互联网的社会，构成了大自我社会的主要组成部分，但大自我社会仍然要以家庭、学校、社区这些小社会为个体发展的起点和重点。

（三）"学教做同一"是大自我生活教育的方法

在自我生活教育中，学教做是同一的，而不是合一的，合一是两种教育主体的联合一体，而同一是同一个教育主体在自我生活教育中的自我表现。

"学"，在大自我生活教育中，学是一个从行到知的建构过程，是一个将大自我生活体验转化为抽象的理论或者知识的过程。现在的课堂有种表演知识建构的意味，学生没有先学，就跟着教师来建构知识，这个过程缺少了个体的体验，其建构的知识自然无法体现个性。在大自我生活教育中，学和教是不同的两个过程，这与"教学做合一"的含义不同，"教学做合一"的教、学、做三者是同一码事。

"教"，教是教育者的行为，要把它变成受教育者行为。因为受教育者更了解自己想要接受什么样的教育，因此他们更有可能成为一个好的教育者。教是一个学习的过程，在教的过程学习，教的过程是一个将建构的知识解构的过程，这个过程可以看成是复习、温故，因此教是一个学习过程。只是这个教不是传统的教师教，传统教师为了教会学生学，采用的是"学法"的"教法"，是遵循知识形成的过程来教，是从行到知的过程，这是新课程改革一直在做的事。而教的本质是对知识的解构。

"做"，在大自我生活教育中，做就是自动行动。生活的一切都是做的表现，行动的表现，是一种体验和参与，教和学都统一在做上。大自我生活教育极力强调做，因为做是学和教的升华。它促使个体将真正体验转化成经验、观念、理念乃至信念，完成从生活到知识的转变。同时，"做"又帮助个体将理念、观念、经验转换成新的体验，实现知识到生活的转化，这两个过程的反复循环和相互激荡，实际上是一种重构，这种重构不仅涉及对知识的重新构建，更涵盖了行为实践模式的全新塑造。

结合上述阐述，大自我生活作为教育的内容需要通过三个过程来进行教育：一是体验个体现实生活的体验，遵循从生活到知识的学习过程；二是继承人类类体生活的体验，遵循从知识到生活的教育过程；三是继承人类的创造体验，遵循从实践到知识，再从知识到实践的反复的创造过程。从行到知，再从知到行，不断循环往复。大自我生活教育是"师我同一"的教育。作为学习者，需要建构知识，实现从行到知的转化；作为教育者，需要解构知识，实现从知到行的转化；作为创造者，需要重构知识，重新塑造行为实践模式，需在行知之间反复"重构"。

因此，"学教做同一"，不是简单的"合一"，而是先学后教再做的三个阶段过程，是大自我生活教育必须遵循的教育方法和教育程序。

（四）"智慧教育"是大自我生活教育的本质

大自我生活教育的本质为什么是智慧教育，而不是素质教育呢？素质教育仅仅是聪明的教育，不是产生智慧的教育，智慧是创造性的教育。智慧教育包含素质教育。那么什么是有智慧的表现？怎样才能使大自我生活教育走向智慧教育的方向？考察那些古今中外有智慧的人的表现，都是掌握了创造、发明、发现的方法，并形成一套思考的逻辑、方法或者理论体系，或者说有异于他人的思维方法。因此，有智慧的表现是有正确的思维，能创造出新的东西。思维至少由记忆、理解、创新和实践四个环节来完成。如果一个人能在学习任何东西的过程中应用这四个环节，那么迟早会成为一个有智慧的人。

"记忆"，记忆解决知识的储备和思维方法的储备，是思维的材料；理解将知识和思维方法组合形成有意义的逻辑体系、方法和理论体系；创新是组合知识和更新思维方法从而再形成有意义的逻辑体系、方法和理论体系，产生新的知识和思维方法；实践是用来检验新的知识和思维方法，是智慧能否形成的标志。

考试教育侧重记忆，素质教育侧重在记忆的基础上理解，创新教育则增加创新环节，那么智慧教育就是要增加实践环节，增加做的环节，增加个体运用所学知识在生活中检验的环节，增加在实践中产生知识的环节。

智慧教育不是简简单单地增加个体实践的环节，而是在前几个环节的基础上以实践为主，以自我和大自我的实现性发展为方向。那些没有经过实践检验的创新难以形成真正的智慧为后人所继承和发展，那些不能为个体自我实现和大自我实现的创新是不能得到推动的。考察众多成功人士的智慧，可以看到实践在其人生中的重要性，看到实现自我和大自我的巨大牵引力。比如毛泽东思想就是马克思主义思想与中国革命实践相结合的新智慧。又如伽利略通过反复多次的实验才发现了单摆的规律，并通过有名的斜塔实验证明不同重量的物体自由落体时下落速度是一样的。没有这些实践，理论是无力的。

三、大自我生活教育的当代意义

大自我生活教育是解放自我、紧密联系生活的教育。解放自我是手段，紧密联系生活是方向。我们已经有方向了，但有方向，没有手段，或者手段不完全最终也无法让我们走上正确的教育之路，如陶行知的生活教育理论的方法是"教学做合一"，大自我生活教育的方法是自我的"学教做同一"。大自我生活教育就其当代意义而言，是可以应对陶行知生活教育的三大冲突。

（一）地域范围更宽泛

陶行知先生当年实践生活教育思想多在乡村，开办了许多乡村实验学校。在乡村，乡村教师可以教育学生参与农业种植，科教兴农，农教结合，体会这种特殊的生活教育。而在城市，就没有这种特殊的环境生活，学校也无法把学生的自我生活拿出来进行一种广泛的曝光式的教育。学生也无法利用生活教育的原理进行自我生活教育。因此城市的孩子要进行生活教育，往往停留在一些实践的活动中，这些活动却因为是要做的，而被认为是每个小孩子的生活被大力推行。然而基于应试的原因，大多数学校对于综合实践活动课都是有课表而无老师，有老师而无课堂，有课堂而无活动，有活动而无实践。现状不容乐观。什么是生活？就是个体有足够的自主参与、体验，那些被剥夺的自由，被剥夺思考、感觉、强加的体验都不是生活。现在有倾向把体力劳动，动手参与的活动等同于生活，这是没有摆脱生活与教育的关系在"做"上的观念，生活与教育真正的联通是主体参与的程度。

大自我生活教育一方面摆脱了教育者的依赖，让学生得到根本上的解放，让他们利用自己的时间开发自己的生活教育需要。这与教育是否在农村，是否在城市没有任何关系，只要有自我生活，就有自我生活教育的需要。因此不论是乡村的生活还是城市的生活，大自我生活教育都成为可能。另一方面，大自我生活教育更加强调学习，因为学习也是从知识到体验的过程。这样极大限度地避免了学生生活体验狭窄、肤浅、单一的现状，有利于学生接受广阔的人类生活经验。在这方面来说，城市和乡村真的没有差别。

（二）年龄层次更跨度

大自我生活教育可以深入任何受教育者和教育者的个体之中，其应该是全龄段的。因此不再仅限制在那种可以由教育者来对受教育者进行的生活教育内容，或者限制在学校教育中。换句话说，传统教育者和受教育者生活的交集才是生活教育的内容。生活教育在被后人运用时往往倾向于在低龄段运用，如运用陶行知生活教育的行知实验学校基本上都是中小学的学校，以小学居多。这是因为幼儿的生活还是一个需要照顾的生活，其教育多通过游戏、活动和日常生活训练等"做"来完成，适用于陶行知生活教育的范畴。此外小学生的生活可以更加公共化，隐私性较少，他们生活的范围也不广大，适合进行生活教育，比如基本的生活训练、活动实践、现实生活等。而在初高中进行生活教育也是有的，但学生的基本生活能力已经具备，因此学校更多地将书本学业、类体生活作为教育的主要内容，一方面其学习方式不是"教学做合一"；另一方面在考试教育的指挥棒下，多半学校害怕实行这种生活教育，担心其对学生的学业无用。这种担心是可以理解的。

大自我生活教育，摆脱了固执的抗拒的心态，将这种国家性的教育也作为自我生活的一部分，并不放弃对这种教育的适应和改造，同时坚持走向一个更广阔的大自我生活教育的目标和方向。换句话说，大自我生活教育者，一方面接受国家的统一的共性教育；另一方面，全力展现自我对个性教育的追求，在共性教育中学好自我教育的基础，在个性教育中完成自我生活教育。此外，出现这种低龄化现象同样源于陶行知关于学习是从行到知的过程论断，这种论断决定了学习的起点在行。对高龄段的学生来说，其生活有限，可以曝光进行教育的生活领域更是有限，而在低龄段进行生活教育至少可以保证学生所需要的生活指导。

（三）教育内容更多样

当今教育问题很多，但归根到底是"培养什么人，为谁培养人，怎样培养人"的问题。这个问题反映到教改上，就是解决"教什么的问题"，这是学校教育改革问题的实质。素质教育的新课程改革，其实还是在解决"教什么的问题"，这样才能回答"培养什么人，为谁培养人，怎样培养人"的问题。只有先解决"教什么"问题，我们才能考虑"如何教""如何学"的问题。当前教育的桎梏仍然是"考试教育"，考试教育最大的特点就是它在无形中成了指挥棒，影响了一线教师"教什么"的问题。如果素质教育的提出是对这种现状的应对，那么新课程改革就是落实"教什么"的问题。新课程改革进行了几十年，通过改革教的内容，从而带动教师教育，带动教的改革，带动学的改革，带动学校的建设。

然而生活的领域具有多样性，包括了类体生活和个体生活，个体生活又包括了公共性生活。正是大自我生活教育内容的改变，它就可以化转"考试教育"。因为大自我生活教育把"考试教育"教的内容归为类体生活和公共性领域的生活教育。人们在追求教育的价值时要看到我们所受到的教育只不过是一种类体生活和公共性领域的生活教育，它有教者，有统一的课程，统一的要求，这是一个国家具有一定教育水平的受教育者的生活。

大自我生活教育理论，一方面它化转"考试教育"将其归为类体生活教育，使之对自我生活教育，并通过发展个体生活领域的生活教育来解决"考试教育"不能培养的素质教育和创新教育。开发个体生活领域的自我生活教育是一条重要的教育改革之路。但是真正重要的教育改革逻辑是反思"考试教育"的教育方式问题。当前"考试教育"所走的学习之路遵循从"知"到"知"的逻辑，而不是从"知"到"行"。这种逻辑虽然没有错误，是获得知识的一个重要途径，但是"考试教育"的弊端在于是否从"知"走到了"行"。许多受"考试教育"毒害的学生根本的原因在于学到了"知识"却没有学到"真知识"。印刷在课本上的知识其实都是语言符号，离真正的知识还有一定的距离，许多学生把它们当作知识，学习它。教育者也把这些当作知识用来考查学生，于是大家的层次就停留在学习这种语言符号上，对语言符号背后的"真知识"所反映出来的生活经验和体验却知之不深，这才是"考试教育"失败的根本之处。如果能够将书本上的语言符号正确导向大自我生活中，那么就不怕我们的教育不素质，不创新。如果再在大自我生活中产生新知识，那就是智慧教育了。至此，大自我生活教育理论的教育内容不断进阶，变得更多样。

总之，真正的生活教育是以大自我为主体，"大自我社会即学校"为广泛场所，"学教做同一"为教育程序，教育才能自我做主，进而实现我的生活我做主。

第三章　生活教育当代化与新生活教育探索

社会发展了，生活教育的内容、形态和方式也将发生相应的变化。陶行知先生说："生活教育的生命力特别强，它今天不是完成的东西，明天也不是完成的东西，它会永远随着历史和生活的发展而发展。"① "不应该常靠着稗贩和因袭，而应该准照那国家的需要和精神去谋适合、谋创造。"② 当年陶行知先生创立生活教育的时代环境到如今已经大变样了，虽然生活教育中的一些主张具有普遍性，但到目前还没有实现。随着40年来陶研界的学陶、师陶、宣陶、研陶和践陶，生活教育的创新、发展已经成为一个重要的话题，那就是集中在"创陶"这两个字上。现在越来越多的实践者感觉到陶行知先生的教育理论在学校教育方面并不够系统，如像课程、教学法、学校教育改革等，都需要更完善的生活教育理论来解释。这就给我们提出了一个重要的课题，这个课题已经默默进行了近40年，它就是"生活教育当代化"。

---

① 陶行知. 陶行知全集（第十一卷）[M]. 成都：四川教育出版社，1991：717.
② 陶行知. 陶行知全集（第一卷）[M]. 长沙：湖南教育出版社，1984：568.

一、"生活教育当代化"的内涵

"生活教育当代化",陶研界提得少,这种当代化指的是走在当下的,生活教育只能是也应该是走在当下的生活教育。从《二十世纪陶行知研究》一书来看,陶行知研究先后经历了探索研讨期、纪念评价期、批判沉寂期、争鸣复兴期、发展实验期。[①] 第五个阶段"发展实验期"包含两个方面:一是理论的当代化,一是实践的当代化。其中理论的当代化主要体现在就生活教育理论探索其当代价值、探索生活教育与社会主义教育之间的关系和生活教育理论在学校教育中的运用。就实践方面,主要是与乡村教育、素质教育、生命教育、职业教育、师德建设、校园文化、课程改革、教育教学等紧密结合起来。陶行知先生曾经说过:"学术即力量、组织即力量、行动即力量。"所以还有另一个方面就是组织建设,生活教育并非只有学术和行动还有组织,目前全国大多数省份和部分直辖市都建立了陶研会,很多省份,如福建省九地市中八地市都建立了市级陶研会、部分县建立了县级陶研会。在生活教育当代化的过程中,我们能清晰地看到这三方面的力量。

其实,笔者在整理和回顾自 1984 年来福建省陶行知研究会的发展史及对"闽派陶研"的窥探中,越发认为,福建陶研乃至全国的陶研,都自觉或不自觉地开展"生活教育当代化"这个课题。这种当代化,即生活教育运动从学术、组织和行动等方面与中国当代教育和社会生活亦步亦趋地发展。如今这种发展,是从摸着石头过河,到理论总结,即从行到知过渡到从知到创的阶段了。而要完成这一阶段,当下必须要好好探索这个"知",笔者将这种探索称为"新生活教育探索"。

然而"新生活教育"概念的提出可以追溯郭元祥教授的专著《生活与教育——回归生活世界的基础教育论纲》,郭教授认为:"'新生活教育'是在新的历

---

① 金林祥. 二十世纪陶行知研究 [M]. 上海:上海教育出版社,2004:1—5.

史条件下关照学生全面生活领域,以马克思主义关于人的全面发展学说为理论基础,指向学生整个精神生活的教育,是一种全人教育……把儿童的受教育过程看成儿童整个精神的生活的过程,既关照儿童的未来生活需要,又关照儿童的现实的生活需要,赋予教育以生活意义和生活价值。"①

二、新生活教育的探索基础

这种"新生活教育探索"之所以被提出来,理由有五:一是符合马克思主义哲学的基本原理,有基础理论构建的可行性;二是杜威、陶行知的生活教育与新生活教育有一定的历史逻辑关系;三是新生活教育与中国当代建设特色社会主义社会有时代性联系;四是生活教育当代化过程中已经形成一些的创陶成果呼唤新生活教育探索;五是中国当代形成的各大教育学派可以成为新生活教育探索的范例和交流的对象。

(一)马克思主义哲学的实践基础

马克思主义哲学认为,"全部社会生活在本质上是实践的。"② 这种判断,让我们深刻地认识到"生活即教育",本质上可以说"实践即教育"。这也符合陶行知先生对生活教育的本质判断,他曾经说,"教学做合一就是生活法"。事实上,陶行知先生从"知行"到"行知"到"行知行"到辩证的行知行的实践观发展,是他对"实践即教育"的最好注解。由此,通过马克思主义哲学关于"社会生活本质上是实践的"论断,提炼出了"实践即教育"的新判断。这种新的判断让我们看到,生活即教育的中介是人的实践。正如"实践的本质是主体能动地改造和

---

① 郭元祥. 生活与教育——回归生活世界的基础教育论纲[M]. 武汉:华中师范大学出版社,2002:249.
② 《马克思恩格斯列宁哲学经典著作导读》编写组. 马克思恩格斯列宁哲学经典著作导读[M]. 北京:人民出版社,高等教育出版社,2012:87.

探索客体的客观物质活动。"① 生活能成为教育一定需要一个中介，这个中介是主体的实践，是主体的能动性。那么主体的实践及其能动性意味着什么？马克思主义哲学指出："实践的主体是指处于一定社会关系中的具有实践能力的人。人是世界活动中具有自主性和能动性的因素，他担负实践的目的、操作实践工具、改造实践客体的多种任务。"② 不仅如此，马克思主义哲学对实践主体进行了划分，即个人主体、集团主体和类主体。笔者简称为"个体""集体"和"类体"。因此发挥主体能动性就要将主体与生活结合，由此将生活教育分成类体生活教育、集体生活教育和个体生活教育。

（二）杜威、陶行知的生活教育与新生活教育的关系基础

从时间上看，杜威教育学说在前，陶行知在后；从辩证唯物主义观点看，陶行知教育学说是处于前工业化时代的生活教育学说，杜威教育学说处于工业化时代的生活教育学说。这里综合来看三者之间的关系。以下是其关系对比表2-3-1。

表2-3-1 杜威、陶行知的生活教育与新生活教育的关系

陶行知生活教育	杜威生活教育	新生活教育
前工业化时代	工业化时代	后工业时代、信息化工业
生存的生活教育	生产的生活教育	生活的生活教育
生活即教育	教育即生活	生活即主体能动性教育
教育是生活改造的过程	教育是经验改造的过程	教育是生活的理解、改造和践行的过程
生活中心：一切以生活为中心，教师学生围绕生活做上学、做上教	儿童中心：各种措施围绕儿童组织起来，为了儿童的生活和儿童的社会性。教师是措施的设计和执行者	自我中心：各种生活资源都成为教育资源，以自我为中心整合教育资源，理解、改造和践行生活。教师是教育资源的重要组成部分

从理论适用的时代特征看，陶行知的生活教育产生的背景是前工业化时代，

---

① 卫兴华，赵家祥. 马克思主义基本原理概论［M］. 北京：北京大学出版社，2008：44—45.

② 卫兴华，赵家祥. 马克思主义基本原理概论［M］. 北京：北京大学出版社，2008：44—45.

生活资源相对匮乏，人们的生活教育，是生存的生活教育，解决生存问题是生活教育的中心任务。一方面创立晓庄师范的实践，他们要自力更生；另一方面在工学团方面的实践，工以养生，学以明生，团以保生；再一方面抗日战争爆发，他们要为民族危亡之生存进行教育。对此陶行知曾明确表示："当前我们生活教育者最主要的任务，就是配合形势，促进反内战，要和平，要民主，要统一，为建立一个富强的新中国而奋斗不息。"① 杜威处于工业化时代，城市移民增加，工业化生产使得社会产品多样化，社会不断地将分散的人群聚集起来，个人到社会的鸿沟需要逾越，教育不能脱离生活，学校不能脱离社会，社会生活得到重视。后工业时代，人们从生产中逐渐解放出来，生活水平提高，生活的丰富性和选择性，为生活教育提供需要，生活问题是人们普遍面临的中心问题。后工业社会，个人财富的崛起和自由、民主权利的增加，对个人的生活和自我的内在发展都将提出强烈的需求，人们如何整合丰富的资源来理解、改造和践行自己的生活，是我们需要面对的时代性问题。总之，虽然三种教育所处的时代背景、生活资源不同，对教育的理解和解决生活教育的内容、视角、途径也不同，但本质上都是生活教育。

（三）社会发展的关系基础

建设中国特色社会主义社会，发展生产力是其基础，人民需要富强、民主、文明、和谐的社会环境。当前我国经济产业结构转变，产业布局调整，这将扩大第三产业服务业的比重。随着科技发展，第三次工业革命的逐渐来临，人们将逐步从生产中解放出来，生活逐渐成为中心，发展生产力也将转变为发展生活力。生活教育将迎来最名正言顺的发展时机。过去，我们从生存的生活教育到生产的生活教育。国家以经济建设为中心，以发展生产力、解放生产力为中心，许多职业教育都借鉴陶行知教育思想，进行"教学做合一"的实践。今天的生活教育将立在后工业时代的基础上，将是生活的生活教育。这种生活教育，是普通个体觉醒的教育，也是个体生活教育得到主张和实践的教育。整体上看，中国在追求全面建设小康水平的生活中，人们正从生产的状态中过渡到生活的状态中，从以生产力的发展来指导国家建设、社会建设的方方面面转向以生活力的发展来衡量国

---

① 陶行知. 陶行知全集（第十一卷）[M]. 成都：四川教育出版社，1991：717.

家建设、社会建设的方方面面。许多省市都转以居民生活水平作为重要的政绩指标，这种转向表明生活逐渐成为中心。这种中心的来源，是在财富崛起中逐渐产生的，这种产生带来的是生活的生活教育的需要。

（四）生活教育当代化的创陶成果基础

立足陶研界看，新生活教育是生活教育当代化的一个集中的创陶表现，还有待于理论的系统探索和实践检验。可喜的是，新生活教育并非一个设想，在全国范围，新生活教育的探索已经有许多表现。比如，安徽何炳章陶研前辈的"自育自学"理论与方法；湖北周洪宇教授陶研专家的"生活·实践"教育实验；江苏的生活力实验；福建的"三维—五育，培植生活力"的行知实验学校实验。这些探索，有的是专家个人发起的，有的是陶研学会组织实验的，都具有学术、组织和行动的特点，都表现了以个体或自我教育为中心的特征，都具有培植生活力或培养全面发展的人的目标，但需要呼吁形成"新生活教育探索"的共同体，从独立探索走向协同共进和对话融合，从不自觉走向自觉，取得共识，以学术、组织和行动的共同体，开创中国生活教育新面貌，迎接时代的生活变化对生活教育的呼唤。

（五）中国当代基础教育改革学派的范例基础

从中国的教育学派来看，全国最少有以下基础教育改革学派：主体教育学派、新教育学派、情境教育学派、情感教育学派、生命化教育学派、理解教育学派、新课程改革学派、生活·实践教育学派，其中一些基础教育改革学派[1]已有专家总结出来。生活·实践教育学派是近年兴起的新学派。相比，陶行知的生活教育，从争鸣复兴到融入当代中国教育改革，其组织力量、学术力量和实验力量的不断增强，应该形成自己的改革学派。笔者希望是新生活教育学派。原因有三：一是陶研界内部已经有创陶领军和创新人物和组织，像周洪宇等陶研专家已经形成了自己的教育理论和拥有自己的实验学校；二是各大新学派，其改革的视角不是学生就是教师、课程，然后又走向融合，最终都离不开以生命、生活的价值

---

[1] 张荣伟，黄慧娟. 回眸与展望：世纪之初的中国基础教育变革（三）——我们在做些什么[J]. 校长阅刊，2006（4）：6—12.

观作为引导，并逐渐类同。三是其中三个学派代表人物——情感教育学派的代表人物朱小蔓、新教育学派发起人朱永新、生活·实践教育学派的周洪宇分别是中国陶行知研究会的原会长、现任会长和原常务副会长，可以聚合成新生活教育学派。由此，新生活教育学派的共同体的形成是不难的，而且有可能与其他学派的交流互动中促进中国基础教育改革学派的协同共进，有利于中国特色社会主义教育理论和实践体系形成。笔者只是希望，我们这代后辈能够继续保持生活教育理论六大特质——生活的、行动的、大众的、前进的、世界的、有历史联系的，肩负起时代使命，投入新生活教育探索中。

三、新生活教育的内涵

时代的物质基础不同，形成了生存、生产和生活三种生活教育的区别，也就形成了陶行知生活教育、杜威实用主义教育和新生活教育的三种区别；而实践主体的不同，形成生活教育的不同分类。从生活教育的历史来看，这种差别贯穿人类始终。如今看来，我们对个体生活教育没有足够重视，尤其在学校教育中，实际上一直被视为公共教育中。如今新的信息技术的运用，"翻转课堂"的出现，个体作为教育的中心，越来越成为教育的基础。但不管怎么样，我们都不能放弃类体生活教育和集体生活教育及其在学校教育中以学科课程和活动课程来进行的教育内容。由此我们把这三种生活教育并列一起，希望成为当下乃至日后成为生活教育的主要内容，为此称之为"新生活教育"。

从理论层面，新生活教育可以分别从横向和纵向来看。横向是新生活教育的内容，新生活教育是类体生活教育、集体生活教育和个体生活教育的总和。这有别于杜威提倡实用主义教育而反对传统赫尔巴特教育；也有别于陶行知提倡生活教育，不够重视学科教育在晓庄学校的历史实践。当年有参观晓庄学校的区巾雄女士就曾评价晓庄学校的实践："照现在的情形看来，各科的基本常识，恐不能晓得多少，因各科没有什么联络，活动又无恒，对于时间方面很浪费。"① 所以，新生活教育在对待传统是继承的，在创新方面是开拓的。

纵向是新生活的实现方式。生活能够新，能够发展，是通过实践这个方式，而实践的深度在于"行心创"，新生活教育还将发展成"行心创"生活教育。而本书主要阐述的就是新生活教育发展成"行心创"生活教育后形成的"行心创"生活课堂。

当然，新生活教育是生活教育当代化的探索，是理论、组织和实践的统一。陶行知生活教育当代化的发展情况有待新生活教育其组织发展和实践发展来推动。目前组织体系是中国陶行知研究会和各地陶研组织，这些组织大部分还是践行陶行知教育思想。中国陶行知研究会中有许多二级专业委员会，各地陶研组织或多或少也有一些二级专业委员会，它们大部分与时代发展紧密联系。具有"创陶"性质的陶研组织，多数可以归为新生活教育的陶研组织。虽不以新生活教育为名，行的确实是生活教育当代化的事情，如中国陶行知研究会新教育专业委员会、中国陶行知研究会生活·实践教育专业委员会等。

就实践而言，多数还是开展实验学校建设，理论的新发展，组织的新建设，必然会带来实践的新落地，这样的实验学校已遍布全国了。

最后需要强调下，新生活教育加个"新"，是相对生活教育提出的，其本质并不代表是一个全新创立的教育理论。它更代表一个学派，即"创陶的共同体"，需要陶研界同仁赋予它更多的内涵，目前如新教育实验、自育自学教育实验、生活·实践教育实验都可以视为是一种创陶的共同体，走在新生活教育探索的路上。而笔者主张的"行心创"生活教育，也属于这样的一种探索成果。最后，笔者希望它在理论本质上是对生活教育的继承，在理论的发展和补充上，能有新的适合中国当代社会的教育内容，这种适合表现在：一是现实的物质发展水平上的适合；二是时代精神上的适合；三是教育学理上的适合。

---

① 金林祥. 二十世纪陶行知研究［M］. 上海：上海教育出版社，2004：27.

四、新生活教育的简史

（一）新生活教育述史机理

虽然要系统地用"生活教育学"来梳理中西方教育史有待教育界同仁的长期共同努力，但是，简要概述这一小史还是可行的，况且这个努力陶行知先生早就尝试过。关于生活与教育的关系，陶行知先生认为：

"可以分作三个时期：第一个时期是生活是生活，教育是教育，两者是分离而没有关系的。第二个时期是教育即生活，两者沟通了，而学校社会化的议论也产生了。第三个时期是生活即教育，就是社会即学校了。这一期也可以说是开倒车，而且一直开到最古时代去。因为太古的时代，社会就是学校，是无所谓社会自社会、学校自学校的。这一期，也就是教育进步到最高度的时期。"[①]

但笔者认为三个时期不够。为了进一步细化对生活教育分期，有必要对生活教育的分类再做深究。

就生活的分类而言，陶行知先生曾经有过两种分类：一是把生活分成健康的生活、艺术的生活、劳动的生活、科学的生活和改造社会的生活，相应地有五种教育。另一种是在《生利主义之职业教育》中提到人之生活有四，即职业生活、消闲生活、社交生活和天然界生活。后一种分类，其分类方式很模糊，很难说是合理的。

笔者认为还有第三种分类，这里再重复一下，此种分类源于人的生活存在三种状态，也是实践主体的三种状态：一是作为人类的个体存在；二是作为集体中的个体存在；三是作为自身个体存在。这三种存在是同时的，故人有三种生活状态，即三种生活实践状态，笔者称为"类体生活""集体生活"和"个体生活"。其中，类体生活是个体作为人类一分子，他的生活实践是反映了人类的类本质

---

① 陶行知. 陶行知全集（第二卷）[M]. 成都：四川教育出版社，1991：492—493.

的，即共性的生活。集体生活中有小集体和大集体生活，小集体生活是像家庭、家族、班级、学校、学习组织、社团、党组织生活等等，大集体生活是社区生活、民族生活、社会生活。集体生活反映了人作为集体一分子的群本质（社会性）。个体生活是每个人比较私有性的生活，每个人一天要花大量时间与自己相处，过独立个体生活，这期间的安排、组织、实施、管理等等都是由个体进行，而这方面生活，学校教育关注的却非常少，个体生活反映了人作为个体的特殊本质（个性）。

基于此，我们把生活教育分成三类：一类是类体生活教育，即以人类共性的生活实践经验为主要内容的教育，这种教育不是以一种直接经验的方式进行，而是以一种间接的方式进行体验。这类生活教育的内容，现在主要以文献资料、学科成果和学科课程等体现。二是集体生活教育，即以集体社会性的生活实践经验为主要内容的教育。通常是个体参与集体活动的方式进行，目前学校以活动课程来体现。三是个体生活教育，即个体个性的生活实践为主要内容的教育。如个人的日常生活、内在心理生活等等，这类生活教育内容，在学校中不同于前者仍是隐性的。

（二）新生活教育简史分期

1. 第一个时期：生活与教育未分离

生活教育在远古就有，那是第一个时期，生活与教育并没有分离，生活的内容即教育的内容，这是因为教育没有获得其独立的形态。第一时期的生活内容主要是关于生产、生存和生活的内容，由于文字和书写工具没有产生，教育只能在生活中进行，生活的内容也就全部成为教育的内容。

2. 第二时期：类体生活教育

随着社会发展，体力劳动与脑力劳动逐渐分离，作为脑力劳动者，往往需要专门的教育，因此教育获得其独立形态，学校就此诞生，使得教育独立于普通体力劳动者的生活，因此教育就逐渐与部分人的生活分离，不再是与所有的人的全面的生活相关联，而是与部分人部分的生活相一致。而剩下的生活教育，则由家庭、社会和个体自身来完成，学校专门的教育组织，不再承担，学校教育承担的生活教育内容是特殊的，这是生活教育的第二个时期。

那么第二个时期的生活教育中哪些生活内容最容易作为学校教育的首选？这

在孔子时代、古希腊时代都有经典课程。这些课程最大的特点，就是把前人普遍认可的社会思想、经验和生活传递给下一代。这些教育内容，多半是共性的知识。起初这种共性的知识，在古希腊一些哲学家看来是共相的。后来教育家为了研究这种知识的合理性，从人性角度来阐述，但是到了赫尔巴特时，从心理学和人的需求和兴趣出发，终于建立了学科课程，开创了共性知识的课程建立。

因此，首先作为学校教育的生活是人类曾经共有的生活的经验，这些生活经验，不是以活生生的生活情境呈现，而是以经典文本呈现，后来是以学科成果固定下来，具有共性和普遍性。追求共相理念的教育思想可追溯到柏拉图时代，那就是《理想国》，这种追求普遍的知识的努力，也驱使亚里士多德探讨形式逻辑。这之后的欧几里得的几何学的诞生，都反映了人类追求共相的生活教育的证据。到了中世纪，这种努力变成了信仰共有的唯一的神——上帝。《圣经》为中世纪的人们提供类体生活教育，直到经历了文艺复兴，自然科学的产生，学科课程的建立，类体生活教育才汇集了足够体面的共相知识来满足人们智慧的增长。

在中国的文化长河中，这种努力也是不间断的。老子开始讲述"道"，孔子讲"仁"，孟子讲"义"，荀子讲"礼"，韩非子讲"法"，董仲舒完善之，大一统，讲"三纲五常"，宋明理学心学讲天理和良知，这都体现了追求一种共有的道德理念。本质上"四书""五经"课程就是类体生活教育内容。

在前期的生活教育中，中西方都在努力构建共相的知识，除了对共相知识的追求，对人类历史的记录也是重中之重，中国对此的努力可谓源远流长。极大丰富了类体生活教育。只不过，西方文化更多的是从事物的角度来看待共相知识，而中国文化更多的是从人事的角度看共相知识。

3. 第三个时期：集体生活教育

到了生活教育的第三个时期，杜威将生活教育从类体生活转向了群体生活教育，他认为学校即社会，教育即生活。杜威先生的思考，使得社会生活成为教育主要内容，而他轻慢原有的类体生活教育。他主张：（1）课程的中心应是儿童的活动，而不是学科。同时，杜威还把各种作业（如园艺、木工、金工、烹饪等）即各种活动引入学校课程，让学生围绕各种活动，在活动中学习各门学科的基础知识，进行基本技能的训练。（2）教材的源泉是儿童的各种活动形成的经验。（3）要按照儿童的心理发展来安排教材。杜威的活动课程的理论将活动教育的思想推向了高潮，并在全世界产生了巨大影响。从中可见，杜威注重儿童中心，试图通过各种活动把社会生活纳入学校教育中，这弥补了自赫尔巴特建立起的以教师为中心、学科中心、教为中心的传统类体生活教育不足。可是由于是一种替代性的教育改革，因此，丧失对类体生活教育的良好继承的杜威的实用主义生活教育就注定根基不稳。

直到20世纪80年代，我国教学计划都只将课外活动称为"集体活动""团体活动""课程活动"，具体有朝会、周会、班会、纪念周、音乐及各种操场活动等。始终没有取得与学科课程并重的地位。1992年，原国家教委颁布了《九年义务教育全日制小学、初级中学课程计划（试行）》，在这份计划中把活动或课程活动作为与学科课程的课程纳入了课程设置，是我国第一次以文件形式确定活动课程这一名称。1997年，制定了《全日制普通高级中学课程计划（试验）》，对高中课程设置作出了规定：其中活动课程则由若干活动项目，如校会、班会、科技体艺活动、社会实践、课间操等组成。其中，学科课程占总课时的90%，活动课程占10%。在我国新一轮基础教育课程改革，活动课程又有了新的变化，更名为"综合实践活动课"，成为小学至高中教育各教育阶段的必修课。至此我国才算是名符其实地进入了群体生活教育阶段。然而这个阶段还有很多路要走，处于改革中的学校有些并没有自觉参与其中，保守和应试、固执和坚持，仅把学科课程作为唯一教育内容的倾向仍在许多学校流行。

4. 第四个时期：个体生活教育

到生活教育的第四个时期，陶行知将集体生活教育稍微进一步转向了个体生活教育，陶行知一方面没有放弃杜威集体（社会、集体）生活教育，在主张集体生活教育的后面加入自我教育，变成了"集体主义自我教育"。陶行知先生非常重视生活教育中的自我教育，不论是"学生自治"还是个体自学、个体自觉性之启发，都是陶行知先生在晓庄和育才学校认真实验和实践过的，这些都反映了个体生活教育是陶行知对"生活教育学"的重要发展。

实际上，个体生活教育还需很长时间发展——随着当今信息化社会的逐渐发展，人与人的关系越来越被一个中介所隔离——信息网络。学生与教师之间完全可以不见面而授课，授课的时空环境将比社会更加开放。因此，个体如何过好自己的生活，解决自身的生活教育问题，是一个重要的研究课题。

5. 第五个时期：新生活教育的综合期

从上面可知，生活教育已经发展了四个时期，如今，我们还需要开拓生活教育的第五时期，笔者称之为"新生活教育"，即综合第二、三、四时期，也即类体生活、群体生活和个体生活的生活教育，这种融合的新生活教育是信息化社会的发展背景下要求，这种融合既是向第一个时期的回归，又是合、分之后的再合的必然发展趋势。当下，有关这方面的研究仍数量寥寥，这是"生活教育学"研究大有可为的主题。我们希望学校不仅仅有学科课程，有综合实践活动课程，还要有个体生活课程，这样三种生活教育才能全面，相应的教育教学法、教师成长、学生培养、学校文化建设等等都会推进。

五、结语

新生活教育是一种创陶的表现。其教育模式与社会的现实状况和教育内容是紧密相关的。在教育资源不够丰富的情况下，通常无法进行丰富的教育实践，以学科课程为主要教育内容的考试教育模式应运而生。随着生产力的提高，社会进入工业化时代，教育资源的相对丰富，使教育力得到发展，素质教育成为国家的主体教育价值观。进入后工业时代，或者第三次工业革命时代，人们将从生产中逐渐解放出来，大量劳动者从事服务业，生活成为人们的共同中心。随着个体财富的增长、个体的觉醒，以及个体对生活的追求，生活教育显得尤为重要且正当其时。因此，对生活教育进行新生活教育探索是生活教育当代化的要求，也是中国当代教育改革的要求，更是中国当代社会发展进步的要求。

第四章　新生活教育的马克思主义生活哲学基础

如今,生活教育的哲学基础还没有得到透彻的研究,这对生活教育的进一步发展和探索极为不利。自陶行知生活教育从理论走向实践以来,生活教育经历过辉煌也经历过暂时的休克,1976 年后生活教育理论在争鸣中复兴,此后不断地投入到时代的教育发展主题之中,先后对自身的生活教育理论体系、生活教育与社会主义教育理论体系、生活教育与素质教育、生活教育与乡村教育、生活教育与新课程改革进行了广泛的理论研究与实践探索,形成了如今陶研的繁荣景象。如今生活教育与学校教育的结合更紧密,但也出现许多理论问题,生活教育的实践和实验都需要生活教育理论的创新,而创新的形成必然需要重返它的根基。而这最根本的根基即其哲学基础,笔者认为应是马克思主义生活哲学。

一、马克思主义生活哲学形成的背景与研究现状

(一)马克思主义生活哲学形成的背景

1. 哲学发展的简易逻辑

哲学研究存在范式的转换。西方哲学在其系统内有一个很长的哲学研究历史,这个过程有几个阶段的转换。首先是古典时期哲学的本体论阶段,这个时期

的哲学主要是古希腊哲学，侧重探讨宇宙的本原阶段。第二个阶段是认识论阶段，起源笛卡尔和培根两位大哲，人们对世界的本原认识越来越受制于人的经验和认识的方法，笛卡尔的《谈谈方法》和培根的《新工具》都是这方面的反映。随着这一哲学经过理念论和经验论的不断发展，最终在康德那里达到高峰，之后进入了第三阶段，这是叔本华开启的意志论阶段。叔本华发现，世界是生命意志的表象，著有《作为意志和表象的世界》一书。换句话说，人们对世界的认识，受制于人的意志。这样的研究经过尼采和心理精神分析学派等发展，人们对意志和潜意识的研究逐渐丰富。意志论阶段还没有结束，第四阶段实践论又开启了，认识受制于实践，实践对认识的影响乃至对世界观的影响是非常明显的。马克思主义哲学深刻地揭示，不同社会发展阶段，人们的社会实践决定了人们对世界的认识。这一阶段还没有结束，哲学又开启了第五个阶段，即语言分析时代。一批哲学家，如维特根斯坦等，发现语言才是哲学研究的本体，哲学对世界观的表达离不开语言，哲学的问题本质就是语言的问题。随着人们对哲学的认识越来越清楚，综合上面众多的发展阶段，人们发现，不论是物质、认识、意志、实践还是语言，都体现了人身上的各异特性。因此，到 21 世纪，人学哲学成为人们研究的热点，此可以算作是第六个阶段。笔者也曾在此方面用力近 9 年之久。然而哲学的问题，甚至关于世界的问题，不是仅受制于人之特性的（简称"人性"）。实际上，不同文化、不同生存环境的人，所表现出来的人性是不同的。因此笔者沿着这条道路继续前进，在学习陶行知生活教育后，就跨入生活哲学。在生活哲学研究领域里，也有许多研究者。

2. 起决定作用的哲学基本问题

恩格斯对哲学的基本问题，其经典的表述是："全部哲学，特别是近代哲学的重大的基本问题，是思维与存在的关系问题。"[1] 物质与意识的关系或者是存在与思维的关系问题，这是传统西方哲学的基本问题。若加入中国哲学，这个基本问题就需要有所修正了。[2] 这里有几个问题需要我们思考下。第一个问题：存在与思维为什么会有关系？试想，如果这两者要有关系是不是就少不了第三者，那就是实践，没有实践，存在与思维便搭不上关系。第二个问题：存在与思维与

---

[1] 中共中央马克思恩格斯列宁斯大林著作编译局. 马克思恩格斯选集（第四卷）[M]. 北京：人民出版社，1972：219.

[2] 周志平. 生活哲学与新生活教育探索 [J]. 生活教育，2015（9）：5.

实践要发生关系，又需要什么条件？可见把哲学的基本问题解释为上面三种关系问题也不能说就透彻了。那肯定得有人，所以人的哲学才有存在、实践、思维三者的关系。然而我们还可以再问，人都能让这三者产生关系吗？实际上，死人不能，不实践者不能，不思考者不能，所以我们给它加一个限定，那就是生活，一个真正生活着的人才能让存在、实践和思维发生关系，而且这关系也将改造人的生活。所以生活哲学，本质上就是人的哲学，是生活着的人的哲学，是要研究存在、实践、意识三者间关系的哲学。一切已有的入世哲学，都难以逃出这三者关系。随着马克思主义的实践观发展，实践这一要素，就不能不在哲学基本问题之中。根据物质、实践和意识间的关系，存在三种主要的立场。首先是唯物主义，主张物质是决定人的经验和意识的基础，即物质是第一性。其次，唯行主义认为实践（或经验）在决定人的意识和物质方面起着决定性的作用，因此实践被视为第一性的。最后，唯心主义则坚信意识具有决定物质的能力，这一观点强调意识的首要地位。这三种立场在哲学上各有其独特的观点和解释。

从一个不太严格的角度来说，西方有一些哲学是唯物主义哲学、一些哲学是唯心主义哲学；中国古代哲学主要是唯行和唯心主义哲学（探讨知与行之间的关系，侧重实践与意识之间的斗争）。而马克思主义哲学，尤其当代发展了的马克思主义哲学是实践唯物主义哲学，可以这么理解，是唯物主义的，实践先于意识的。

恩格斯认为，辩证法不过是关于自然、人类社会和思维的运动和发展的最一般的规律，是和"形而上学相对立的、关于联系的科学的一般性质"[1]，这种联系体现在三种规律的联系上，即质量互变规律、对立统一规律和否定之否定规律。辩证法之所以成立，不仅是物质运动联系的结果，还是人的实践联系的结果和思维运动联系的结果。

对于马克思创立的实践唯物主义[2]来说，物质决定了实践，实践决定了意识，人的物质观、世界观，都取决于人的实践状况，其意识也来源实践。旧哲学往往只追求精神本原或物质本原，而马克思主义哲学以人的感性活动为基础，全面审视总体世界的方式，现实地而不是抽象地、全面地而不是片面地、联系地而

---

[1] 中共中央马克思恩格斯列宁斯大林著作编译局. 马克思恩格斯选集（第三卷）[M]. 北京：人民出版社，1972：484.
[2] 何萍. 马克思主义哲学史教程（上卷）[M]. 北京：人民出版社，2009：39.

不是孤立地（实体地）对人和自然进行深刻地把握。① 正是因为人的感性活动——实践，人的实践程度，才决定了意识，决定了真理，产生了理论。

3. 时代对马克思主义生活哲学的呼唤

马克思主义哲学显然包含了马克思主义生活哲学，而马克思主义生活哲学也是发展了的马克思主义哲学。但它们都是属于马克思主义，其哲学的党性、哲学的基本范式是一致的。一般认为马克思主义哲学不仅是讨论物质与意识关系的哲学，而且是讨论实践的哲学。实践观在马克思主义哲学中，占有绝对的重要的作用。沿着实践的路线，从实践走向生活。在马克思主义哲学看来，全部社会生活的本质是实践的，② 是马克思主义生活哲学产生的基本逻辑。

新时代，党的十九大报告指出，我国社会主要矛盾已经转化为"人民日益增长的美好生活需要和不平衡不充分的发展之间的矛盾"③。马克思主义生活哲学，应该满足时代对生活需要的哲学探索，是新时代的呼唤，这种呼唤体现了哲学从精英、知识分子的领域向大众普及的转变，以及从上层建筑的理论话语到日常教育和生活的、实践的话语的延展。在这样的一种趋势下，哲学服务的对象可以变成任何普通人，也可以变成受教育的儿童，儿童哲学变成必然，儿童哲学教育也变成了趋势。

除了上述的基本逻辑，马克思主义生活哲学的产生，还有以下多方面的缘由：

一是马克思主义哲学的实践观研究已经有一个相当的积累，而从实践到生活，人回归生活世界，变成了更多普通人的追求。实践观的运用是精英的词汇，是精英的世界，是精英的解决问题的方式，而生活是大众，是普通人，是老百姓的生活。马克思主义哲学从学校教育中的普及，从知识分子到普通大众的广泛传播，是信息化时代发展的必然趋势。二是信息化时代，个体的崛起，公共生活世界面临解构，个人的生活世界面临重建。公共生活世界的解构是由于信息化时代的到来，人们面对这样的生活世界，需要重建自己的生活世界，重建生活中的意

---

① 魏莉. 马克思主义基本原理十讲 [M]. 北京：人民日报出版社，2021：49.
② 《马克思恩格斯列宁哲学经典著作导读》编写组. 马克思恩格斯列宁哲学经典著作导读 [M]. 北京：人民出版社，高等教育出版社，2012：87.
③ 习近平. 决胜全面建成小康社会 夺取新时代中国特色社会主义伟大胜利——在中国共产党第十九次全国代表大会上的报告 [N]. 人民日报，2017－10－18（001）.

义,而这体现了个体价值观。三是公共价值鞭长莫及,个体主义和个体生活兴起,包含公共和个体价值观的全面价值观成为时代趋势,而这已经被社会主义市场经济制度固定了下来(其中社会代表公共价值,市场代表个体价值)。整个中国进入全面深化改革的时代,改革正逐渐从过去分割的(东中西部、城乡区域)、重点发展的(经济特区)和等级化的(机关事业单位、企业)逐渐走向全面的、整体的、公平的改革进程,公共价值向个体价值开放。而公共价值加速向个体开放,也源于第四方面。四是个体财富的崛起,最近福布斯个人财富排行榜上,中国的富豪数量已经跃居世界第二。如此普遍的财富为大众所有,形成个体生活的渴望。个体生活的渴望,形成个体生活教育的需要。不仅个体财富崛起,未来个体经济也将伴随第四次工业革命或者工业4.0的发展推动经济生产的个性化。

生活哲学迎合了这个时代对哲学的发展需要。生活世界打通物质—实践—意识的三元关系。生活世界的实践介入,推动了生活世界的发展和变化,其中像教育领域,在陶行知将生活引入教育之后,如今发展成新生活教育,陶研界又将实践引入教育,形成了"生活·实践"教育,这不仅是将马克思主义基本原理运用于教育思想的继承与创新,还是沿着中国共产党克服教条的本本主义和经验盲动主义,而开辟的实践路径,是实事求是的发展路径。当前新生活教育已经发展成"生活·实践"教育,针对实践如何深入,又进一步发展出"行心创"生活教育和"行心创"方法论。未来这必将推动生活教育当代化的发展。

(二)马克思主义生活哲学在国内的研究现状

国内哲学界对生活哲学的研究已经有十多年的历史,有以下几个方面的主要成果:

一是关于马克思主义哲学本质上是生活哲学的研究。主要观点有:"马克思主义哲学的任务就是研究现实生活世界的真理,改变整个生活世界,并在改变世界中实现自身;马克思主义哲学是审视、指导生活世界的世界观;马克思主义生活哲学的运思路径是从生活经由哲学再到生活,生活构成了马克思主义哲学的出发点和价值归宿;在马克思的著作中,'生活'或者'物质生活条件'概念不是作为马克思主义哲学的一般概念而是作为马克思主义哲学的基础概念出现的。"[1]

---

[1] 李霞. 马克思主义生活哲学的多重意蕴 [J]. 山东社会科学,2012 (10):11—16.

"马克思主义哲学立足于'生活现实'或'现实生活'而把握'未来';依托于现实生活的马克思主义哲学是未完成的;马克思主义哲学随生活主题的演变而不断变换形态;马克思主义哲学是通过优化人的生活而深刻关注人的哲学。"[①] 此外,研究还揭示了马克思主义的唯物辩证法实质乃是生活辩证法,马克思主义哲学乃是生活哲学。[②] 虽然研究提出了生活辩证法的概念,但对生活辩证法的具体内容却没有深入的研究。

　　二是关于马克思主义生活哲学的主要内容的研究。有研究认为,"马克思主义生活哲学主要研究生活事实理论、生活批判理论、生活认识理论"。[③] 当然也有根据一般的哲学研究范式研究了马克思主义生活哲学的主要内容,包括生活哲学的本体论、价值观、方法论。如本体论指出:在马克思看来,生活就是人们的存在方式和存在条件,具有现实性和整体性的特点;马克思认为生产是生活的本质,生活是生产的目的,生产与生活互为条件、前提,它们的统一构成人最根本的存在;马克思认为,生活的内容是全面的、多种多样的,涵盖人与自然、人与社会、人与人、人与自身诸多方面的对象性关系。价值论指出,马克思生活哲学的价值论体现在两个方面:一是对现实人的异化的批判,二是人的解放的发展方向。认识论指出:现实生活是认识的根本出发点,正确的理论"只能从对每个时代的个人的现实生活过程和活动的研究中产生";现实生活是评价、衡量认识真理性的重要尺度;从现实生活出发也是获得真正知识的根本前提。[④]

　　三是关于马克思主义生活哲学的当代价值研究。主要观点有:"从生活哲学的角度理解马克思主义哲学,才能把握马克思主义哲学最本原的意义;回归现实生活,直面生活实践,才是马克思主义哲学研究不断创新的源头活水;就当代人存在状态而言,生活方式的多样化,主体性的凸显,使得重新挖掘马克思主义生活哲学的价值具有重要的现实意义。"[⑤]"生活哲学"之批判性有助于对当代生活进行深刻反思;"生活哲学"有助于在当代中国落实以人为本的价值原则;"生活

---

① 杨楹. 马克思主义生活哲学的当代价值 [J]. 三明学院学报, 2010 (1): 1—6.
② 杨楹. 论马克思生活辩证法的理论个性及其当代在场 [J]. 学术研究, 2014 (7): 1—16.
③ 陈忠. 马克思生活哲学的三重内涵: 马克思"原点语境"中的"生活哲学" [J]. 社会科学战线, 2005 (6): 15—19.
④ 李霞. 马克思主义生活哲学的多重意蕴 [J]. 山东社会科学, 2012 (10): 11—16.
⑤ 李霞. 马克思主义生活哲学的多重意蕴 [J]. 山东社会科学, 2012 (10): 11—16.

哲学"有助于反思和审视马克思主义中国化。①

四是关于生活哲学的对象和方法的研究。研究指出生活哲学研究的对象是原初世界,这种世界具有不可还原性、主体性和多样性三个特点。研究方法是"原初性思考"而不是日常性思考和派生性思考,原初性思考有三个特点:自明性、反身性和实践性。②

五是关于将生活哲学运用到高等教育领域,认为高等教育发展到今天,走过了精英教育、大众化、普及化等阶段,传统的基于认识论和政治论的高等教育哲学指导下的实践出现了种种问题,不能完全适应高等教育实践的新要求。马克思关于人的生活的论述为我们寻找新的高等教育哲学指明了方向,生活哲学成为高等教育哲学的新视野。③

此外,还研究了生活哲学的历史,如《生活哲学的复兴》④ 一文,就把生活哲学的源头追溯到了苏格拉底。

生活哲学还涌现了一些专门的研究群体,如中国社科学院哲学所博士后、《求是》杂志社文化编辑部编审李文阁博士和华侨大学杨盈教授等,他们都系统地研究了生活哲学,出版了关于生活哲学相关的专著,如《生活价值论》(李文阁)、《复兴生活哲学:一种哲学观的阐释》(李文阁、李景源)、《马克思生活哲学引论:生活世界的哲学审视》(杨楹、王福民等)。他们的研究既连续又主题集中,但起点都是从马克思主义哲学出发。

从这些关于生活哲学研究的现状和特点来看,生活哲学的研究有些受限,如把马克思主义哲学本质上视为生活哲学,是看到它们的联系性和统一性,却没有看到它们的区别性,这在很大程度上限制了对生活哲学的独立思考,限制了生活哲学研究的视野。此外,生活哲学在其他领域的运用偏少,这主要因为研究生活哲学的研究者多集中在哲学领域,从而影响了生活哲学对其他学科领域的渗透和影响。

---

① 杨楹. 马克思主义生活哲学的当代价值 [J]. 三明学院学报, 2010 (1): 11—16.
② 马拥军. 生活哲学的对象和方法 [J]. 哲学研究, 2004 (5): 25—29.
③ 张贤裕. 生活哲学:高等教育哲学新视野 [J]. 现代教育科学, 2012 (11): 15—18.
④ 李文阁. 生活哲学的复兴 [J]. 哲学研究, 2008 (10): 85—91.

二、马克思主义生活哲学主要内容

（一）马克思主义生活哲学的本体论

马克思主义生活哲学的本体是生活，它构成了我们多样的生活世界，那么这个生活是怎样的，这是生活哲学首先要解决的问题。对生活世界的多样性研究，学界已经有几个观点：一是意识化、语言化的"生活世界"。它不是现实、具体的世界，而是精神领域内的意识化的世界。这里主要是胡塞尔原创的"生活世界"的本意。二是日常化的"生活世界"。这些哲学家所关注的是个体在有组织的社会活动和自觉的精神活动之后的日常生活，即每个人都在从事的如衣食住行、言谈交往等自在且重复的日常生活。三是马克思的"生活世界"，即具体个人的现实生活过程。这对生活世界本身的明确划分、对"教育回归生活世界"的研究和对新生活教育研究有极大的好处。有人认为陶行知的生活教育属于日常生活教育，其实真正研究了陶行知生活教育会发现陶行知的生活世界是包罗万象的。

笔者认为马克思主义生活哲学应该研究三种生活，分别是共性生活、公性生活和个体生活。生活的本体是多样的，而不是唯一的。所谓共性生活，就是类生活，是作为人类共性的生活。但是共性生活本身也具有相对性，而非绝对的一致性。比如，人都要出生、成长、结婚、生育和死亡，人的物质性、人受自然规律作用、人与环境的关系等具有一定的共性。公性生活是群体生活，如经济、政治、文化、教育、家庭、单位等领域的生活。个体生活是个人的生活。

（二）马克思主义生活哲学的价值观

马克思主义生活哲学要进一步解放人，这种解放不只是停留在整个社会的经济、政治层面，而是深入人的生活世界中，在精神上、实践上和身体上的全面的解放，然而这种解放不是一种期待外在的力量，而是包含来自内在的自我成长力量。马克思主义生活哲学全面回归人们的日常生活和自我成长，将与人全面地紧密结合，哲学也不再是高高在上的高深莫测的学问，而是人们的生活形式反映。生活就是哲学的源泉。生活哲学的大众性、人民性是有马克思主义传统的。随着这个时代的发展，马克思主义生活哲学的个体主义基础得到进一步主张，互联互通的哲学平台意识，去中心化、平等、大众等体现生活哲学的真正价值将渗透生活的方方面面。

（三）马克思主义生活哲学的认识论和方法论

马克思主义生活哲学如何认识这个生活世界，如何认识我们自身，是生活哲学的认识论。由于物质、实践、意识三者的关系，马克思主义生活哲学的认识论反映了人们如何通过实践解决物质与意识之间的对立统一关系。而生活哲学重视人，因此关于人在生活中的实践意愿、关于实践到意识的构建、关于意识到实践的构建，以及关于实践到生活世界的整个过程，构成了生活哲学的认识论过程，即实践意愿（人）—实践—意识—实践—生活世界（生活）。这种认识论突破了感性论和理性论，以前的认识论是中间的实践—意识—实践，即行知行，如今突破了实践和意识二者前不见人后不见生活的循环弊端。不见人就没有解决认识论的启动问题；不见生活就没有解决认识论的效用问题。生活哲学的认识论，一是要补充这两点，二是要增加"践性论"。所谓"践性论"是实践理性的认识论，是实践走向生活世界的方法论。生活哲学是从人学哲学中发展而来的，而人学又是从实践哲学发展而来，本质上就是实践的，实践是生活哲学的根本方法。哲学发展到马克思主义生活哲学，从某种程度来说，哲学不再是认识的学科，而是实践的学科。马克思主义生活哲学的这种特性，对新生活教育来说，具有根本的指导作用，它赋予践性教育以重要价值。

（四）马克思主义生活哲学的生活辩证法

生活辩证法是生活哲学的核心，系统研究生活本体的运动与发展，揭示生活的多样形态。生活辩证法继承了唯物主义辩证法的合理思想又继续创新，在研究的内容和方法上都更加完善。即生活辩证法继承"肯定—否定—否定之否定"，形成"生活—实践—教育"的发展样态。在这个样态中，实践的多样性决定了生活的多样性；通常这样的实践分为三大类实践，即类体生活实践、集体生活实践和个体生活实践。马克思主义哲学侧重研究的实践是阶级斗争、生产、实验等，这类实践有的是社会领域的实践，如阶级斗争、生产；有的是类体生活实践，如实验；而个体生活实践更加丰富，却需要被启蒙。总之，生活辩证法的研究将揭示整个生活哲学的核心，也将把辩证法的研究系统地渗透生活的方方面面，实践的多样形态。构成了生活的多样形态，实践的辩证运动，也即生活哲学的"实践—意识—实践"，陶行知认为是"行—知—行"，也可以认为是"行—知—创"，若仅仅是认知维度，对教育来说是不全面的，教育是"知情意合一"的。因此，最终生活辩证法的方法论应发展成"行—心—创"（简称"行心创"），推动了生活的辩证运动，这就是生活辩证法。

（五）马克思主义生活哲学需要重点解决的三个问题

马克思主义生活哲学需要重点解决三个问题。第一，解决人的主体性问题。人的主体性不仅是一个意识的问题，还首先是一个实践的问题。第二，解决人的理性问题，即是全部生活哲学的方法论和认识论内容。第三，解决人的实践性问题，也即走向生活世界的问题；而这是生活哲学的最终目的，也是其还原人类生活本真的意义所在。生活哲学的这三大内容，环环相扣，没有人的主体性，就不能有理性，没有主体性和理性就没有真正的实践理性，而实践理性又是生活哲学的核心。其中主体性内容，笔者从五个启蒙内容着手，分别是思想启蒙、哲学启蒙、心理启蒙、生活启蒙和社会改造启蒙。思想启蒙解决是否需要启蒙的问题，使人自我觉醒；哲学启蒙解决心灵的愚昧问题，使人开启智慧；心理启蒙解决人格缺陷问题，使人认识自我；生活启蒙解决人脱离生活，使人亲人、亲事、亲物，在生活中自我教育；社会改造启蒙解决人们脱离社会问题，使人大自我实现。其他理性和实践性也有非常丰富的内容，后文将会展开。

三、马克思主义生活哲学对新生活教育探索指导

当前，生活教育面临加强理论反思与建构、更新理论与方法、转换研究范

式、调整研究视角和拓展研究领域的艰巨任务。那么生活哲学具体在哪些方面对新生活教育有明确的指导作用呢？这里主要谈几个比较明确的指导。

（一）指导新生活教育的哲学基础的研究

生活哲学的研究需要整合中国传统哲学、西方哲学传统和马克思主义哲学三大哲学，这种整合要求，也是哲学界公认的。至今缺少整合的途径，笔者研究人学哲学就是为了整合这三大哲学体系。生活哲学在人学哲学基础上继续发展，使得人学哲学进一步渗透人的生活的方方面面。因此，生活哲学的研究要吸收古今中外哲学的优秀成果。由此，生活哲学的哲学基础来源具有多样性，这对新生活教育来说，就有积极的影响。从传统的角度看，陶行知的生活教育与马克思主义哲学之间有着密切的联系，但是其哲学基础并未得到系统阐释，导致哲学的思想体系不够明显，与其他教育理论的交流失去了重要的思想桥梁。

（二）指导新生活教育要回归什么样的生活世界研究

马克思主义生活哲学对生活世界的本体认识，有利研究生活教育要回归什么样的生活世界。对于教育要回归生活世界的话题，新生活教育更要明确教育要回归生活世界。这个话题源于目前的教育，主要是学校教育远离了生活世界（有的人认为教育处于科学世界中，从而要回归生活世界）。新生活教育，要解决回归什么样的生活世界，也要解决谁回归生活世界的问题。新生活教育主张一切人都要回归生活世界，新生活教育是一切人的教育，而不仅仅是学校教育，家庭教育、社会教育也都包含其中。

对生活概念的扩大或者明确，使得生活世界不仅仅限于日常生活世界，而是整个人的世界，是物质、实践和意识的对立统一辩证发展的世界。因此陶行知的生活教育理所当然地就要随着生活概念的变迁而不断发展，其内容、实现方式、价值观都要有新的变化。比如价值观方面，陶行知先生主张大众教育、普及教育是生活教育的主要内容，而新生活教育的对象已经突破了大众，而是以人为本，是一切人，而不是某一类人，人人都有向生活要幸福的权利，这就是价值观的扩大。

（三）指导新生活教育深化对"行—心—创"各个环节的研究

实践意愿（人）—实践—意识—实践—生活世界（生活），扩充了整个"行—心—创"过程，更加深刻地夯实了生活教育的整个哲学基础。"行心创"瞄准实践的深度。旧生活，或者我们常人的生活，实践深度是不够的，或者说实践的辩证发展不够，往往是基于"行"来"创造"，行动产生经验，经验有一定的事实判断和价值判断，利用这样的判断，就去做事，就去产生新的行动和创造，这样就是"行—创"。有的旧生活比这还要好些，行动有经验，往往会觉得经验不够，还会模仿和借鉴，然后再创造，形成"行—模—创"的生活方式。更有的生活比这还要好些，行动有经验，在经验中能悟，再进行创造，形成"行—悟—创"的生活方式。

然而，根据马克思主义生活哲学的推导和描述，本书倡导"行—心—创"的生活方式。也就是行动引发了"心智"的改变，这个"心智"包含认知、情感和意志三个部分。人的认知的事实判断或者对认知的概念和规律的获得，人的情感的价值判断，或者是价值和关系的获得，人的意志，目的性判断，或者是目标和习惯等，由行动引发了这些变化，才去创造。细致地说，应该是下面三个过程的综合。

一是初行。人的行为往往与生命和欲望相关，现在有主张生命教育的，也有主张主体性教育的，归根结底都是要解决人的动力和发展问题。主体性教育，要解决实践意愿。当前学校教育，个体的主体性往往缺位，学习的动力不足，更谈不上实践的动力，这是教育的无效之处。

二是从行到心。劳力之后是劳心，劳心引发的不仅仅是认知的改变，还有情感态度和意志的改变。因此从行到心，就事实上可以裂变为三个方面：行—知、行—情、行—意。从脑科学来说，人们第一行动的反应是欲望和需求，是意志维度的需要，也就是"行—意"先出现，然后才出现"意—情"。需要是不是符合自己的价值，对此形成一个认知判断，也就是"情—知"。这是常人的快速的心灵过程，是人脑中理智脑、情绪脑和本能脑的结构决定的。但"行心创"生活，不是"意—情—知"的生活，而是反向的"知—情—意"的生活，由人的事实判断，借助价值判断，形成目的判断，然后再去创造的自觉的行动。

三是从心到创。在现实中，知行不是那么容易合一的，能够知行合一的，这个知一定是经过行动之后有了深刻的体悟的知。而这个"知"不再是一般的知识，这个"知"包含了默会知识的"知"，包含了情感态度和价值观的"情"，包含了过程和方法的"意"，达到了"心"。现实生活中，我们也常有很多"知"，但这种"知"因为不丰富，所以无法达到知行合一，无法改造我们的行动，从而推动生活的改造。为此，课堂教学要帮助学生对"心"进行改造。现实中，往往是学科的"知"，存在我们的书本上，存在网络上，存在我们的文化中，存在我们的道德规训上。我们要对这些"知"进行改造，使其有了生命的"心"，有了推动"创"的能力。

根据人的大脑结构，意中包含情，情包含知。这里的包含关系，是脑发展的先后顺序决定的，也就是意志脑（本能脑）是一开始就发展的，然后发展出情绪脑，最后发展出认知脑。认知脑是教育的主要领域。当本能脑接收到需求，传递给情绪脑也传给理智脑，然而情绪脑会做出价值判断，理智脑做出事实判断，形成的认知和情感再传给本能脑，由此再去创造性行动。在实际生活中，有的人擅长情感，有的人擅长认知。一个人的优秀，往往需要知、情、意任一的优秀，而知意、情意、知情二者的优秀，就很可能使这个人卓越，而知、情、意都优秀，那大概率其能成为杰出人物。历史上的大多数杰出人物，都是知、情、意都优秀的人物。

（四）指导新生活教育的三大教育内容的研究

由此整体考察了"行心创"过程，我们发现这个过程的完成需要解决三个问题：一是主体，二是良知，三是变革实践。而这恰恰要解决教育与人、教育与精神、教育与现实三个重大的教育哲学关系问题。这三个问题构成了整个生活教育哲学的基础问题，并指向教育与生活的关系的解决。即教育与生活的关系，可以分解为教育与人的关系，教育与精神的关系，教育与现实的关系。这三大关系，又以人的主体性、人的良知和人的实践性来说明三者关系的状态。即人与教育，人的主体地位更加重要；良知与教育，人的良心更加重要；现实与教育，人的变革实践更加重要。这三大教育，从根本上让人摆脱教育对人的束缚，而成为教育的主人。事实上，生活教育，就是调整了生活与教育的关系，从而调整了人、良知和实践与教育的关系。

整个生活教育集中在这三个大问题上，即整体考察"行心创"过程，需要解决的主体性、良知性、实践性三个大问题，也就成为主体性教育、良知性教育和实践性教育的来源。而这三大教育的目的是解决整个生活教育的哲学逻辑的各个环节问题，即生命意志—行（主体性教育）—心（良知性教育）—创（实践性教育）—生活。

（五）指导新生活教育深化生活教育理论平台构建研究

第一，这种理论的统一性源于基因的继承。任何教育理论，从理论上说都是生活教育理论的反映，因为任何教育理论都是在解决人的生活问题。因此新生活教育理论应该回到这样的功用上，成为众多教育理论尤其中国当代的各种新的教育思想的共同平台。

第二，新生活教育理论有一个时代的基础。陶行知先生一生希望创造一个四通八达的社会。今天这样的社会正在形成。物联网、互联网、务联网，从物质、服务和精神多个层面上构建了四通八达的社会。这种理论统一性的新生活教育是四通八达的社会正在形成必然的要求。也就是说，四通八达的社会也渴望教育理论的统一性。

第三，在这个四通八达的社会和互联网盛行的时代中，新的价值观显现了，如平等、去中心化、分享、免费等。在这样的时代，人与人之间逐渐去中心了，若有，这个中心就是自我。一个以"大自我"为中心的生活教育，一个以"大自我"为中心的互联网，我们是一个资源点，也是创造点，也是消费点，也是分享点。这个点就是中心，所谓的无中心，处处是中心。这处处是中心应该创造它应有的价值。因此主体性是新生活教育的第一步。第二步就是能够创造价值的能力，也就是理性的实践，"在劳力上劳心"的实践，是在行动中的行知合一。第三步是形成主体能够立足现实、不断适应变化的"生活方式"的现实状态。可见新生活教育专注的三大教育——主体性、良知性、实践性——恰恰是抓住了这种核心。

第四，新生活教育与当下各种教育思想紧密联系。生命教育、主体教育、赏识教育、新教育等考察这些教育思想所思考的众多主题，归根结底这些教育都在一定程度激发主体的主观能动性，解决做的动力问题。但是对于"做"的方法，他们给的少；对于做的目的，和这种目的的重要性，考虑更少。具体来看，目前在中国基础教育界流行的各种教育理论，归根到底就是解决三个大问题：一个是人的主体性问题，一个是教育内容良知性的问题，三是教育方式实践性的问题。只是各有各的具体主张，或以这样的内容和形式出现，或以那样的内容和形式出现。

　　第五，在解决主体性问题上新生活教育不是简单的一些教育方法，而是要深入到心理领域，甚至要涉及整个民族文化改造的问题。因为，当代的生活要有适合当代的问题。新生活教育，从教育出发，更是要走向文化、经济、政治、生态、社会等，期望其成为中国式现代化系统工程中的一个重要组成部分。

第五章　新生活教育理论的主要内容

2014年，笔者开始研究"新生活教育"。① 所谓"新生活教育"，至2017年底笔者认为有三层内涵：一是生活需要新，"新"为动词，是新生活的教育；二是生活教育理论需要新，是"新"生活教育理论；三是新生活教育理论又指发展的生活教育理论，此时新作为形容词，表示生活教育理论是不断发展变化的。新作为动词，表示新生活教育是一个实践；作为形容词，表示新生活教育是一个理论。② 虽然"新生活教育"这一概念早在1998年郭元祥教授首先提出③，2005年也有研究者以之为论文题目开展研究。④ 后逐渐开展相关实验研究，但一直未被重视和系统研究。2015年初，中国陶行知研究会常务副会长周洪宇教授对这一概念给予肯定："目前随着社会和形势的发展，这种教育学说和流派也在继续发展中，其当代形态或可名为'新生活教育'或'新生活教育派'。"⑤ 下面主要围绕新生活教育的本体论、目的论、行知观和方法论四个方面，进行阐述。

---

① 周志平. 生活教育当代化与新生活教育探索 [J]. 生活教育，2014 (19)：25—29.
② 周志平. 新生活教育的行知观探析 [J]. 生活教育，2017 (12)：8—12.
③ 郭元祥. 生活与教育——回归生活世界的基础教育论纲 [M]. 武汉：华中师范大学出版社，2002：249.
④ 许新海. 新生活教育 [J]. 江苏教育，2005 (9)：28.
⑤ 周洪宇. 陶行知的当代价值 [J]. 生活教育，2015 (1)：5—10.

一、新生活教育本体论

（一）对"生活"本身的认识拓展

生活教育首先要对"生活"进行认识。陶行知先生对"生活"的认识有两点：一是"有生命的东西，在一个环境里生生不已的就是生活"；二是"生活主义包含万状，凡人生一切所需皆属之"。但具体"生活"是什么并不清楚。新生活教育认为，生活由生活环境、生活内容和生活方式三个方面组成；生活方式又由生活力和生活关系组成；生活力由生活者、生活工具和生活对象组成。在陶行知的生活教育学说中，有生活内容的概念，即在《生利主义之职业教育》中提到人之生活有四：职业生活、消闲生活、社交生活和天然界生活；[①] 也有生活力的概念和生活工具的雏形概念，生活工具即生活主义之工具；[②] 等等。此外对"生活教育者"，陶行知在《教育的新生》《生活教育目前的任务》等多篇文章中都有论述。对"生活关系"，陶行知并没有明确提出这一概念，但生活教育理论还是有相关角色的论述，比如做人中人、主人、小战士等具有强烈主体、平等的关系角色。新生活教育对"生活"这一概念的展开，可以看到生活教育在有些方面的研究尚且不足。倘若结合波普尔的三个世界的学说，即物理世界（简称世界1）、精神世界（简称世界2）和客观知识世界（简称世界3），那么生活世界也是三个世界，生活的内涵更丰富。唯有生活世界的丰富，才有生活教育的丰富。

（二）对生活教育的内容分类

新生活教育认为学科教育，看似客观的知识体系教育，也是人类生活的产物，而课堂又是一种集体生活，这种集体生活的质量决定了教学的质量，决定了

[①] 陶行知. 陶行知全集（第一卷）[M]. 成都：四川教育出版社，1991：12.
[②] 胡晓风，金成林，张行可，等. 陶行知教育文集[M]. 成都：四川教育出版社，2007：169.

每个学生学的质量。新生活教育借助马克思主义哲学将实践主体分成类体、集体和个体三种，① 相应地，生活教育也分成类体生活教育、集体生活教育和个体生活教育。② 这种生活教育分类和按照不同部门（如工作单位生活教育、家庭生活教育、学校生活教育，进行生活教育）分类不同，这种分类是按照性质分类，比如类体生活教育是共性的，集体生活教育是公性的，个体生活教育是个性的。类体生活教育，如各种科学的学科都是共性的，它排斥公性和个性，比如学术语言、科学语言都尽力排斥个性，尽量超越公性。科学作为共性，作为类体生活，无国界。在学校教育的学科教育中，其实施的课堂是集体生活教育，每个师生的自觉自动的教和学又都是个体生活教育。

其中，个体生活教育是新生活教育要重点研究的一个领域。新生活教育是研究个人的"知情意行身"的教育，研究个体生活计划、个体成长规律、个体"知情意行身"等内容。新生活教育发现，个体生活分化出集体生活和类体生活，并以此分化为发展方向。因此，在人成长之初，公共生活比个体生活占比更重，在学校教育中公共生活占据了70%还多，个体生活作为个体自觉自动的生活相对占比很少。但是对于一些生活的有心者，个体自觉自动是始终存在的，那么其个体生活教育占比就比较大。当一个人的集体生活和类体生活向这个人提出更高的个体生活教育要求，这个人的成长才能更积极、主动，三种生活教育的平衡发展始终至关重要。当前学校教育缺乏个体生活教育，未来需要弥补个体生活教育的不足——师生被动生活。

（三）对"生活即教育"的认识深化

陶行知先生提出"生活即教育"的主张，存在的现实误解是很大的。笔者认为，推动生活教育的发展，让生活与教育合一，是有其目的、条件、切入点和实施方法的。当前学校教育主要"以教为中心"，或"以学为中心"，很多学校，甚至实验行知思想的学校都认为开展生活教育的条件不成熟。然而只要我们站在"以做为中心"的高度看待现实中的"教"和"学"，甚至现实的任何行为，不只是"教"和"学"的行为视为"做"，只要个体生活，能够保证将一切生活行为

---

① 卫兴华，赵家祥. 马克思主义基本原理概论 [M]. 北京：北京大学出版社，2008：44—45.

② 周志平. 倡议建立"生活教育学" [J]. 生活教育，2014（3）：15—19.

都转化为"做"——个体自觉自动就能够做到，那么"生活即教育"的命题就能成立。生活即教育的关键是个体自觉自动。唯有个体自觉自动，"做中学""做中教""教学做合一""在劳力上劳心"的各种合一状态才能形成。

从以"教"和"学"为中心转向以"做"为中心，可以看清教育的本质——"生活即教育"。2017年10月，教育部长陈宝生号召"课堂革命"。新生活教育试图以"做"为中心思考学校教育的理论上革命。从表2-5-1可知，新生活教育对课堂革命要素进行了梳理。课堂革命至少发生在四个方面：主体革命，即教师角色和学生角色革命；教学内容革命；课堂场所革命；教学方法革命。根据上述，我们能够更好理解，"以做为中心""生活中心"的课堂革命，取决于教师和学生对自身角色定位的革命——教师是主张者，学生是创新者，但都是自觉自动者。无论如何，生活教育事在人为。

表 2-5-1 课堂革命要素

革命要素	以教为中心	以学为中心	以做为中心
教师角色革命	教者	研究者	主张者（教学主张者）
学生角色革命	接受者	发现者（探究者）	创新者（实践者）
教学内容革命	教材中心	学科（课程）中心	生活中心
教学场所革命	教室中心	学校中心（学校文化）	社会中心
教学方法革命	教授	教学	教学做合一

二、新生活教育目的论

生活教育的目的论有许多不同的表达，如培养"真善美的活人""生活力"。但怎样的目的论才能更符合生活教育目的论呢？新生活教育也有自己的理解。

（一）以培养"真善美的活人"作为生活教育目的的理解

首先，需要阐释"真善美"三者的关系。美是人类最初具有的初始状态，原始社会人类就喜欢装饰自己；在中国春秋时代，中国人逐渐才有道德概念，有了追求善的自觉意识；而古希腊人对求真的哲学的追求更为强烈。因此，可以粗略地看出人类从美中分化出善和真，但在中西文明中善和真是可以独立发展的，这种互相独立发展导致两大文明出现很大的不同，这种不同至今还存在。从这个角度我们更能理解为什么陶行知先生要倡导教师"千教万教教人求真，千学万学学做真人"。其次，就三种生活教育的关系而言，个体生活教育中逐渐分化出集体生活教育和类体生活教育。对每个人来说，个体生活教育是最初的状态，但这种最初状态是不够自觉自动的。在家庭或在抚养关系中构建了集体生活教育，并同时逐渐学习语言和人类传承的各种知识和经验，进行类体生活教育。新生活教育认为，类体生活教育偏认知，追求真理，追求科学是真教育，是认知教育，是亲物教育；集体生活教育偏情感，追求关系，追求善，追求道德是善教育，是情感教育，是亲人教育；个体生活偏意志，追求实践，追求体验，追求自律，是美的教育，是意志的教育，是实践的教育，是亲事教育。因此，培养"真善美的活人"和生活教育的三个类别有较高的匹配度。

（二）以"培植生活力"作为生活教育目的的理解

生活教育目的若是以"培植生活力"论，[①] 那么生活力是生活方式的组成部分。因此，以生活力作为生活教育目的可能是不全面的目的论。什么是生活关系？在《育才三圆圈校徽的内涵——三位一体的多元运用》一文的最后，陶行知先生提到"你我他"。这意味着生活关系有三种，分别是：一元的生活关系——"我"、二元的生活关系——"我、你"和三元的生活关系——"你我他"。心理专家武志红也认为：一元关系，是指一个人只看到自己的意志，只感受到自己的感受，希望别人都来配合自己的意志。关系中，只能是他说了算，只有"我"。二元关系，是指一个人意识到另一个人是和自己一样的独立存在，有自己的感受和意志，能共情对方的感受，也能尊重对方的意志，有"我和你"。三元关系，

---

① 涂怀京. 析陶行知"生活教育"学说目的论[J]. 教育史研究，2014 (1)：38—41.

是指一个人能意识到关系的复杂之处，在复杂的关系中，能同时看到"我""你"和"他"三个人的感受和意志，并尊重这个复杂的三元关系中的竞争与合作。由此可见生活关系也非常丰富，生活力的良好并不能保证生活关系的良好，可见将培植生活方式作为生活教育目的更为合适。

（三）对以"生活方式"作为落实"核心素养"的中介理解

中国核心素养提出之后，陶研界给予积极回应。周洪宇教授提出"陶行知的生活力是一种核心素养的中国表述"①，邹开煌教授则提出"从陶行知'核心生活力'谈发展学生核心素养"②。冉浩和涂怀京则认为"'生活力'思想与'核心素养'观，两者在内涵上均具主旨、盘互交错，在实验上同途异径、各呈优长，将来在克服影响学生成长发展的不利因素上可势如掎角、融汇拓辟，一同继续深化素质教育改革"③。这些认识，都谈及二者的关系，揭示了生活力的重要价值，对我们研究生活力有重要启示。

根据新生活教育对核心素养的理解，核心素养同样可以按照马克思主义三个实践主体分成三个方面，即类体方面——文化基础（人文底蕴和科学精神）；集体方面——社会参与（责任担当和实践创新）；个体方面——自主发展（学会学习和健康生活）。据此，生活教育仅仅是培养生活力就无法与这些核心素养进行一一比对。况且陶行知的生活力是五大具体的生活力——健康的生活力、劳动的生活力、艺术的生活力、科学的生活力和改造社会的生活力。新生活教育认为还存在抽象的生活力，如学习力、觉察力、创新力等。因此，生活教育的目的论到底是培养"真善美的活人"还是"培植生活力"存在理论上的困惑。

新生活教育进一步发展和融通，一方面认为培养"真善美的活人"和培植生活方式都是生活教育的目的论，前者侧重生活教育的教育，后者侧重生活教育的生活，可以将其理解为以培植生活方式来实现培养"真善美的活人"。另一方面

---

① 周洪宇. 核心素养的中国表述：陶行知的"三力论"和"常能论"[J]. 华东师范大学学报（教育科学版），2017（1）：1—10＋116.

② 邹开煌. 从陶行知"核心生活力"谈发展学生核心素养[J]. 生活教育，2017（5）：6—8.

③ 冉浩，涂怀京. 陶行知"生活力"思想与当下"核心素养"观：交错与拓辟[J]. 南京晓庄学院学报，2018（2）：1—6＋123.

认为，核心素养作为必备的品格和关键能力，与生活方式正好对应。生活方式的生活关系是培养必备品格的，生活方式的生活力是培养关键能力的。生活关系是具体的、现实的生活关系，是培养抽象的必备品格的路径；生活力也是具体的生活能力，也是培养抽象的关键能力的路径。然而，还需要将生活方式进行必要的理论发展，才能与核心素养形成一一对应关系。

一是生活力的理论发展。根据陶行知在《中国乡村教育之根本改造》中的观点："以后看学校的标准，不是校舍如何，设备如何，乃是学生生活力丰富不丰富。看他们是后山开垦了荒地，绿化了荒山，人人是否都能自食其力，是否已经使社会变成民众自有、自治、自享的社会。"[①] 可以看出生活力还可以分为改造自然、服务社会、自食其力三类，并结合健康的生活力、劳动的生活力、艺术的生活力、科学的生活力和改造社会的生活力，再进行必要的补充和扩展，得到表2-5-2。

表2-5-2 生活力构成

要素1 \ 要素2	改造自然（与生态和谐）	服务社会	自食其力
健康的体魄的健康力	生态健康	社会健康、医疗	个人卫生环境
劳动的身手的生产力	植树、种植、农业	商品、工业生产、职业劳动	家庭劳动
科学的头脑的学习力	自然科学及学习、研究	社会科学及学习、研究	精神科学及学习、研究
艺术的兴味的美化力	自然美	社会美	个人美
改造社会精神协作力	爱护环境、自然生命等	公德	私德，诚信，友爱
与核心素养相应要素	文化基础	社会参与	自主发展

从表2-5-2可以看出，改造自然与文化基础还不够对应，前者只是共性的自

---

① 胡晓风, 金成林, 张行可, 等. 陶行知教育文集[M]. 成都：四川教育出版社, 2007：157.

然科学的一面,而文化的理性、文明改造的一面缺失,这是核心素养对生活力的"拓辟"。

二是生活关系的三元。前面已经论述了生活关系也有一元、二元和三元。一元是以我为中心的关系。二元构成了"我和你",三元是"我你他"的世界。相应地一元生活关系是以我为中心的自食其力。二元生活关系是"我和你"的社会参与。三元生活关系是"我你他"能够改造自然(和改造人类文明)。

三是生活方式形成三元。一元生活方式是自食其力的以我为中心的生活方式。二元生活方式是社会参与的服务社会的生活方式;三元生活方式,不仅仅是自主发展和社会参与,服务社会还能改造自然(和改造人类文明),走向自己不熟悉、不喜欢的世界。

因此,核心素养的三个维度与生活方式可以一一对应。在具体的教学实践中,一方面需要借助具体的教学内容来培养生活力进而培养关键能力;另一方面借助课堂的组织形式,来构建课堂关系,构建三元的生活关系来培养学生的必备品格。这种借助,可以认为生活方式是落实核心素养的中介。

三、新生活教育行知观

生活教育的创新和发展,目的在于给予教育新力量,促进人类创新。人类获得行动力量,一是来自物质,二是来自意识。哲学上深入讨论了物质与意识的关系和理论与实践的关系,却对物质与实践的关系讨论不多,对物质、意识与实践的关系讨论也不多。生活教育进一步的发展需要突破行与知关系的窠臼,深入借鉴马克思主义关于物质与意识的关系,从二元的行知关系发展成三元的物质、意识与实践的关系。而在这三元的关系发展中,陶行知先生的生活教育工具主义已经做了初步探索。突破生活教育行知观是发展新生活教育的关键,因为这关乎新生活教育理论的实践指导力量,所以新生活教育只有构建新的行知观,才能奠定新生活教育的方法论根基。

（一）我国传统知行观的发展概述

我国传统的知行观是认识论的一个主要组成部分。知行观集中反映在知与行的关系上。早在孔子时期，《论语》中"知"与"行"关系并不密切。如子曰："由，诲女知之乎？知之为知之，不知为不知，是知也。"① 其中谈"知"的问题便仅限于"知"中，并没有就"知之"的原因与行联系起来，孤立地看待知的问题。又如子曰："仁远乎哉？我欲仁，斯仁至矣！"② 又是关于"行"的论述，也是只限于"行"中，意为："仁这种行为离我们远吗？我想仁，就能得到仁的行为。"这也没有考虑到求仁过程中与知的关系。此外《论语·述而》也记载了"子以四教，文、行、忠、信"③，同样反映知（文）和行是分离的，虽然"知"和"行"都被重视，但是二者的关系并不密切。

荀子则把学习看成"知"的前提，而行是知的最终目的，构建了"闻—见—知—行"的关系。"不闻不若闻之，闻之不若见知，见之不若知之，知之不若行之；学至于行之而止矣。行之，明也。"（《荀子·儒效》）如果将"闻"和"见"看作"初行"，则荀子看到了"初行""知""行"的差异和行是知的高级阶段的新认识。

程颐强调了知对行的促进作用，知得浅，则不能行，以及以知为本的思想，将知的作用夸大了。朱熹则看到知行相互促进的作用。王阳明强调知行合一，并非文字游戏，重在"恶"需要从行为之根就杜绝，即"一念处"就要杜绝"恶"。王守仁主张"知行合一"，强调"知"与"行"紧密相连，不可分割。而颜元则强调知需依靠物质为基础，这是初步触及物质与意识的关系。

总体上，在中国传统哲学史上，有研究者将行知关系梳理成三种看法：行是知的基础、知是行的基础、知行无别。④ 但从上述概述可知，实际上有五种不同看法：一是行和知互相独立，知就是知，行就是行，如孔子。二是知行有差异，行是知的高级阶段，如荀子。三是认为知是行之基，对行有促进作用，有知则能

---

① 论语·大学·中庸 [M]. 王国轩，张燕婴，译注. 北京：中华书局，2010：24.
② 论语·大学·中庸 [M]. 王国轩，张燕婴，译注. 北京：中华书局，2010：84.
③ 论语·大学·中庸 [M]. 王国轩，张燕婴，译注. 北京：中华书局，2010：82.
④ 曾春海，叶海烟，尤煌杰，等. 中国哲学概论 [M]. 长春：吉林出版社集体有限责任公司，2009：146.

行，无知则不能行，或知行须相依，如程朱的主张。四是认为知行无别，如王阳明。五是强调物在知中的基础作用，如颜元。

资产阶级革命的伟大先行者孙中山认为，人类的知与行是随着社会的发展而发展的，大体经历了三个时期，即从"不知而行"到"行而后知"再到"知而后行"。① 行在先，知在后，"行先知后"，知是从行中来的，能行便能知，能知便能进步。在知行关系上，他提出了"行易知难"。孙中山的行知观，契合当时社会变革求知、求出路的现实需要。

唯物主义辩证法传到中国后，1937年毛泽东的《实践论》阐述了知行的对立统一关系和知行上升的发展过程：感性阶段—理性阶段—变革实践阶段，在行知观的发展上，是一个成熟阶段。毛泽东的知与行是认识与实践的关系。其中毛泽东认为实践或"行"是人们"根据一定的思想、理论、计划、方案以及从事于变革客观现实的活动"。② 因此，这里的行并非一切人类的行为，而是人类有意识的能动行为。

（二）陶行知从知行观到行知观的突破

陶行知的行知观是丰富的，突破了传统的知行观，发展出行知观。然而，陶行知本人也是围绕这个进行探索的。陶行知认为生活即教育的方法论是"教学做合一"，但"教学做合一"并非一开始就形成的。它的另一个变式是"在劳力上劳心"，而"在劳力上劳心"再追溯就是传统的知行观。陶行知在"做"这个关键上，经历了以下几个阶段：

第一阶段（1911年前后—1926年）是知行观。陶行知本人也改原名陶文浚为陶知行。这个阶段，陶行知特别崇拜王阳明。1934年，他在《行知行》一文中回忆道："二十三年前，我开始研究王学，信仰知行合一的道理，故取名'知行'。"③

第二阶段（1927—1930年）行知观。陶行知受王阳明的思想启发，"翻半个筋斗"，主张"行是知之始，知是行之成"，其后改名陶行知。与此同时还形成了"在劳力上劳心""手脑双挥""教学合一"和"教学做合一"等教育理念，此时

---

① 孙中山. 建国方略 [M]. 长安：中国长安出版社，2011：40.
② 毛泽东. 毛泽东选集（第一卷）[M]. 北京：人民出版社，1966：259—273.
③ 华中师范大学教育科学研究所. 陶行知全集（第二卷）[M]. 长沙：湖南教育出版社，1985：687.

的做中学，做中教，都是做中求知，都是行知观。具体来说，1927 年是陶行知从知行观转向行知观的重要年份，也是陶行知生活教育获得重大突破的重要年份。1927 年，陶行知发表了《行是知之始》《生活工具主义之教育》《教学做合一》《在劳力上劳心》《"伪知识"阶级》等标志着陶行知行知观确立的重要文献。在《行是知之始》一文中，陶行知从王阳明"知是行之始，行是知之成"出发，阐述了"行是知之始，知是行之成"的新论断。《生活工具主义之教育》一文，又为行知二元关系找到一个中介——生活工具，"人的生活，必须有相当工具，才能表现出来。"① 虽然这个时候，陶行知并没有意识到生活工具应该是行知的中介，但是生活教育即是行知教育，生活必须有相当工具，也即行知必须有相当工具，即生活工具，也即行知工具。

第三阶段（1931—1932 年）"行知行"观，陶行知提出科学生活过程，即"行知行"（1934 年）。第三阶段明显比第二阶段多了一个后面的"行"，使得这一过程有循环演进的特征。1931 年 9 月 21 日，陶行知在《科学的生活》一文中进一步反省杜威科学思想过程的步骤：困难之感觉；审定困难之所在；设法解决；在许多方法中选一最有效的试试看；屡试屡验之后再下断语。将之升级为"行动生困难，困难生疑问，疑问生假设，假设生试验，试验生断语，断语又生行动，如此演进于无穷"。② 此后，这样的思想继续酝酿，到 1934 年 7 月 16 日，陶行知正式撰文《行知行》并宣布更名为陶行知，标志着其行知观基本形成，而这一行知观恰恰与马克思主义行知观异曲同工。

那么陶行知的"行知行"，第一个行是何种行？笔者认为，第一个行是体验、发觉困难的行，是一切之基础，被陶行知认为是"老子"。最后一个行是创造。而中间的知，不仅蕴含了对困难、问题、假设、试验、断语的种种努力，还是有目的、有计划、有组织、有步骤的探索过程，是"在劳力上劳心"的过程。

陶行知的行知观是对传统行知观的发展，是对当时人们知行割裂的革新，是对经验者只行不知和对理论者只知不行的一种批判。他的《在劳力上劳心》《生活工具主义论》等名篇反映了其对中国教育深刻的反省。

第四阶段（1933—1939 年）"行知创"观。这个阶段是陶行知先生从行知行

---

① 胡晓风，金成林，张行可，等. 陶行知教育文集［M］. 成都：四川教育出版社，2007：169.

② 同上.

到形成"行动是老子,思想是儿子,创造是孙子"①。1931 年,陶行知认为"做"具有"行动、思想与新价值之产生"三个特征②,也是符合这个观点,后面又形成"行动是老子,知识是儿子,创造是孙子"的观点。这个阶段可以简化为行—知—创。第四阶段明显出现了"创造"这个新概念,如 1933 年他写了《创造的教育》,最后他形成了"衔"的认知,可谓达到了行知合一,知在行中。

至此,陶行知三元思维基本快形成了。在《教学做合一》一文,教学做被视为一件事的三个方面,是陶行知的行知二元思维转向一元和三元的序曲。转向一元是之后的《在劳力上劳心》直接将劳力和劳心视为一元论。转向三元,是指陶行知之后发展出"行知行"论断和陶行知在《育才三圆圈校徽的内涵——三位一体的多元运用》(1939 年 9 月 30 日)一文中形成大量的三元运用,足见其三元思维。③

巧合的是,毛泽东的"行知行"思想,是实践论,有丰富的阐述,经历了感性认识—理性认识—变革的实践三个阶段,其"变革的实践"相当于"创"。两位同时代的伟人,在同一时间段,都创造性地发展了中国传统的行知观,指向了"行知创",而这个"行知创",就是"实践",对于中国共产党来说,实践观是摆脱本本主义和经验盲动主义的法宝。

(三)从"行知创"到"行心创"

其实笔者一直是在不断地探索生活教育的当代化新表述方式。首先,受陶研界原安徽省陶行知研究会会长何炳章先生"自育自学"理论的启发,笔者在 2011 年提出了"大自我生活教育"④"自我能动性"的概念——"自我能动性是生活教育的新方向"。2012 年又撰写文章《陶行知生活教育理论的内涵新探》,被中国陶行知研究会主办的国际陶行知学术研讨会汇编,提出要解决生活与教育

---

① 胡晓风,金成林,张行可,等. 陶行知教育文集[M]. 成都:四川教育出版社,2007:319.
② 胡晓风,金成林,张行可,等. 陶行知教育文集[M]. 成都:四川教育出版社,2007:280.
③ 胡晓风,金成林,张行可,等. 陶行知教育文集[M]. 成都:四川教育出版社,2007:464-465.
④ 周志平. 我的生活我做主——大自我生活教育引论[J]. 福建陶研,2011(1):8.

相脱离问题，可能还有另外的途径，并沿着这个思路思考，到 2014 年开展"新生活教育"①概念研究。在此过程中，由"自我能动性"，很容易想到"实践"，提出了"实践是生活即教育的中介"命题，这一观点在《生活教育》杂志上发表的《生活教育当代化与新生活教育探索》文章中进行了具体阐述。在这篇文章中，新生活教育探索基础明确讲到"马克思主义哲学基础"，提出了"生活与教育的中介是人的实践""实践是生活即教育的中介"②，即生活转化为教育的核心是在生活中进行能动性的实践，只有通过实践才能够使生活真正转化为教育，破解生活与教育相脱离的这一矛盾。实际上也是把生活和教育的问题引入了实践来解决。而"实践"——"人们能动地改造和探索现实世界一切客观物质的社会性活动"，其实就是"行知创"的过程。

因此，这样的新生活教育自然应该是"行知创"生活教育。此后，笔者进一步吸收中国传统优秀文化中的德性教育，将"知"发展到"知情意"，由"知情意"构成"心"，将"行知创"生活教育发展到"行心创"生活教育。

这样的扩充和发展，也是符合陶行知的教育思想的。在重庆育才办学的时期，陶行知已经提出"知情意合一"③作为重庆育才学校育人的重要指导思想。在行知观中，人们依然可能只关注知的认识一面，将行知观简单等同于认识论。人类的意识包括"知情意"，但是认识往往被局限地理解为"知"。

"行心创"生活教育也符合陶行知先生的教育愿望。陶行知先生对生活教育期望是"止于人民幸福"④。"行心创"生活教育为了着眼于生活的幸福，必须帮助个体实现与集体和类体的统一，促进个体小我和大我的整合。因此在此过程中，必然先要求个体了解自我。在哲学上，认识自我是哲学发展，甚至是个人哲学水平发展的重要维度。而在生活教育上，认识自我同样是衡量个人生活教育水平的重要依据。因此，当我们深入认识自我时，行知的问题就摆在我们面前。生活中的每件事均反映在我们的行动中，渗透"知情意"的各种内容。因此，在解

---

① 周志平. 生活教育当代化与新生活教育探索 [J]. 生活教育，2014 (19)：25—29.
② 周志平. 生活教育当代化与新生活教育探索 [J]. 生活教育，2014 (19)：25—29.
③ 胡晓风，金成林，张行可，等. 陶行知教育文集 [M]. 成都：四川教育出版社，2007：481.
④ 胡晓风，金成林，张行可，等. 陶行知教育文集 [M]. 成都：四川教育出版社，2007：409.

决行而不知、知而不行等众多问题时，自我认识就进入"知情意"的各个方面，要求"知情意同等发展"，这也是"知情意合一"的另一种表述。

欣喜的是，陶研专家周洪宇教授也很认同"新生活教育探索"，其团队最终在"阳光教育实验"的前期实践的基础上，以马克思主义实践观为指导，沿着生活教育的发展路径，继承和发展，提出了"生活·实践"教育，这是对生活教育的新探索，也是新生活教育的新形式表达。① 而"生活·实践"教育概念的正式提出，是在2021年5月《宁波大学学报（教育科学版）》刊发了周洪宇教授《继承与发展：从生活教育到"生活·实践"教育》② 一文。这里"实践"的概念跟生活教育相结合，形成"生活·实践"教育这一概念，并倡议了"生活·实践"教育实验。"生活·实践"教育即是以生活为内容，实践为方式的教育。毫无疑问，"生活·实践"教育的倡议，及其开展的实验，将新生活教育推进到了一个新的发展阶段——陶行知为中国教育引入生活，形成生活教育，"生活·实践"教育，为中国教育再引入实践，让中国教育走中国特色社会主义道路，走中国共产党的实践路径。而接下来推进实践深入的"行心创"生活教育，则是继承中国优秀传统文化中的情意教育（德性教育）传统，将中国教育加入中国传统特色，如此未来中国新时代特色社会主义教育理论话语体系不难形成。

四、新生活教育方法论

破解生活教育的本体论是提出新生活教育的关键，但是能否在生活教育的方法论上进行突破，是进一步发展生活教育的关键。新生活教育方法论是"行心创"，其全称是"御物行心创"。

---

① 郭少榕，周志平. 均衡·优质·活力：基于差异的学校教育微观公平理论与实践[M]. 厦门：厦门大学出版社，2021：1.

② 周洪宇. 继承与发展：从生活教育到"生活·实践"教育[J]. 宁波大学学报（教育科学版），2021（3）：2—9.

（一）新生活教育方法论——"行心创"

1. "行心创"方法论的主要内涵

"行心创"有三类："行知创""行情创""行意创"。首先，"行知创"的思维最初来自陶行知，他说做有三个特征："行动、思想、新价值之产生"。另一种表达："行动是老子，知识是儿子，创造是孙子"①。"行知创"是一种非常有力的促进深度学习的进阶原理。行知创有五个能力阶段，分别是初行之觉察力，这对应的是问题；从行到知的概念，概念力；知的原理力，发现事物的结构、规律、模型和原理的能力；从知到创的技术，技术力，如一定的策略、方法、流程、方案能力；最后创的作品力，或者称为产品力，在商业主要是产品或服务，在政府、事业单位主要是服务和政策。由此"行知创"涵盖了觉察力、概念力、原理力、技术力和作品力等方面的能力。如果一个人能够在作品创作过程中致知和知致，那么他就达到了创造的最高认知高度。课堂教学，如语文写作、书法、美术、音乐等各个学科，都应该能够产生优秀作品。下面（见表2-5-3）是行—知—创，初行之经验（问题）、从行到知之概念、知的原理、从知到创的技术、创的作品/服务/政策/精神反映深度学习背后的进阶。

表2-5-3 "行知创"的深度学习进阶

行知创维度	问题	概念	原理	技术	作品/服务/政策
问题维度	怎么来的？	是什么？	为什么？	怎么做？	做成什么样？
行知五力	经验力	概念力	原理力	技术力	作品力

在这里强调一下，认知不是只有上述五个环节这种方式，认知方面至少还存在另外三种，一是"行创"；二是"行模创"；三是"行悟创"。中国人，比较擅长"行模创"，就是会的就"行创"，直接从经验出发去做事。若是不会，就向别人学习，经验模仿，这种学习主要是看别人怎么做，或者是拜个师，在学校教育教研方面，师徒结对几乎成为每个学校培养新老师的重要法门，这是"行模创"的厉害的地方，"行模创"不仅仅可以传递显性的可说的知识，还可以传递默会

---

① 胡晓风，金成林，张行可，等.陶行知教育文集[M].成都：四川教育出版社，2007：327.

知识。第三种是"行悟创",这适合少部分水平较高的人,不是通用的,"行模创"是对学习力不强的,要靠"做中教"和"做中学"来帮助。而"行知创"则通过概念、原理和技术让这些创造变得更具确定性,对于学科教学,"行知创"具有更大的适用性,但不能低估"行模创""行悟创"两种认知方式对学生的培养。但本书侧重中国学生不擅长的方面,只提"行知创"。

由此可见,"行知创"生活课堂是一种深度学习的课堂,主要是在认知力维度,让课堂不断升级学生的认知能力,掌握智慧,达成生活力培养,也同时可以提升教师的认知水平,让教师有智慧。

其次,"行情创"。"行情创"也包含五个阶段。初行之情绪。在学习一件事或者认识一个物时,是必然会伴随情绪、情感体验的过程。在初行接触时,不论是面对需要培养的教育内容,还是对课堂本身的反应,都会伴有情绪,这种情绪是好是坏,都有可能,如果是坏的,负面的,就是需要处理的情绪。在课堂教学中,学生的情绪可以从其对课堂本身,对教师,对学习,对同学的态度看出来。如果学生的情绪是负面的,是消极的,是讨厌的,都是我们课堂教学需要处理的问题。为了让学生更好地转变这种负面情绪,教师要鼓励学生之间的倾听,教师本人也要学会倾听。从行到情的价值。行情创的第二个阶段就是价值。通常人处于负面情绪时,是因为看不到人事物背后的价值,我们对情绪进一步的提升,就能发现情绪、情感背后是价值取向的问题,从而能够跳出情绪,进入价值高维。情的共情。若价值得到认同,也就会进入到赏识、分享等联结阶段,若价值得到不到,就要进入情感能力的共情阶段。可以说,我们大部分的态度问题、合作问题、情感问题,都是因为不能够达成价值共情和价值认同导致的。在教学中,抓住第二阶段的价值观,传递正确的价值观,通过串联,让不同的价值观得到一种关联,才能在第三阶段达成价值共情。价值共情的核心是认同对方或者形成新的价值观或价值,这样态度才有可能改变。从情到创的联结。但第三阶段完成共情,接下来就进入联结,如果说接纳是一种主动联动的,由外而内的同化,联结让学生主动去接纳、建构,赏识和关心,联结的方式,在教学、课堂中会呈现为赏识、分享、关心、关注等。创的关系。进入第五阶段,是一种新关系的建立,原本学生与书本的关系,与知识的关系,与同学和老师的关系,经过前面四个环节,从而建构一种新关系,一种和谐的关系,新的关系是一种爱的流动。但到底应该建成什么样的关系呢?不论是什么关系,本质上是对关系中的角色的认同和自觉，角色的承担，是关系的本质，这个在后面的教学策略中去阐述。

然后，"行意创"。"行意创"是对意志和行为习惯建构的能力。意志力就是意志和目标要诚，要落实自己的目标，将目标转化为计划，去组织资源，执行和形成习惯，这样才是真正的意志力。对意志的过程，正如陶行知说的，"每个活动都要有目标，有计划，有方法，有工具，有指导，有考核。"[①] 我们特别重视意志过程的目标、计划能力，及其执行和反馈，这里的反馈，如评价、考核或者复盘，如此才能形成好的习惯。

复盘者能反思自己的错误，不断改进自己的意志，提升计划落实能力，最终形成优秀的习惯。一个人，初行是有需求，就会有一定的意志力；从行到意，第二阶段就是有目标，意志力就较好；意之计划阶段，是有计划，意志力又升一级；从意到创是执行，执行的过程涉及组织资源（调配好空间和时间、精力、资源）去执行，意志力就更高了；创之习惯，在意志力这里，习惯就是最好的创造。习惯的良好形成，是要有反馈、复习、复盘或反思的，大多数学习，都需要反馈、考核、复习、反思或复盘，如练习书法的临摹，都需要不断对照、复盘，找出差距，纠正错误，才能将正确的写法掌握，并最终形成某种书体书写的习惯。

最后，"行心创"方法论的总要素框架。我们将"行心创"拆解成三个方面，即"行知创""行情创"和"行意创"。（见表 2-5-4）

表 2-5-4 "行心创"的三力、三种学习方式之间的关系

三个维度	行 (经验世界)	心 (良心世界)			创 (人造世界)	三种学习方式
认知力	问题	概念	原理	技术	作品	深度学习
情感力	情绪	价值	共情	联结	关系	协同学习
意志力	需求	目标	计划	执行	习惯	项目学习

2. "行心创"对"教学做合一"的拓展

对生活教育分类的拓展也引发对"教学做合一"认识的拓展和对教学做内在

---

① 胡晓风，金成林，张行可，等. 陶行知教育文集 [M]. 成都：四川教育出版社，2007：234.

的本质的认识。新生活教育认为"教学做合一"是适合集体生活教育的一种生活法。当前学校教育，类体生活教育适合"教学做评统一"，集体生活教育适合"教学做评合一"，而个体生活教育适合"教学做评同一"。[①] 所谓"教学做评统一"，即教学做是相互关联、相互作用的。在类体生活教育中，人们需要借助生活来理解所学的东西，即理论与实践相联系。理论与实践存在鸿沟，即理论是构建的，实践虽然是提出理论的基础同时可以检验理论，但是理论依旧是一个假设或猜想，所以教学做只能统一。教学做三者还会发生对立的情况，即教、学与做相互分离。为了解决这种分离的问题，应该要将教、学与做相联系、相统一，用生活教、用生活学，最终经过考试教育进行评价。在集体生活教育中是"教学做评合一"，即怎么做怎么学，怎么学怎么教，教和学分别是教师和学生，一个是做中教，一个是做中学，二者最好就是合一。教学最后都要评，这样教学的效果最好。在个体生活教育中，教和学的主体都是学生，所以"教学做评同一"。"教学做评同一"，意味着学生是自我教育者，既是学习者也是教育者，更是实践者，作为个人，生活中当他有问题就是学习者，有收获的传递就是教育者，有需要实践就是实践者，同时也是教学做的评价者。

3. "行心创"对"在劳力上劳心"的拓展

由于对生活工具有新认识，新生活教育也深化对"在劳力上劳心"的认识。新生活教育认为，不仅仅"劳力"和"劳心"要合一，手脑要双挥，还需要善于借助生活工具。有工具就借助，没有工具就创造工具。所以新生活教育提出"在劳力上御物劳心"[②] 这一方法论，也称为"御物行心创"。这是指在劳力的同时要善于借助物质和工具去劳心，凡事要借助工具去思考，不可以硬拼力气，硬用思考。这样一个拓展有什么用处，尤其在互联网时代，我们做什么事情，其实如果一时解决不了就应该借助互联网。哪怕是换一个拖把芯，若是不会也可以问问互联网。随着物联网的形成，人类生活借助物质力量进行新生活变得更加理所当然。新生活教育强调"在劳力上御物劳心"，是对物质力量的认同，也即对生活教育中物质力量的认同。

---

① 周志平. 生活教育当代化与新生活教育探索 [J]. 生活教育，2014 (19)：25-29.
② 周志平. 新生活教育的行知观探析 [J]. 生活教育，2017 (12)：8-12.

（二）新生活教育底层方法论是"三元论"

随着上述认识的加深，综合陶行知先生在《育才三圆圈校徽的内涵——三位一体的多元运用》一文中诸多三位一体的范畴，新生活教育认为生活教育思维是三元的。三元方法论才是生活教育更为本质的方法论。基于三元方法论，新生活教育研究和实践将从一元、二元走向三元。比如，新生活教育发现生活教育分类是三元的，目的论也是三元的。元是起始之意，三元，即三个起始，就是一个事物同时有三个起始状态。比如，作为人，同时具有类体、集体和个体三种起始状态，因此就同时具有类体生活、集体生活和个体生活三种状态，相应地其目的也具有三种起始，即真、善、美。方法和教学内容也是三种状态。

那么为什么是三元？这是因为作为物质，人若没有意识和实践，那么就是一元的。但人是有实践的，并且有意识，所以人是三元的。当然这种三元是要丰富和丰满的，三元本身是一个发展和丰满的过程。作为一个理想的人，新生活教育认为人是三元的，但作为一个发展的人，新生活教育认为有些人可能不是三元的，而是二元的，甚至是一元的。因此，正如日常生活中会说一个人不是人（骂人的话），指的是这个人不是三元的人，比如一个人不真、不善或不美就可能被说不是人。

在研究新生活教育的哲学基础生活哲学时，笔者曾提出物质、实践和意识三元，[①] 但没有指出三者何关系。新生活教育认为物质是第一圈，实践和意识作为第二、第三圈是相互交叉又能彼此独立的（如图 2-5-1）。对这三者关系常常被误解为三者是相互交叉的，或者基于马克思主义哲学认为"世界统一于物质"，又可能认为三者是完全的包含关系，如物质包含实践，实践包含意识，但实际上是图 2-5-1 的关系。对人来说，生命之初是物质的，然后发展出实践和意识，这样才成其为人，此时人是三元的。理解这个图的第二圈和第三圈的关系可以类比左右脑，人的左右脑可以有一定的独立又彼此联系。同理如知情意的关系（如图 2-5-2），人首先是欲望和意志的，所以意是第一圈，意分化出情感和认知，二者相互联系又独立发展。独立发展就是认知高不一定情感高，情感高不一定认知高，但人的认知和情感都跳不出意志这个圈，正如实践和意识都跳不出物质这个圈。

---

① 周志平. 生活哲学与新生活教育探索[J]. 生活教育，2015（9）：19—23.

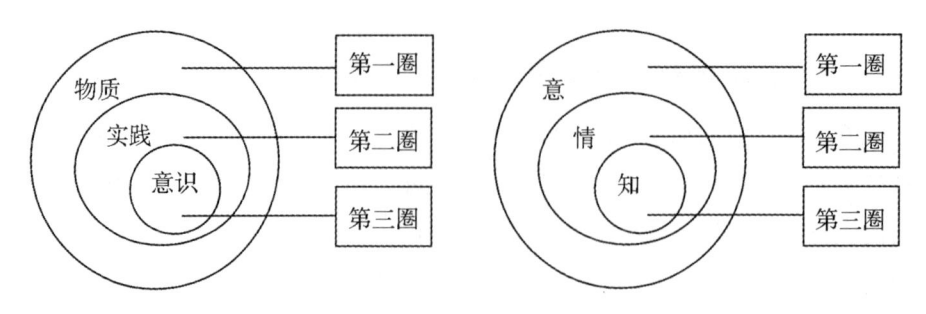

图 2-5-1　物质、实践和意识的关系　　　图 2-5-2　知、情和意的关系

再比如,"教学做合一"是"做"分化出"学"和"教",可以做中学,也可以做中教,教学是彼此联系,也可以独立发展的,所以在日常教学中,教就会脱离学,学也可能脱离教。正是因为客观上教、学可能互相分离、独立发展,陶行知先生才说:"事情怎样做就怎样学,怎样学就怎样教。"[①] 正如左右脑协同肯定是比左右脑独立发展更有好处。从这些分析可以看出,客观上第二圈和第三圈是会互相独立又会彼此联系的,但是,人的能动性,或者生活教育的能动性就是将第二圈和第三圈合一,并进一步与第一圈合一。因此,陶行知先生才说"教学做合一"。基于上述关系的解读,表 2-5-5 整理了新生活教育几个重要概念的三元关系,有的概念留待后文再论述。

表 2-5-5　新生活教育重要概念三元关系表

新生活教育范畴体系	第一圈	第二圈	第三圈
物质、实践和意识	物质	实践	意识
真、善和美	美	善	真
教、学和做	做	学	教
知、情和意	意	情	知
类体生活教育、集体生活教育和个体生活教育	个体生活教育	集体生活教育	类体生活教育
生活关系的我你他	我	你	他

在研究生活教育过程中,除了三元,还会出现五元的情况,如生活教育提出

[①] 胡晓风,金成林,张行可,等. 陶行知教育文集 [M]. 成都:四川教育出版社 2007:169—170.

的"健康的身体、劳动的身手、艺术的兴味、科学的头脑和改造社会的精神"就是五元情况。这种出现五元的情况是因为三元方法论之三元虽然是起始状态，但同时也是过程状态，即三元是可以发展的。通过研究发现三元中每一元也会发展，比如基于物质、实践和意识，对应的是人的身、行、心，心这里是心智。心智又可以分解为知、情、意三个部分。由此构成知、情、意、行、身五个部分。这五个部分和"德智体美劳"有密切的关系。首先智德美是和真善美对应的，真善美和知情意又对应。因此，可以得出，知对应智，情对应德，意对应美，行对应劳，身对应体。相应地，"健康的身体、劳动的身手、艺术的兴味、科学的头脑和改造社会的精神"则分别对应身、行、意、知、情。因此，五元其实是三元的发展。

第六章　新生活教育的课程建构

新生活教育继承生活教育关于课程的本质认识，生活即课程，课程以生活为中心。当前新课程改革，把课程看作是学生在教师指导下的经验或体验，[①] 传统课程视为教材的教学，包括教学大纲和教学计划等。新课程是侧重教师、学生、教材（课程标准、课程实施计划等）、环境等多因素的体系。而生活课程强调整个过程的生活。经验和生活的区别在于，经验侧重那些被经历到的，体验得到的，而生活侧重立体的丰富的存在，生活是要师生去努力挖掘的，"在劳力上劳心"的。生活即课程，课程即生活，课程是一个有待创造的对象。

一、"以生活为中心"的课程观

陶行知先生说："没有生活做中心的教育是死教育，没有生活做中心的学校是死学校，没有生活做中心的书本是死书本，在死教育、死学校、死书本鬼混的人是死人。"整个生活教育的课程观，核心上是陶行知先生的"以生活为中心"的课程观。以前的课程分别有"以学问为中心"，"以儿童为中心"，加上陶行知先生的"以生活为中心"就构成了三中心。如此的"三中心"，如何处理？是不

[①] 韩例芬. 课程观研究综述［J］. 牡丹江教育学院学报，2008（3）：3.

是"三中心"并立？但这样是不符合逻辑的，既然是中心，那就只有一个中心，何来"三中心"，况且"以儿童为中心"的人本课程或经验课程，在整个课程设置上，都是一种新的范式，体现了所有课程都需要建立在人本主义的基本观点上，建立在儿童中心这个观点上。而新生活教育是"以生活为中心"的课程，同样也是一个新的范式。"以生活为中心"这里指"在劳力上劳心"的生活。"在劳力上劳心"的心又指"知、情、意"。何为"以生活为中心"？容易想到要过健康的生活、艺术的生活、劳动的生活等。但教育要栽在生活中，教育"以生活为中心"，生活的方方面面都会影响教育。过去的教育，仅仅把读书、学习看成教育，而生活习惯、喜好、情感发展所构成的整个生活教育系统，才真正决定了一个人的状态。脱离这个生活教育系统，谈个人的发展是不符合实际的。因此，"以生活为中心"必然要塑造一个生活教育系统。

全部的生活即全部的课程，这点新生活教育也是完全认同的。在新生活教育中，要将全部的生活做个分类，否则我们不明白我们为什么没有受生活教育。试想，每个人都有生活，个人的生活、集体的生活和学校学的学科的课堂生活。为什么我们不是受生活教育？的确我们是受生活教育，只是不是受好的生活教育，全面的或者说在劳力上劳心的生活教育。我们学习学科课程，这算是人类过去的生活、人类共性的生活。我们对此的劳心可算够大的，可是劳力就有些不足了。我们有集体活动，过集体的生活，可是我们跟老师、同学、家人、朋友的关系是否那么好，是否在劳力上劳心了？我们有个人的生活，我们个人的生活是否在劳力上劳心了？可见，我们以前的生活是一种自然状态或他觉状态，不是自觉状态。新生活教育就是要将我们的状态变成自觉状态，三类生活不可分割，有所轻重，要全面发展，从重塑行为、习惯、生活方式到生活文化，真正通过生活教育成为一个生活教育者。

"生活即课程"把生活转化为课程这个概念，不是换个说法就完事，我们希望学校教育不仅把学科课程当作课程，而对学生的其他两类生活熟视无睹。陶行知先生告诉我们，学生能力不足时应该通过教师引导学生自治。因此，集体生活课程，尤其是个体生活课程，应当引导学生集体自治和个人自治。

二、新生活教育的课程分类

（一）新生活教育课程分类的历史来源

我们发现，"学科本位"和"人本位"是教育内容和教育主体的二元关系，或者可以上升到哲学的物质与人的二元关系中，教育该取哪种价值取向，是对学科教育态度的主要来源。20世纪20—30年代，陶行知生活教育对学科教育的"轻视"归根溯源可以说是延续了杜威实用主义教育活动课程对"儿童中心"的肯定和对"学科中心"的否定态度。20世纪60—70年代，革命教育强调阶级教育的阶级本位也就是有阶级立场的本位，对学科教育才有了"对立"的态度。恢复高考后，在建设新中国四个现代化的需求背景下，科学人才极度匮乏，人们对科学的需要，从"学好数、理、化，走遍天下都不怕"可见一斑。自然"学科本位"获得了"亲近"的态度。随着人们对考试教育弊端的认识越来越深刻，改变学科中心、教师中心、考试中心、课堂中心的要求越来越迫切，重新关注"人本位"就成为新课程改革的主流思想，不过这次对"人本位"的关注不再是"抽象的人"和"集体的人"，而是"每一个人和人的一切"的崇高价值追求，同时对学科教育的合理性也不是简单的否定，而是"超越"，是肯定的否定。

在"学科本位"和"人本位"二元关系之外，人们并没有忘记"生活"。近些年来"教育回归生活世界"的主张一直就没有停止过。学者们也有大量的论文发表。一般认为，"生活世界是意指我们生存于其中，我们的一切活动和社会产物都得以产生的现实而具体的生活境域，它是科学世界和文化世界的现实基底与意义之源"。"生活世界是由文化、社会和个性三者借助于劳动、语言和交往实践的互动而建立起来的。""在马克思理论特别是实践哲学中蕴涵着丰富而深刻的生活世界思想。马克思通常用'感性活动''感性世界''感性实践'等概念表达他对现实生活世界的关注。"① 这么看来"生活世界"的主张似乎可以衍生出"生活本位"的提出。陶行知先生通过考察传统教育内容（四书五经）与生活的分离、脑力劳动（脑）和体力劳动（手）的分离，批判教育内容、教育主体实践与生活的分离。今天，我们也可以重新考察学科教育所蕴含的科学世界的工具理性与生活世界的分离、人的精神之价值理性与生活世界的分离来重新探索一个新出路。这就是这章侧重的"生活"的概念重建思路。

对"知识"的争论是难以摆脱二元对立的，唯有跳出"知识"，论述"生活"才有可能。而陶行知眼中的"生活"由于其时代背景，留下的印象是具体的生活，而这种具体的生活，不免又会受到马克思主义关于流俗生活的批判。马克思说："吃、喝、性行为等等，固然也是真正人的机能。但是，如果使这些机能脱离了人的其他活动，并使它们成为最后的和唯一的终极目的，那么，在这种抽象中，它们就是动物的机能。"② 如此，我们面临"生活"概念的重建。

正如马克思主义认为，"人们的存在就是他们的现实生活过程本身"③，而"全部社会生活在本质上是实践的"④。由此"生活"概念本质的实践性是其一。此外，正如上面所揭示的，生活必须解决与教育内容和教育主体的关系。由此，我们不妨将生活的实践性与实践的主体进行结合。也就是说，首先，生活是主体的实践，而主体的生活实践是生活教育的源泉；其次，就实践主体来说，或者就人来说，人是有三种存在的：类体、集体和个体。也就是说，一个人，他既是作为人类的一分子存在，也是作为集体的一分子，同时还是作为个体而存在，这样的认识是不容置疑的。最后，人们的生活就理所当然的存在三种：类体生活、集体生活和个体生活。从某种程度上来说，任何人都要过这三种生活。

那么我们的学校教育跟这个有什么关系呢？通常，如果我们不上学，接受的教育可能就是流俗的生活教育或者日常生活教育，而人类的文明历史等就不能系统接受了。因此，学校教育最明显的一点就是通过系统地、有组织、有计划地开展公共性教育，将个体的人塑造成公共性的社会的人。而学校教育是如何实现这

---

① 潘斌. 论教育回归生活世界来源 [J]. 高等教育研究，2006（5）：7—12.
② 马克思. 1844年经济学哲学手稿 [M]. 北京：人民出版社，1979：48.
③ 马克思恩格斯选集（第一卷）[M]. 北京：人民出版社，1995：47.
④ 《马克思恩格斯列宁哲学经典著作导读》编写组. 马克思恩格斯列宁哲学经典著作导读 [M]. 北京：人民出版社，高等教育出版社，2012：87.

点呢？那就是通过课程计划、课堂教学来实现。这样我们就会注意到，我们的学科教育其实属于公共性教育，是类体生活和集体生活教育。部分学科教育，如数学、物理、化学等自然科学教育，更多的是共性教育，而语文、历史、政治等难免公性更多一点。如此我们便明白，学科教育是类体生活教育，属于生活教育。

（二）新生活教育课程分类的教育来源

马克思主义哲学认为，"全部社会生活在本质上是实践的"①。这种判断，让我们深刻地认识到生活即教育，本质上来说是"实践即教育"。这是因为大多数生活并不能成为教育，可谓是"劳而寡效"的，而那些真正的教育必定是实践的，即"在劳力上劳心"的。这些也是符合陶行知先生对生活教育的本质判断，他曾经说，"教学做合一就是生活法"。事实上，陶行知先生从"知行"到"行知"到"行知行"到辩证的行知行的实践观发展，是他对"实践即教育"的最好注解。由此，这里通过马克思主义哲学关于"全部社会生活在本质上是实践的"论断，提炼出了"实践即教育"的新判断。这种新的判断将让我们看到，生活即教育的中介是人的实践。正如"实践的本质是主体能动地改造和探索客体的客观物质活动"②。生活能成为教育一定需要一个介体，这个介体是实践的主体，即"在劳力上劳心"的主体。那么实践的主体将意味着什么？马克思主义哲学还指出："实践的主体是指处于一定社会关系中的具有实践能力的人。人是世界活动中具有自主性和能动性的因素，他担负实践的目的、操作实践工具、改造实践客体的多种任务。"③ 不仅如此，马克思主义哲学对实践主体进行了划分，即个人主体、集团主体和类主体，简称为"个体""集体"和"类体"。因此要发挥主体能动性就要将主体与生活结合，这就可以将生活教育分成类体生活教育、集体生活教育和个体生活教育。那么这三种教育背后的根源是什么？个体生活教育、集体生活教育、类体生活教育从根源上来源于人的三性，这三性是私性、公性、共

---

① 《马克思恩格斯列宁哲学经典著作导读》编写组. 马克思恩格斯列宁哲学经典著作导读 [M]. 北京：人民出版社，高等教育出版社，2012：87.
② 卫兴华，赵家祥. 马克思主义基本原理概论 [M]. 北京：北京大学出版社，2008，44—45.
③ 卫兴华，赵家祥. 马克思主义基本原理概论 [M]. 北京：北京大学出版社，2008，44—45.

性。这三性是因为人存在三种状态，不仅仅是个体的存在，还有集体的存在和类体的存在。三种生活，本质上都是人的三种存在方式，然而人的生活都需要解决三个问题，一是生活中的人；二是生活中的物；三是生活中的事。这三个方面可谓是新的大学之道：亲民、亲物、亲事。《中庸》中对人、物、事都有相关的解释。尽人性、尽物性是《中庸》中提到过的，这里我们加上尽事性。的确，任何生活都涉及这三个方面。因此，与之相关就有三种教育，主体性教育成己；理性教育成物；实践性教育成事。当然这只是简单的对应关系，其实任何领域应该都是主体性教育、理性教育和实践性教育相统一的。因此，我们看到三种生活教育，源于人的三种生活方式，每种教育又侧重发展一个方面，成己、成物、成事。三种生活的主要内容都集中在"五育"方面，即健康的身体、艺术的兴味、劳动的身手、科学的头脑、改造社会的精神。每种生活教育都是为了实现这五育，各种生活教育的内容也可以归为这五个方面。此外，另一个维度就是三种生活教育都要进行三性教育。因此，新生活教育的内容确切地说是"三性"和"五育"。而具体到每个生活内容，就是关于集体生活、个体生活、类体生活的内容。根据"以生活为中心"的课程观和"生活即课程"的课程理念，那么相应地就有三种课程，即类体生活课程、集体生活课程和个体生活课程。

（三）新生活教育课程分类

从课程发展的历史看，有学科课程、活动课程和生活课程。从教育来源看，有类体生活课程、集体生活课程和个体生活课程。我们不由得会想到类体生活课程就是学科课程，集体生活课程就是活动课程，个体生活课程就是那生活课程。这种联系使得我们能清楚地将全部的生活进行分解，使之变成课程，而一旦变成课程，就有了实施的可能性。虽然现在学校教育中主要实践的还是前两类课程，但是我们看到，实施第一种课程时，教育是效率型教育系统，相应的教学是教学考合一；增加并实施第二种课程时，教育转变成均衡型教育系统，相应的教学是教学研合一。我们期待增加并实施第三种课程，即个体生活课程使教育能转变成活力型教育系统，相应的教学是"教学做合一"。

三、生活课程发展简史

（一）学科课程的发展史简要回顾

课程根据其历史发展，实际上先后经历了学科课程、活动课程和生活课程三个阶段。学科课程的侧重点是继承了人类共有生活经验；活动课程侧重把学校社会化，是主张学校即社会的集体活动课程，现在的课外活动皆属这类课程；生活课程以生活为中心的形式存在，是生活的课程。如今前两类课程是当今学校教育的主要内容，生活课程还没有完全进入学校教育中，但已经有许多行知实验学校进行了相应改革，却难以达到理论的高度和拥有系统的逻辑。

1. 国外学科课程发展简史

学科课程是学校教育中最早的课程类型，我国在春秋时期，就以"礼、乐、射、御、书、数"六门不同的科目教学生；古希腊，智者派创文法、修辞、辩证法，柏拉图将其与算术、几何、天文、音乐并称，成为"七艺"；至亚里士多德在吕克昂学园以"逍遥学派"之风，教学生以政治学、物理、天文、生物、历史等课程，成为中西方学科课程之原始形态。

文艺复兴之后，至17世纪，随着科学发展，著名教育家夸美纽斯本着"把一切知识教给一切人"的崇高理想主张设置"百科全书式"的课程。他在《大教学论》中，为不同阶段的教育设置了一系列的课程。

在夸美纽斯课程理念的基础上，赫尔巴特进一步发展了学科课程，被誉为"学科中心课程的奠基人"。赫尔巴特以发展人的"多方面的兴趣"为轴心，将人的兴趣划分为两大类，一类是属于认识周围自然现实的，是认识的兴趣；一类是属于认识社会生活的，是同情的兴趣。这两大类的兴趣又可以各自细分为3种，共6种兴趣，拟订出了一套相应的科目。

19世纪英国教育家斯宾塞在他设置的课程体系中则把科学知识提到了前所未有的高度，从而使科学知识在课程内容中占据主导地位。斯宾塞提出了"什么知识最有价值"这一经典问题，并且指出在一切知识中只有科学是最有价值的知识。据此，他依据人类生活的五种主要活动构建了一个比较严密的学科课程体系。

进入 20 世纪，美国教育家布鲁纳主张课程应以学科为中心，学科的基本结构又是学科的中心。因此，他的课程论被称为结构主义课程论。布鲁纳提出了课程设计的原则：一是"给予那些和基础课有关的、普遍的和强有力的观念和态度以中心地位"；二是"怎样把这些教材分成不同的水平，使之同学校里不同年级、不同水平的学生的接受能力配合起来"，使得"既能由普通的都是教给普通的学生，同时又能清楚地反映各学术领域的基本问题"。即课程的设计应既符合学科的发展，又符合学生心理特点，从而促进学生的发展。

苏联教育家赞可夫则从另一角度发展了学科课程论，把学科课程论提高到了新的理论高度。他以"一般发展"作为其课程论的出发点，因此被人们称为"发展课程论"。赞科夫所指的"一般发展"是指智力、情感、意志、品质、性格等的发展。20 世纪 70 年代，赞可夫的发展性教学陆续传入我国，引起我国教育界的注意和极大兴趣。在国际上，赞可夫被誉为与布鲁纳、瓦根舍因齐名的现代教学论三大流派的代表。

2. 国内近现代学科课程发展简史

我国学科课程最早可以追溯至春秋时期，孔子就以"礼、乐、射、御、书、数"六门不同的科目教学生。我国真正建立起近现代意义上的学科课程要从 1840 年鸦片战争说起，1840 年既是中国历史的转折点，也是中国教育史的转折点。[①] 西学东渐，从 1862 年开办第一所近代新式学堂京师同文馆开始，到 1900 年创办江苏武备学堂为止，30 多年时间里洋务派共创办了近 40 所新式学堂。其时的教育内容已涉及国内旧式学校没有的近代自然科学与技术方面的知识。学科课程也就伴随着新式学堂的创办在中国落地生根，此后在近现代中国教育史上，对学科课程先后却有多种态度。

(1) 20 世纪 30 年代生活教育对学科课程是"轻视"的

近代中国乡村经济萎缩、凋敝，农民生活极端贫困，"新教育"的春风虽然

---

① 张斌贤，楼世洲. 当代中国教育学术思想研究（1949—2009）[M]. 北京：中国社会科学出版社，2011：1.

刮得很舒心，但难以吹到乡村，适龄儿童无学可上，成年农民都是不识字的文盲。而农村又是当时中国最基本的社会基础。要改变中国的现状，就不能不开展乡村教育。在那种困境下，以陶行知、晏阳初、梁漱溟等人为代表的一批具有民主、爱国思想的教育家把教育活动中心由城市平民教育转移到乡村教育，致力于乡村教育与乡村建设，以改善农村生活，进而改造中国社会的根基。1927年3月，陶行知先生在南京创办了南京试验乡村师范学校（后改名晓庄师范学校）。晓庄师范学校以田园、荒山作为校址和试验农场，提出了五项具体培养目标："健康的体魄、农夫的身手、科学的头脑、艺术的兴味、改造社会的精神"。三年多的试验中，陶行知先生逐渐形成了以"生活即教育""社会即学校""教学做合一"为主要内容的生活教育理论。由于陶行知先生培养的教师是要在农村开展生活教育，由此对农村的生活更加重视，又因为生活教育理论继承了杜威的实用主义教育对"学科中心"的态度，因此，20世纪20—30年代生活教育对系统的学科或知识教育持有一种"轻视"的态度。在1951年对陶行知教育思想批判中，存在着这样的声音，如"陶行知主张在生活中求教育，认为生活斗争是大众唯一的学校""不要学校，不要系统的理论知识，不做系统的有领导的课堂教学，而只是零零碎碎地从所谓实际生活中求得零零碎碎的知识"[1]。如果说这样的批判有些让人怀疑，那么当年有参观晓庄学校的区巾雄女士曾评价晓庄学校的实践："照现在的情形看来，各科的基本常识，恐不能晓得多少，因各科没有什么联络，活动又无恒，对于时间方面很浪费。"[2] 应该还是值得确信的。

（2）20世纪60—70年代，革命教育对学科课程是"对抗"的

20世纪60—70年代，毛泽东的实践观是一种普遍的认识论，具有合理性。然而，在教育实践中，人们片面地强调在三大革命（生产斗争、阶级斗争和科学实验）的实践中接受锻炼，重视感性知识，强调经验主义；而把理性知识等同于书本知识和空洞的理论，反对"本本主义"，反对多读书，认为书读多了，越读越愚蠢。由于20世纪60—70年代中的教育奉信的是实践第一的教育政策，知识教育和学科教育以及教师都受到了冷落甚至批判。一代青年学生在所谓的"革命

---

[1] 张斌贤，楼世洲. 当代中国教育学术思想研究（1949—2009）[M]. 北京：中国社会科学出版社，2011：50.

[2] 金林祥. 二十世纪陶行知研究 [M]. 上海：上海教育出版社，2004：27.

的大风大浪里",把"滚一身泥巴,磨一手老茧",作为一种时尚和骄傲的象征。① 总体上看,那时的"革命教育"对知识教育(学科教育)是对抗的,以阶级教育代替人的教育,代替知识教育。"革命教育"的激进,并没有给中国教育带来所希望的进步,而是使中国现代教育脱离了正常发展的轨道,造成了严重的损失,这是一个不争的事实。②

(3) 改革开放,恢复高考,对学科课程是"亲近"的

恢复高考后,中国教育逐渐回归到正轨,对学科课程或知识教育采取了亲近的态度,对教师和知识分子也是同样的态度。这种亲近逐渐发展成唯亲的态度。知识教育(学科教育)成了教育的一切内容。考试教育的模式就在具有1千多年科举制度中国传统教育基因下茁壮成长起来。很快中央决定进行教育体制改革,1985年召开的全国教育工作会议,颁布了《中共中央关于教育体制改革的决定》提出了目标:提高全民素质。这是"素质教育"的思想源头。1993年2月13日,中共中央、国务院在总结广大教育工作者改革实践经验的基础上制定发布的《中国教育改革和发展纲要》中指出:"中小学要从'应试教育'转向全面提高国民素质的轨道,面向全体学生,全面提高学生的思想道德、文化科学、劳动技能和身体心理素质,促进学生生动活泼地发展,办出各自的特色。"人们对"考试教育"过度亲近学科课程、知识课程对学生素质教育的影响的认识和改变的决心是明显的。然而对考试教育的地位的撼动要从新课程改革说起。

(4) 新课程改革对待学科课程是"超越"的

中国基础教育课程改革先后进行了八轮,最近这一轮课改比较深刻,可以从2003年算起。新课程改革认为教育不仅仅是知识教育还有能力教育,能力教育是通过知识和技能的结合形成的,新课程有三维目标,知识与技能、过程与方法、情感态度和价值观。很显然,新课程改革并没有否定学科课程的重要性,而是将旧课程的繁、难、偏、旧等弊端,进行与时俱进的改革。并且在国家课程中增加了综合实践活动课程,则算是以能力教育为中心的课程设置了。此外为了打破课程管理的统一性,又增加了地方课程和校本课程。这种新课程改革,对开展

---

① 张斌贤,楼世洲. 当代中国教育学术思想研究(1949—2009)[M]. 北京:中国社会科学出版社,2011:117.

② 张斌贤,楼世洲. 当代中国教育学术思想研究(1949—2009)[M]. 北京:中国社会科学出版社,2011:122.

"素质教育"是靠近了一步。总体上看,新课程改革对学科教育是一种超越。这种超越包括两个方面:一是在肯定学科教育的合理性上的超越,使之与时俱进,改进培养目标,从基本知识、基本技能到三维目标,改进教育教学方法,强调自主、合作、探究的学习方式,从"学科本位"转换到关注每一个学生,一切为了学生的"人的本位"。二是伴随着新课程改革,人们也在争论是否新课程改革有"轻视知识"的倾向。肯定者言词凿凿,而新课程改革者如钟启泉教授等则撰写《概念重建与我国课程创新——与〈认真对待"轻视知识"的教育思潮〉作者商榷》一文商榷甚至否定新课程改革有"轻视知识"的倾向。[1]

回顾学科课程发展简史,可见学科课程的优越性:一是按照学科组织起来的课程,有利于学生学习系统的科学文化知识;二是学习按照逻辑组织起来的课程,可最大限度地发展学生智力;三是以传授知识为基础,容易组织教学,也容易进行教学评价。然而学科课程也有它的缺陷:一是过于注重逻辑系统,在开展教学时,容易重记忆而轻理解;二是在教学方法上容易重知识的传授,而忽视学生的社会性发展和身心健康;三是重视科学知识的学习而缺乏与学生社会实际生活的联系,不利于实践能力的培养。

(二)活动课程的发展史

什么是活动课程?目前学术界对此问题仍然没有统一的答案,许多学者以个人的理解及实践对活动课程作出了界定。大抵有以下几种观点:

一是活动课程认为是一系列的儿童自己组织的活动。儿童通过活动学习,获得经验,解决问题,锻炼能力。二是活动课程等同生活课程。以儿童的兴趣、需要和能力为编制课程的出发点。三是活动课程是指班团活动、晨会、体育锻炼、科技活动和文体活动等。在从前的教学计划中,活动课程即课外活动类、义务教育《课程计划》把活动作为课程纳入周课表。活动课程的内容概括起来有三点:生活、活动和儿童中心。

活动课程早在古希腊时期便有了"活动教育"的思想,当时的古希腊人十分注重通过活动对儿童进行教育。著名的教育家柏拉图指出对儿童的教育应采用讲

---

[1] 张斌贤,楼世洲. 当代中国教育学术思想研究(1949—2009)[M]. 北京:中国社会科学出版社,2011:298.

故事、游戏、唱歌等活动的方式进行，以培养儿童的积极主动参与意识，促进他们的身心发展。但是到了中世纪，学校中的教育日趋偏向于方法、修辞等科目，教学方式通常采用灌输式，学生学习时呆读死记，不求甚解。实践活动与训练逐渐退出了教育的舞台，教育也逐渐与现实生活相脱离。

文艺复兴时期，随着人们对人性的关注和人的主体性地位的提升，这种轻视学生主体地位的教育方式和方法受到了越来越多的抨击。18世纪法国教育家卢梭便极力反对这种教育方式。他主张教育应在自然生活的状态下培养"自然人"，注重学生的直接经验，推行"自然主义"。这一点可以从他为自己著作的主人公爱弥儿设置的课程和活动中得到验证。他认为爱弥儿不应该读任何书籍，而是要回归自然中通过各种活动掌握直接经验，获得发展。这种自然主义的观点虽然有些过激，但是它为当时的教育带来了一阵清新的空气，并影响了后世的教育。即使是在两个世纪之后的美国教育家杜威的理论中也可以找到卢梭教育观点的影子。德国教育家福禄贝尔则进一步发展了卢梭的教育观。他主张尊重儿童的"自动"，为儿童留下"自动"的空间和时间，极力推崇通过游戏和活动来发展儿童的"天性"，使儿童在活动中自己教育自己。为此，他提出了"角色游戏"的教学方法，以活动的体验替代"说教"与"静听"。这些教育思想不仅在当时产生了重要的影响，也为活动课程的产生奠定了基础。

然而活动课程的产生还是19世纪的事。当时在欧洲盛行的教育运动以及北美的进步教育运动同时批判了传统教育忽视学生个性、脱离社会实际，以及枯燥呆板的教学方法等弊端，倡导在活动和实践中学习，发挥学生的个性和主体性。其中较为著名的教育家有瑞典的爱伦·凯和比利时的德可乐利。但是，首先将活动课程运用于课程改革和实践中的却是美国教育家杜威。他主张：（1）课程的中心应是儿童的活动，而不是学科。同时，杜威还把各种作业（如园艺、木工、金工、烹饪等）即各种活动引入学校课程，让学生在活动中学习各门学科的基础知识，进行基本技能的训练。（2）教材的源泉是儿童的各种活动形成的经验。（3）要按照儿童的心理发展来安排教材。杜威关于活动课程的理论将活动教育的思想推向了高潮，并在全世界产生了巨大影响。

我国近代教育体制和课程体系主要是从西方国家引进的，受赫尔巴特学科中心课程的影响，以学科课程为主，注重讲授法。直到20世纪80年代，我国的教学计划或课程标准都只将课外活动称为"集体活动""团体活动"或"课程活动",一般有朝会、周会、纪念周、音乐及各种操场活动等,但始终没有取得与学科课程并重的地位。1992年,原国家教委颁布了《九年义务教育全日制小学、初级中学课程计划(试行)》,在这份计划中把活动或课程活动作为与学科课程同样重要的课程纳入了课程设置。这是我国第一次以文件形式确定活动课程这一名称。1997年,制定了《全日制普通高级中学课程计划(试验)》,对高中课程设置做出了规定:整个高中课程由学科类课程和活动类课程两块组成,学科课程由多门必修学科、若干门限定选修学科和任意选修学科构成;活动课程则由若干活动项目,如校会、班会、科技体艺活动、社会实践、课间操等组成。其中,学科课程占总课时的90.1%,活动课程占9.9%。在我国新一轮基础教育课程改革,活动课程又有了新的变化,更名为"综合实践活动课",成为小学至高中教育各教育阶段的必修课。新课程纲要对综合实践活动课做出了如下阐述:其内容主要包括信息技术、研究性学习、社区服务与社会实践以及劳动与技术教育。综合实践活动课重在培养学生解决实际问题的能力,是"一种与各学科课程领域有着本质区别的新的课程领域,是我国基础教育课程体系的结构性突破"。

从学科课程和活动课程的发展简史可以看出,一者以知识为中心,一者以能力为中心,二者是两类课程,不可互相替代。就活动课程而言,其一部分概念还杂合生活课程的内容。然而我国的学校教育活动课程就纯粹是集体活动课程。

(三)陶行知先生对个体生活课程的创新

陶行知先生在实施生活教育实验的过程中不但实践了学科课程生活化和化生活的教育改革,还完善了活动课程内容和实施方法,萌芽了个体生活课程。这是陶行知先生在课程改革方面的贡献,为今后更新一轮的新课程改革提供了思路和方法。

1. 陶行知先生对传统教育课程的批判

陶行知对中国传统教育有许多深刻认识,尤其对学校教育的内容提出批判。他认为,中国当时虽然弃"老八股"却又变成了"洋八股",显然这也不适用。"'老八股'与民众生活无关,'洋八股'依然与民众生活无关。"之所以无关是因为,"人的生活,必须有相当工具,才能表现出来。工具充分,才有充分的表现;工具优美,才有优美的表现;工具伟大,才有伟大的表现。'老八股'与'洋八股'虽有新旧之不同,但都是靠着片面的工具来表现的,这片面的工具就是文字与书本。文字与书本只是人生工具之一种，'老八股'与'洋八股'教育拿他当作人生的唯一工具看待，把整个的生活都从这个小孔里表现出去，岂不要把生活剥削得黄皮骨瘦吗？"

因此，他进一步认为："中国教育所以弄到山穷水尽，没得路走，是因为大家专靠文字、书本做惟一的工具，并且把文字、书本这个工具用错了。我们要想纠正中国教育，使它适应于中国国民全部生活之需要，第一就须承认文字、书本只是人生工具的一种，此外还有许多工具要运用来透达人生之欲望；第二就须承认我们从前运用文字、书本的方法是错的，以后要把它们用得更加得当些。"根据这样的判断，陶行知先生并没有完全否定书本和文字的工具性质和作用，并且在其日后的实验学校中既保留了这方面的教育内容，又运用文字、书本做工具，进行学科课程的活动化（生活化）和化生活两种教育改革。

2. 陶行知先生在实验学校对生活课程的设置

陶行知先生最初的生活教育思想是在乡村师范教育运动实验中形成和发展的。他的实验逻辑很类似杜威先生，杜威先生是以儿童为中心，以活动为中心，本质上是以经验或技能为中心进行各种活动课程的实验，在这个过程中增长儿童的经验，而相关知识的学习也是从这个过程中进行。

与杜威先生类似，陶行知先生的生活教育，是以生活为中心、教学做合一，在各种学校生活中完成相关的知识、技能、经验、情感和价值观的成长。由于全部的生活即课程，而且师生不分，因此陶行知将乡村师范学校生活分成了五个部分：（1）中心小学活动教学做，这部分课程占全数时值的一半，主要是六组活动，分别是国语算术组、公民组、卫生组、自然组、园艺组和游戏娱乐组。这虽说是生活课程，其实就是活动课程。属于综合实践活动课程的性质，是学科课程活动化的结果。（2）分任院务教学做，全校的文书、会计、杂务、卫生等工作，都是指导员指导学生做的。这是把工作当着教育内容的特色课程，到目前为止，我们现在很少学校能实施这项课程内容。这项生活课程是工作活动化。（3）征服自然环境教学做，包括科学的农业、造林、基本手工、卫生和其他教学做。这项生活课程的本质是学科课程化生活。（4）改造社会环境教学做，这项包括村自治、民众教育、合作组织、乡村调查和农民娱乐等教学做。这项生活课程的本质是活动课程化生活。（5）学生自动的教学做，这部分活动都是学生自动计划和决定的。大部分是关于个人的事情。这项生活课程，就是典型的个体生活课程。

活动、工作和生活是不同的,活动是一种组织生活,有一定的目的、组织者、参与者,具有一定的过程和方法的要求。工作是一种更加规范的活动,并具有高度的目的,需要达到一定的成效以推动生活进行。而生活是全部的个体、集体和类体行为总和,广义的生活包括工作、学习、科研的生活。由此我们可以看出,陶行知先生早期将学校生活分为五个部分,第一部分是学科课程集体活动化生活;第二部分是工作(生活)活动化生活;第三部分是学科课程化生活;第四部分是集体活动课程化生活;第五部分是个体生活课程。因此第一和第三部分是学科课程活动化(生活化)和化生活,是学科课程运用教学做合一之后的两种生活教育法;第二和第四部分是生活活动化和活动化生活的两种活动课程;第五部分是个体生活课程。

由此可见陶行知先生实行了三种课程:学科课程、活动课程和生活课程,只是这三种课程的实施方式是活动化、生活化和化生活的方式,从而都可以视为生活课程。因为人在生活中有三种存在,一是作为人类的一分子存在;二是作为群体一分子存在,比如家庭、学校、组织、班级中一个集体成分存在;三是作为个体存在。因此就有三种生活,一种是类体生活,这种生活教育传递的是共性的知识、技能、情感、态度和价值观。一种是群体(集体)生活,这种生活教育传递是公有的知识、技能、情感、态度和价值观。一种是个体生活,这种生活教育帮助个体形成自我的知识、技能、情感、态度和价值观。三种生活教育对应了三种课程,即学科课程对应类体生活,活动课程对应集体生活,生活课程对应个体生活。为了区别这三种课程,可以将其命名为类体学科课程、集体活动课程、个体生活课程,三种课程统称为生活课程,是人的三种存在对应的三种课程。

生活除了以上三种分类,陶行知先生还有如下分类:一是正如上文分成科学的生活、劳动的生活、改造社会的生活。到了育才学校实验时,学校集体生活分成四个部分:劳动的生活、健康的生活、政治生活和文化生活。而在《育才二周岁之前夜》一文中明确集体生活分为四种:创造健康之堡垒;创造艺术之环境、创造生产之园地、创造学问之气候。这样看来生活课程应该是五种:健康的生活课程、艺术的生活课程、科学的生活课程、劳动的生活课程和改造社会的生活课程,但这些都是指集体生活,这是符合陶行知先生的五育观的。

3. 陶行知先生关于个体生活课程的观点

陶行知先生关于个体生活课程的设置很少,大量生活课程都是集体生活课程。他的生活教育实验主要集中在集体生活中，集体生活有五个方面，然而这些生活有工作的、学习的和生活的，三者是融合在一起。通过集体生活将一些原本是类体生活的学科课程的教学内容也生活化或活动化。

陶行知对个体生活教育缺少足够的课程设置，但是现在我们如果想要设置也是可以的，也可以从五个方面来进行，分别是健康的生活课程、艺术的生活课程、科学的生活课程、劳动的生活课程和改造社会的生活课程。

除此之外，他还提出了学生自治、自觉、自动、自省等相关的个体生活教育的目标，专门写过有关学生团体自治的文章，这也适合个体对自己生活的自治。要达到自治首先得自觉，因此，个体生活教育首先要培养人的自觉性。在生活教育社的宗旨制定中，把"自觉性之启发"作为重要一条任务。这点陶行知先生在办育才学校时，已经完全明白，因此他认为："育才学校要养成儿童自我教育精神；除跟教师学外，还跟伙伴学，跟民众学，走向图书馆去学，走向社会与自然界去学。他可以热烈地参加集团生活，但同时又可以冷静思考问题。为了加强养成儿童之自我教育精神，育才学校每日给予儿童相当时间，作为自由思索与自由活动的机会。"

谈到自动教育，陶行知先生说："要生活、工作、学习倘使能够自动，则教育之收效定能事半功倍。所以我们特别注重自动力之培养，使它贯彻于全部的生活工作学习之中。自动是自觉的行动，而不是自发的行动。"这不仅说明自动是个体生活教育的主要目标，还指出了个体生活教育的范围，那就是全部的生活、工作、学习。的确个体的生活是全部的生活、工作、学习。陶行知先生在乡村师范教育中就已经初步实施了工作方面的个体生活教育。在自动力之培养方面还特地以此为例，"最近改造图书馆，一开始便着手培养十几位幼年管理员，在改造图书馆上培养他们管理图书馆的能力。现在图书馆都是由他们主持，而且有了优越的成绩"[①]。这不是活动课程，而是个体生活（工作）中的生活课程。

为了能够真正以儿童生活为中心，陶行知先生设想开发一种生活历，这种生活历是实施生活教育的切要工具，具有定期特性。当然这种生活历还是全校的适合所有儿童的。这也为个体生活课程提供了一个思路，即个体生活应该有个生活

---

① 胡晓风，金成林，张行可，等. 陶行知教育文集[M]. 成都：四川教育出版社，2007：496.

历,即系统计划的生活。

四、新生活课程的概念、目标和价值

(一)三大课程的概念界定

首先我们对几个概念做一些重新界定:

1. 知识:是工具,一种语言工具。知识最终是以语言来表达的,而语言本质上也是工具,所以知识就是一种工具。掌握一门知识,就是学会了一门特殊的语言,掌握一门工具。

2. 能力:是使用工具的能力。我们的能力是指运用工具的过程和方法的总和。

3. 生活力:是使用工具应对生活的过程、方法、情感和意志等。生活力与能力的区别在于,生活力包含情意的内容。

4. 学科知识:是工具,构成学科的工具。

5. 学科能力:是系统地运用知识的过程和方法。

6. 学科生活力:是运用工具,根据生活的需要,"化生活"的高级能力。

7. 活动生活力:在活动过程中的高级能力。

8. 生活关系:生活中人与人交往的关系。生活关系又是以生活力为基础的。

9. 生活方式:生活中人的一种生存、生产和生活的样态。生活方式包含生活力和生活关系。

界定完概念,我们要谈谈三大课程的核心。我们希望三大课程能在大中小学进行开设,而这些课程最终是传递生活力、生活关系和生活方式。

课程本质上要传递什么,取决于人们对教育的认识。第一代的教育是教知识,是一种知识(工具)的教学,教人关于各种知识(工具)是什么,侧重知识的记忆、辨识。第二代教育是教能力,就是教运用知识的能力,侧重基本能力的教学。第三代教育是教生活力、生活关系乃至教生活方式,侧重运用知识和能力解决生活的问题。如用音乐学科教音乐生活。现实中，我们教音乐知识或知识能力，而不是教一种音乐生活，即一种充满音乐的生活，有音乐的知识、音乐的美、音乐的情感、音乐的技能、音乐的意志等，它教人过一种充满音乐的生活。又比如开展书法教育，学习者要像书法家一样逐渐拥有书法的知识、情感和意志。书法的生活，需要的不仅是书法的知识和技能训练，还包括书法的情感和意志，由此才能算是一种生活方式。

我们要让教育变成用学科教生活，而不是用教材教学科知识。因为，一种学科并不能解决所有的生活，所以要众多的学科来教众多的生活。因此，学科教育也是有必要的。只是我们应该用学科教生活，而不是用教材教学科。

将人们的现实生活进行分门别类的研究，就构成了学科生活，这是学科产生过程中伴随的。学科的生活逐渐形成了学科方式，进一步形成了学科语言，从而转换为课程。这些课程是可以用来实施新生活教育的。这些课程最终应该是用来教生活的。而我们的教育，并没有让课程回归到生活，而是停留在课程的教育上，甚至远离生活。（见表2-6-1）

表 2-6-1　生活、学科和生活力等之间的关系

现实生活	学科生活	生活方式（生活关系、生活力）	学科语言（符号）
类体生活	学科生活	学科生活力	学科课程
集体生活	活动生活	活动生活关系	综合实践活动课程
个体生活	个体生活	个体生活方式	个体生活课程

（二）三大课程的目标梳理

1. 新生活教育三大课程的三维目标

新课程改革提出了三维目标：知识与技能、过程和方法、情感态度和价值观。但是，新课程的三维目标仍旧是见事不见人。所谓的新课程"以人为本"并不能在目标上体现，本质上仍旧是知识教育。在现实中，学科课堂依旧无法突破考试教育的藩篱。部分教师东施效颦，在教学设计上加上"过程和方法""情感、态度和价值观"，但在实际教学中，依旧是"知识与技能"的教与学。

新生活教育三大课程也有三大目标，但不是一种课程是一种目标。三大课程三维目标是适用的，只是侧重不同。这三维目标是认知领域的目标、情意领域的目标和动作技能的目标，这些目标又各有五个等级。这三大课程不同的课程侧重

不同的领域培养。类体生活课程侧重认知领域目标，培养生活力；集体生活课程侧重情感领域目标，培养生活关系；个体生活课程侧重意志领域目标，培养生活方式。这三个领域构成三大教育，即理性教育、主体性教育和实践性教育。理性教育侧重认知领域，主体性教育侧重情感领域，实践性教育侧重意志领域。唯有三个领域的统一，才能真正构成生活力、生活关系和生活方式，才算是新生活教育。

2. 新生活教育三大课程的五性目标

这五性目标就是健康的身体、劳动的身手、艺术的兴味、科学的头脑和改造社会的精神。从这个角度来说，不论是类体生活课程还是集体生活课程和个体生活课程，都包含这五个方面的内容，都是从不同层面服务人的这五个方面的发展。这五个方面构成了五个目标，即健康的目标、劳动的目标、艺术的目标、科学的目标和精神的目标。我们知道三维目标的认知领域、情意领域和动作技能领域，是因为三大课程侧重不同的维度，类体生活课程侧重认知领域的发展；集体生活课程侧重动作技能领域的发展；而个体生活领域侧重情意领域的发展。

实际上，任何人在这五性目标方面都不可能完全全面发展，因此这种个性差异、兴趣差异是允许存在的，也是未来个人专业发展取向的不同需要。因此，五性目标只能在全面发展中强调个性发展，而不宜对三维目标那样强调统一发展和同等程度发展。

（三）三大课程的价值

三大课程实现三大价值，即学科价值、社会价值和个体价值。学科生活课程侧重于学科价值，学科价值最大的特征是共性价值；集体生活课程侧重社会价值，传递社会的情感和意志，最大的特征是公性价值，个体生活课程侧重个体价值，个人的成长和个性发展，需要个体生活课程来保障。这里侧重探讨下个体生活课程。个体生活课程是指那些个人控制下的生活内容。作为学校，无法从内容和形式上完全规范个体生活课程，但可以从一定的共性层面指导师生自我教育。这类课程侧重师生自修，但需要引领。这些课程包括一日的生活，主要涉及生活计划、生活管理、个人发展规划、元认知、情感和意志的发展、个体心理的发展，自我的成长、个人兴趣的发展、个人娱乐、个人情感、个人人际关系等，是一个人成长的操作系统，也是由认知、情意和动作技能三个方面组成。实际上，优秀生、优秀教师与普通学生、普通教师的差别就在于优秀生和优秀教师有自觉地开展个体生活教育，而普通学生和教师就不太注意这方面的努力。

因此三大课程从生活高度来说，其价值更加全面和丰满，不仅对学生是一种改造，同时也推动教师成长。正如新课程改革，不仅推动中国基础教育课程改革，有利于培养学生，更是促进了中国基础教育教师的整体成长和学校的发展。实际上，新生活教育着眼于活的教育系统建设，这就意味着整个教育系统的各个要素都要升级发展。生活教育之所以能起到这样的功效就在于它的教育目标得到提升了。生活教育的目标，不再是考试教育的单一目标，而是整体目标、生活目标；这就意味着师生及其整个教育系统、关联的社会系统的生活问题，都是教育系统的显在和潜在目标。虽然这样的目标很大，但是这些目标变成课程目标，就能实现课程价值。正如我们知道的，正是因为未来社会整个生产的个性化、生活化的发展，注定我们的教育必须朝向生活目标，所以我们要为之付出努力。

五、新生活教育的课程概要

当前学校的课程主要是学科课程和综合实践活动课程，其中课程类型分为国家课程、地方课程和校本课程。但是学科课程在培养人的理性方面还很不足，综合实践活动课程在培养人的生活力方面也很不足。新生活教育希望增加心理学课程、哲学课程、生活常能课程，组成新生活教育系列课程来构成师生课程或者是自修课程。就心理学课程而言，是希望学生逐步（按学段）掌握系统的心理学知识，有利于学生自我认识和自我实现；就哲学课程而言，也是希望通过逐步（按学段）系统的哲学课程，让学生掌握人类文明发展的基本脉络，掌握人类思维方式的发展规律等，这对于学生获得思维工具具有重要的意义；就生活常能课程而言，这是使得学生的自我教育方法能够从应对书本知识转向应对日常生活，也希望使学生的自我教育成为其一切生活教育的基础。

（一）类体生活教育课程内容

1. 类体生活课程的性质与内容

类体生活课程又称为学科课程，是比较成熟的课程形式，通常在一个国家甚至全球范围内具有共性的课程。我们常见的基础教育学科课程，如语文、数学、英语、物理、化学、生物、历史、地理、政治、体育、音乐、美术、劳动技术、信息技术等。这些课程的实施通常以班级制的形式开展，皆因它的共性特征使然。

2. 类体生活课程开发

类体生活课程总体上开发的是以逻辑顺序为主，同时兼顾心理顺序和生活特色，三者齐发展。类体生活课程侧重共性的学科知识的学术，是人类探索自然、社会和心理的一般规律的学科教育。这些学科教育有大量不以人的情感和意志为转移的客观内容，也就意味着它有自身的逻辑。我们接受这类教育，就是要将我们的意志和情感合乎这种逻辑。但是学生的身心发展有一定的顺序，不同地域的生活有不同的具体内容，故而这些课程的呈现应该是与生活、心理相协调。

3. 类体生活课程实施

在新生活教育中，学科教育是其主要的教育内容和模式，所以占比很重。因此新生活教育相对陶行知先生生活教育明显是增加了类体生活教育的比重。那么这与"生活即教育"矛盾吗？显然是不矛盾的。类体生活同样是教育的内容，同样需要进行探索，进行发现学习。然而我们必须避免像"考试教育"那样将知识本位看得很重，而又陷入到以前的老路上去。对这个问题，我们只能采取两种方案，一是增加集体生活教育和个体生活教育的课程内容，二是学科教育在课程实施过程中需要建立在个体生活和集体生活的基础上。由于学科课程——类体生活教育内容，有其自身的独立性，故而它的实施过程就是一个与生活教育紧密联系，认识生活和改造生活的过程。类体生活教育非常丰富，以纸质的教科书呈现，是其效率选择的结果。"教学做评统一"是它实施的基本方法，这个方法，是教、学、做、评在一定程度上是统一的，各有其自身的特征，这个方法的实施分三步骤：

第一，学科教育的"生化活"。如何将学科教育的文本从"生"的变成"活"的，也就是让文本的内容变成可以理解的东西，这是很重要的一步。通常的做法就是结合生活经验、情境等来理解文本的词句和文本的内容，通过已经学过的东西或最近发展区来解决这个问题。关于这些学科教育做得不算差。

第二，学科教育的"生活化"。用生活来教育，将学科教育的内容，用生活来教育，在生活中进行教育。通常很难做到这一点，由此可退而求其次，即"生活化"。可以通过体验、实验、扮演、活动设计等，最好的莫过于通过实验来模拟，在物理、化学、生物学科倒是常用，这也是我们以前已经在做的，但做得不足。

第三，学科教育的"化生活"。创造生活，理论改造生活。这是学科教育的最高阶段，也就是教会学生应用知识来创造生活。一些学校比较注重创造教育，申请注册了许多发明专利。但大量的学科教育无法达到这个阶段，代替的是通过解题和考试，这也是学科教育背离生活教育的关键点。事实上，我们的学科教育出了问题，主要症结就是出在此。实际上，学科教育的大量应用应该体现在集体生活和个体生活的改造上，通过开展系统的集体生活课程和个体生活课程，使得类体生活教育的内容能得到更好的应用。

当然，即使学科教育在学校教育中能够变成生活教育中的一部分，也无法仅仅凭学科教育解决教育培养人才的全部问题，我们的教育还必须依赖集体生活教育和个体生活教育，尤其是个体生活教育。因此，我们对待学科教育合理作用应该有明确的认识。

4. 对类体生活课程合理作用的四点认识

在某种意义上，学科教育是一种共性的教育。学科是遵循某种共性的规范建立起学科范式。这种教育不同于其他如活动课程的教育和个体生活教育。因此，我们对待学科教育应该有以下四点认识：

一是学科教育不是与生活教育对立的，而是生活教育的重要组成部分。这就是说，学科教育是人类生活教育的组成部分。这避免了将学科教育与生活教育对立开来。到目前为止，陶研界仍然有人主张生活教育而淡化学科教育。但是我们却可以希望学科教育进行生活化，这样的认识，将学科教育完全变成生活教育的努力，将确定性教育内容，复归于它的生成过程和应用过程，这与新课程改革专家的领导者钟启泉教授接受采访中说的是一致的："课程不仅仅是内容，更重要的是通过这些内容去穿越一段旅程。"①

二是学科或知识教育是更复杂、更先进的教育内容,在生活教育中应占重要地位。随着新课程改革的推进,部分专家和教师过度地强调综合实践活动的教育作用,过度地强调个性的作用,而对学科教育的合理地位认识不足。但是,对比学科教育与综合活动课程和个体生活课程,学科教育才最先被学校教育所采用,这正说明学科教育的先进性和重要性。此外,学科的形成更难,它是建立在个体探索和人类实践活动基础上的,是更高的层次,是探索和追求教育的高阶段。事实也是如此,学科教育要实现三维目标比活动课程和个体生活课程更难,恰恰说明它不是更低等的教育内容。因此学科教育应占有更加重要的地位。至今这个判断在一些教育者心里是疑惑的。

三是学科教育作为学科和知识教育是人类社会发展过程中认同的先进的教育模式,而不是落后和可以随便去除的。这个判断的重要性在于,学科教育的实施如果能够注重知识的形成过程和探究过程,那么学科教育其实是一项非常重要的教育内容。在推进人类共性和统一的进程中,这种教育内容所占有的比重性越大,人类的共性就越多,人类的统一就越有可能。

四是目前学科教育比重过重。虽然学科教育占有比重很重,但不能是全部的生活教育内容。综合实践活动课程、个体生活课程,应该也有足够的比例,后两种课程的存在,是人的主体性实践的要求。

5. 学科教育的局限性

实际上,每一堂学科课堂都存在三种生活教育。一是学科本身的知识所反映出来的人类的生活教育,即类体生活。二是课堂的集体教学活动的生活,即集体生活教育。三是个体在课堂中的自觉学习、自觉交流、自觉合作的生活,即个体生活教育。因此从理论上来看,学科课堂应该是最理想、最丰富的课堂。可是在新课程改革之前,集体生活教育和个体生活教育在学科课堂中被严重压缩。通常的方法是减少互动、减少个体思考时间和思考内容。又加上教师精心备课,将课咀嚼得又细又好再喂给学生,导致我国学科课堂缺乏应有的功能,成为束缚教育,严重影响学生素质培养的教育教学组织形式。新课程改革之后,才给予自主

---

① 鲍成中. 何为课程和课程何为——对话著名学者钟启泉教授之三[J]. 生活教育(综合),2014(19):43—45.

学习、合作学习、探究学习这三种学习方式应有的地位，其中合作学习和自主学习就是明显增加集体生活教育和个体生活教育比例。而探究学习是作为学科特征中必须具备的学习方式。因此，在新生活教育思想的指导下，新课程改革对学科教育的改革有许多是合理的、正确的，但是也有许多是做得不够的，或者是没有找到关键点。比如如何培养学生的创新能力和个性，这不是学科教育所能解决的。学科教育的功能是有限的，必须要增加个体生活教育。所幸的是，集体生活教育已经有国家的综合实践活动课程和地方、校本课程来弥补。个体生活教育却非常匮乏，关于这方面的课程设置和教育理论研究还很少。在笔者看来，没有个体生活教育的兴起，就没有中国教育的真正未来，进一步深化新课程改革的方向就是个体生活教育。因为真正的教育都要安根于个体经验和个体生活上，公共教育只有安根在这上面才能根底实在，茁壮成长，中国教育才不会出现越是到高年级，到大学，到研究生教育，中国学生的创造力越是后劲不足。

（二）集体生活教育课程内容

1. 集体生活教育课程的性质与内容

集体生活课程，又称为集体活动课程，最大的特征是公性，即集体性，适用一班、一校、一个区域，不适用所有的地方。要突显这种集体性特征，需要以活动的形式开展。它主要有以下三大类的集体活动课程，一是配合学科教育开展的专题性质的综合实践活动课程；二是学校文化开展的日常、常规的集体活动，如新教育的"每月一事"；三是针对学生特长开展的社团、特色活动小组、特色培养班级、少年宫等集体活动课程。下面是摘自某小学学习校的集体活动课程的一种设计框架：

（1）特色课程：确定为八个专题，即生活与自理、生活与自护、生活与创造、生活与技能、生活与礼仪、生活与家政、生活与理财、生活与调查（见表2-6-2）。每月一个学习主题，各年级围绕总主题进行不同内容的学习。一至五年级在内容安排上呈递进上升状态。活动时间：每周五下午两节课。

表 2-6-2 八专题特色课程

时间安排	学习主题	内容分类				
^	^	一年级	二年级	三年级	四年级	五年级
9月	生活与自理	系鞋带 穿脱衣服	洗手绢 叠衣服	科学洗澡 扫地拖地	房间整理 会擦玻璃	钉扣子 缝沙包
10月	生活与自护	日常急救技能训练（1）	日常急救技能训练（2）	日常急救技能训练（3）	日常急救技能训练（4）	日常急救技能训练（5）
11月	生活与创造	制作玩具（1）	制作玩具（2）	生活用品改造与创新（1）	生活用品改造与创新（2）	生活用品改造与创新（3）
12月	生活与技能	修补书本 包书皮 自制学具	废旧玩具的拆卸与重组 自制学具	废旧电子产品的拆卸与重组 自制学具	废旧闹钟的拆卸与重组 自制学具	废旧录音机的拆卸重组 自制学具
3月	生活与礼仪	热情待客 饭桌礼仪	礼貌接打电话 语言礼仪	文明乘车 邻居文化	观看演出 旅游文明	绿色生活 公共秩序
4月	生活与家政	学会洗碗筷	会凉拌菜 拼盘	会炒菜 汤菜	会做面食	会包水饺
5月	生活与理财	换算钱币 会列支出清单	会合理购物 管理零花钱	会存钱取钱 设支出账本	会选择合适的储蓄方式	赚钱计划 当家体验
6月	生活与调查	小学生课外游戏调查	小学生参加课外辅导班情况调查	校内小学生上网情况调查	社区小商店物流情况调查	大世界小摊贩生活情况调查

（2）特长课程：加州英语、电脑动画、合唱、舞蹈、器乐、葫芦丝、古筝、命题画、剪纸、国画、泥塑、演讲与口才、健美操、田径队、篮球队、足球队等。在师资方面，充分利用本校教师资源优势，同时积极挖掘家长层面的教育资源，开发社会资源。其中，葫芦丝、古筝、器乐、加州英语就是由有专长的校外辅导员免费授课。先由学生根据自身的兴趣、爱好和特长自愿报名，辅导员再统一组织初试，择优录取。活动时间是每周五下午两节课。

2. **集体生活教育课程的开发**

集体生活教育课程，即集体活动课程，在开发时应因地制宜，在开发的目标上应该注重学生的生活力的形成、校园文化的建设、有利学科教育的实施三个层面。在开发过程中，学校应该调查本校学生实际，研究学生的生活力水平和发展目标，研究学校文化的发展水平和发展目标，研究学科教育开展的活动的水平和发展目标。由此才能设计好三类集体活动课程的开发。针对三类集体活动课程，每个方面又可以从健康的身体、劳动的身手、科学的头脑、艺术的兴味、改造社会的精神五个方面进行设计。在开发过程中要有全面、全局意识，又要有分阶段、分层次的发展意识，因此课程开发应该循序渐进。

3. 集体生活教育课程的实施

集体生活教育课程的实施最主要的方法，就是"教学做评合一"。通过各种课程的开展，师生坚持共学共教共修养，通过共同的生活、集体的生活，实现心心相印的情感目标，学会自治的技能目标，掌握各种生活知识的认知目标，由此构成实实在在的生活力。通过集体生活教育，师生能够在集体的活动中感受到校园生活的乐趣，感受到成长的快乐。"教学做评合一"的具体实施方法有：第一，师生设计活动；第二，师生共学共教共做；第三，师生在做的过程中发现困难，并解决困难；第四，师生解决困难，总结、评价活动，共同提高修养，形成"革命"友谊。

4. 对集体生活教育课程合理性的两点认识

第一，集体生活教育课程弥补了班级授课制的不足。当前新课改后，课堂教学强调合作学习，小组合作的学习模式被普遍应用于新课程的课堂教学中，在一定程度上，班级制的集体生活得到弥补。然而，这样的学习模式的服务目标是针对学科教学的效率的，合作的目标多半是认知目标，而少有情意目标。因此不能仅仅依靠小组合作进行补充，就认为集体生活教育得到弥补。通过开展系统的集体生活教育课程，学校的师生可以有更好的集体生活。这种集体生活，可以实现一定程度的集体教育。

第二，集体生活教育促进师生情感和道德发展。集体生活教育课程的实施，最主要的目的就是促进师生情感和道德的发展。以前，教师上完课便离开，有的教师连学生都认识不全，谈不上教师走进学生生活，学生走进教师生活，可是这种走进又不能走进太私人的生活，故而集体生活教育构建的公共生活，可以搭建这个桥梁，实现师生心心相印。师生情感的良好发展，是学校道德教育的重要前提，由于师生情感良好，教师必然要为学生做榜样，学生也必然要为他人做榜样，以榜样的力量促进道德的发展。总之，集体活动课程，让师生、生生彼此走进对方心里，也就营造了良好的教育氛围。

5. 集体生活教育的局限性

第一，集体生活教育对认知效率有一定的局限性。集体活动课程的开展，看似热闹有趣，但是从中获得深刻的认识，却不是那么容易。故而，集体活动课程不能代替学科课程。当年陶行知在晓庄学校侧重集体活动课程的开设，就有这样的弊端，也曾遭到参观者的质疑。到他创办育才学校时，学科课程就得到了全面的恢复。因此集体活动课程所占比重要比学科课程少。

第二，集体生活课程不能代替个体生活课程。陶行知先生在育才学校开展的是集体主义自治的教育，强调在集体生活下要培养儿童自动自觉的生活习惯、生活方式。因此，集体活动课程不能代替学生个体生活课程。

（三）个体生活教育课程内容

1. 个体生活教育的性质与内容

个体生活教育的本质是针对个体（师生）生活问题进行的教育，实施主体主要是个体（师生），但也不排除通过集体或者他者来实施和领导个体生活教育。个体生活教育最终需要培养人的自觉自动、在劳力上劳心的生活力和培养人成为一个生活教育者。个体生活教育课程介于正式和非正式之间，属于校本或者师本、生本的级别课程。鉴于我国现有课程等级是国家、地方和校本课程，因此个体生活教育课程在实验阶段属于校本，不排除未来成为国家意志，在国家的层面上进行倡导和引领。个体生活教育课程从显性和潜性的课程来说，它既是显在，又更多地具有潜在的特征。对学校中较优秀的教师和学生进行考查，他们都有针对自己的教育计划、内容和实施的过程，这就可以视为个体生活教育，但这些教育就是一种潜在的形式。个体生活教育是一种终身教育，它培养生活教育者，使得教育效果达到长效。个体生活教育的内容极其广泛又极具个性化。它包括个体生活（学习、工作、娱乐、休闲）一切领域的知情意行的教育问题。通常包括生活计划、生活管理、生活反思、生活调节等内容，涉及健康的身体、劳动的身手、艺术的兴味、科学的头脑和改造社会的精神五个领域。比如饮食，我们知道饮食要健康，要节制，这是属于认知的，但是如何做到健康，能否做到节制，很多人做不到。我们的学校教育和集体活动教育也常常不解决这些问题，即使有所涉及，也不针对个人。因此，这些问题是个体生活教育的重要问题，不解决这些问题，个体生活教育就无法更好地发展。

2. 个体生活课程的开发

从开发的主体来看，学校、教师是重要的引导者，而教师和学生自己是重要的开发主体。就开发的内容来说，应该是循序渐进的，应该是针对自身问题的，具有非常个性化的特征。这些课程有的可以被人知道，有的却涉及隐私。因此指导和引导者，在某些涉及隐私的方面只能从方法上和案例上进行引导，而针对普遍性的个体生活教育内容，暂时没有成为集体生活教育的项目，如计划、时间管理，应该做普遍性的指导和引导，对落后的师生应该做个案跟踪指导。

3. 个体生活课程的实施

就实施方法来说，是"教学做评同一"，因为个体生活课程的实施主体是自己，这个课程又是适合自己的，故而自己是教者，也是学者，还是做者，更加是评者，是边做边学边教边评的过程。"教学做评同一"，意味着这四者在个人身上同一了。

4. 个体生活课程的作用

第一，促进个体的终身发展。个体生活教育课程，以自我教育为主，是属于个体自身生活发展的课程，与他人具有共性，更多具有特殊性。个体生活课程最终培养生活教育者，也培养个体的生活力，能够真正解决素质教育的问题，使教育的功效从暂时的有效，甚至长效，实现终身教育的价值。

第二，是教育的根本底色。目前学校教育、家庭教育和社会教育针对的教育内容都是公共性质的内容，即使涉及个别问题也要上升到公共领域来讨论，故而教育的根基不是很扎实，很多说法和做法，无法为个体所采用，所坚持，个体对这样教育往往失去了信心，认为是说大话、无效的教育。这是因为这些个体缺少个体生活教育，无法将公共领域的话语转化为个体的应用，故而对理论、说教带有相当的排斥情感。正是看到我国道德教育、公共教育的这些根本不足和看到成功人物和伟人都有个体生活教育的事实，才主张要在学校教育系统中增加个体生活教育课程，以此来作为中国教育的底色。中国教育的底色就是个体的生活，在每个个体生活中绘就蓝图，才是有效的、长效的。

第三，是建设活的教育系统的根本组成部分。一个教育系统是不是活的，取决于其中的个体是不是受活的教育，若是其中的个体都是生活教育者，则这个教育系统有了活的基础。我们知道活的教育系统，不仅有活的特征，还有效率和公平（均衡）的特征。因此个体生活课程的开设，将极大地铺就个体之间的效率和公平，激活个体的潜能，让个体之间的差距再次缩小，使教育的效果能够达到最大化和长效化。

5. 个体生活教育的局限性

第一，个体经验的不平衡性。即使个体生活课程的开设能弥补外在环境（家庭和学校）差异所造成的不公平，但是个体经验的不平衡，对于开展个体生活教育还是有极大的影响，可能会造成原本这种差距拉大。因为原本那些实施了个体生活教育的优秀人群，会变得更加自觉自动，发展速度就更快。

第二，个体的成长环境不平衡。个体的成长环境不同，家庭的富裕与否、学校的优秀与否，最终会造成大量的公共问题变成个体问题，如富裕的家庭缺钱可能不会成为一个孩子的问题，而一个穷孩子将会因为缺钱而成为他的个体问题。但反过来，有钱也会成为富裕孩子的家庭问题。

第三，个体生活教育具有封闭性。这些封闭性在于实施主体的相对封闭，实施内容相对半公开，实施的效果和过程也是如此。尤其在实施的评价方面，个体自身的评价往往带有一定的主观性。因此，个体发展动机对自己的发展期望等都会影响到个体生活教育的实施及其效果。

六、三大生活课程内容之间的关系

（一）三大生活课程之间的比较

表 2-6-3 比较了三大生活课程：类体学科课程、集体活动课程和个体生活课程。类体学科课程以知识为本，强调学术型知识，按学科内在逻辑组织课程，注重课程活动的结果，采用训练、指导和控制的教学方式，学生以静听式的被动学习为主。集体活动课程以学习经验为本，强调实践型知识，按学生心理发展顺序

组织课程，注重课程活动的过程，采用兴趣、自由、主动性、合作学习和探究的教学方式，学生从做中学、主动参与。个体生活课程以生活力为本，强调生活力型知识，按学生生活发展顺序组织课程，注重课程的生活过程，采用"教学做评同一"的方式，学生做中学、教。类体学科课程适用于成人和高年级学生，集体活动课程适用于儿童和低年级学生，个体生活课程适用于终身教育。

表 2-6-3　三大生活课程之间的比较

要素比较	类体学科课程	集体活动课程	个体生活课程
价值重心	知识（文化）本位	学习经验本位	生活力本位
教育观	教育即生活的准备（教育与现实生活相隔离）	教育即生活本身（教育与现实生活相联系）	生活即教育
知识的类型	间接经验/学术型知识/共性知识	直接经验/实践型知识/公性知识	直接经验/生活力型知识/个人知识
知识的存在方式	知识是呆滞的、僵化的，知识远离行动	知识是运转着的、有活力的，知识与行动相结合	知识就是行动力
课程形态	大部分学科课程属于分科课程	综合活动课程（打破学科界限）	个体生活课程（隐性课程）
课程组织	按学科知识固有的内在逻辑组织课程（强调知识的系统性）	按学生心理发展的顺序组织课程（强调教材的心理化）	按照学生生活发展的顺序组织课程（强调课程的生活化）
课程实施	注重课程活动的结果	注重课程活动的过程	注重课程的生活过程 注重知情意同等发展
教的方式	强调"训练""指导与控制"的"教学做评统一"	强调"兴趣""自由与主动性""合作学习""探究"的"教学做评合一"	"教学做评同一"
学的方式	静听式的被动学习（口训多于行动）	从做中学、主动参与（行动多于口训）	做中学、教
适用范围	成人、高年级学生	儿童、低年级学生	终身教育

（二）三大生活课程的功能关系

分析三大生活课程的功能关系，要先从三大生活课程功能的差异来探讨：

1. 学科课程：培养塑造人

在新课程改革之前，旧的课程侧重"双基"——基本知识和基本技能。教师通过对课程的知识和技能的传授来培养和塑造社会所需要的人才，这个培养目标适应了考试教育。正如雅斯贝尔斯所言："谁要是不知古希腊、罗马，谁就停留在蒙昧、野蛮中。"① 这句话显然是不正确的，因为古代中国人就不知道有古希腊和罗马，但这句话告诉我们，个体倘若不继承人类的文化就难以获得精神上的完整。

2. 活动课程：引导生成人

随着素质教育需要在课程上得到落实，人们对知识和技能形成的过程和方法，对学生在此过程和方法中的情感态度和价值观提出目标。新课程的改革在课程目标上增加了过程和方法、情感态度和价值观，两者的增加使培养塑造人的教育活动转变为引导生成人。学生对知识和技能的掌握是通过引导、合作等方式进行，而过程和方法、情感态度和价值观使得这种培养人的活动变得不是完全的由外而内，而是内外结合。

3. 个体生活课程：自我教育自成人

又如雅斯贝尔斯所言："我们之所以成为人，是因为我们怀有一颗崇敬之心，并让精神的内涵充斥于我们的想象力、思想以及活力的空间。"② 一切教育的最终目的都在于发展人的精神和形成完整的人格。

（三）三大生活课程的结构关系

三种课程类体学科课程、集体活动课程和个体生活课程，其课程的结构按照 7∶2∶1 的比例设计。这些课程设计是照顾到考试教育、素质教育和人本教育的课程设计。不同学校根据学生的素质和层次不同可以调整课程结构。这种比例关系也仅仅是一个大致的关系。这些关系是一个比例关系，也是一个质变的关系，当量变没有达到一个较高点时不宜变化质的关系。三种课程，其实是按照活动课程、项目课程和学科课程来进行教育的。类体课程就以学科课程为主，集体生活以活动课程为主。而个体生活，是每天进行的，以项目课程进行为妥。

---

① 〔德〕雅斯贝尔斯. 什么是教育 [M]. 邹进，译. 北京：生活·读书·新知三联书店，1991：56.

② 〔德〕雅斯贝尔斯. 什么是教育 [M]. 邹进，译. 北京：生活·读书·新知三联书店，1991：56.

第七章　新生活教育的学习方式

新生活教育三大生活课程的设置，往往也预示了学习的方式的变革。人类是如何学习的？有哪几种主要的学习方式？这个问题的解决对教育教学甚至课程设置都有重要的指导和启示作用。

一、人类三种学习方式的内涵

人类主要学习方式有三种：一种是实践性学习，需要学习者亲身参与，在实践中、生活中进行学习，这就是"亲知"；一种是继承性学习，需要学习者通过对前人的思想、经验、理论进行继承，继承的途径可以是从师友那里听到，从书本上获得，这就是"闻知"；最后一种是构建性学习，需要学习者进行推演、构想、反思，甚至有时需要学习者进行想象和幻想，这就是"说知"。熟悉陶行知先生生活教育理论的或阅读过陶行知先生的《行是知之始》文章的，会对这三种"知"有个印象。原文是这样说的：

"《墨辩》提出三种知识：一是亲知，二是闻知，三是说知。亲知是亲自得来的，就是从"行"中得到的。闻知是从旁人那儿得来的，或由师友口传，或由书本传达，都可以归为这一类。说知是推想出来的知识。现在一般学校里所注重的知识只是闻知，几乎以闻知概括一切知识。亲知是几乎完全被挥于门外。说知也被忽略，最多也不过是些从闻知里推想出来的罢了。我们拿'行是知之始'来说明知识之来源，并不是否认闻知和说知，乃是承认亲知为一切知识之根本。闻知和说知必须安根于亲知里面方能发生效力。"①

陶行知先生这里说的三种知识，其实也完全可以看成是三种人类学习的方式。笔者这里补充两点，若说"行是知之始"，也只说了认知的开端，那么认知的中间过程是什么？认知的终了阶段又是什么？这两点，显然陶行知先生是没有说的。笔者认为，"闻知"是知的中间过程。通常我们要想真正获得知识，就必须参考和整理前人的智慧，这个中间过程是不可缺少的。而"说知"其实就是认知过程的终了阶段。正如陶行知先生所说的，"说知"我们也被忽略了，大家试想下，传统教育中没有"亲知"的开端，又没有"说知"的终了，那就是无米又没有厨艺的"拙妇"，是断然不会有什么创造的，历史也证明了，封建社会的传统教育，就是不会创造的"太监"式教育。

今天，我们已经懂得"行是知之始"，在中小学课程中设置了"综合实践课"，大学生也有社会实践活动课。但是这能解决问题吗？不能！实际的效果也是不多！笔者认为是因为我们的教育忽略了"说知"，忽略了推想，忽略了构建知识。忽略了这类知识和这种学习方式，那么"创新教育"就同样是空中楼阁。

从目前整个教育系统来看，我们缺不缺这种学习方式和这种知识，显然是缺的。我们很多学生学习了知识，却不能让这些知识形成自己的理论，把这些理论转化为技术、产品乃至商品。这后面依靠的不仅是实践性学习，不仅是继承性学习，更需要的是构建性学习，构建一个未知的，也许只有先在你头脑中存在的知识、理论雏形、产品形象等。人类的一切创造和发明的历史已经清楚地证明，任何新的知识或者物品的创造，都是需要经过"构建"这个过程。

讲"创造教育"，讲"生活教育"，同样不能忘却这个关键的阶段，没有"说知"的知识和"说知"的学习方式，生活就难以达到教育的最终效果，人类的生活就会不断重复祖先的模式。原始社会为什么比后面的奴隶社会和封建社会都漫长，因为原始社会主要是实践性学习，奴隶社会和封建社会增加继承性学习，但是我们又把实践性学习给放弃了，"手脑分离"，所以封建社会还是显得很漫长，

---

① 胡晓风，金成林，张行可，等．陶行知教育文集[M]．成都：四川教育出版社，2007：167.

现在，我们要补充构建性学习，把"说知"增加进去，西方的文化或教育中已经把这个构建性学习融入他们的教育中和他们的学校课程中，所以他们教育出来的学生更有创造性，因为他们的学生更加懂得按照自己的意愿来"构建"自己的未来生活。中国学生不比美国学生笨，而且，很多方面比他们还"聪明"，但为什么我们不能培养出创新型人才？这仅仅是因为我们没有找到正确的途径罢了。现在很多人主张要有创造精神、要质疑，要敢想敢做，要以人为本，要与生活实际相结合，这些提法都不会有大错，但本质不在这里。本质在于我们会不会"构建"。陶行知先生说："教育就是教人变化"，那么教育如何能够使人变化，变化的方向在哪里？方向不在别人手中，而是在我们每个学生、个体的心灵里，我们有这个心灵，却没有这个构建能力，我们就不会有变化，我们的教育就失败了，教出来的学生就是"工业的产品"。教育者始终要明白，知识是人的知识，不是动物的知识，也不是自然界本身的知识，任何知识，不夸张地说都烙印了人的属性，因此，知识处处都具有构建性特征，正是这种特征，也就需要每个学习者在学习的过程对知识进行"构建"。

如果要将其上升到学习规律，那么我们还需要补充一个环节，那就是认知的检验阶段是什么？显然是"行"，也就是"行是知之成"。笔者称之为"行知"，并且将之与"亲知""闻知""说知"区分开。这样，我们将"亲知""闻知""说知"和"行知"四者综合在一起，就是"亲知"是知之始，"闻知"是知之中，"说知"是知之终，"行知"是知之成，当然这有别于陶行知先生提出的"行是知之始，知是行之成"的二元论。这里还有必要辩论下，到底是"行是知之始"还是"行是知之成"。陶行知认为，知的开端是行，而笔者认为，"行是知之成"两者差距巨大，一者开端，一者结束。笔者认为以亲为知的开端，很简单就是指个体在认知过程或者学习过程中，亲自参与往往只能获得一些信息、经验，谈不上有深刻的认识，而当个体能够实践，并用实践去检验知识的时候，往往就是知识得到证明的时候，这个时候才能算是认知或者学习结束的时候。那么陶行知为什么要说"行是知之始"呢？其实，我们如果认真通读《行是知之始》这篇文章，会发现，陶行知先生始终论证的是"亲是知之始"，认为，"闻知、说知都是要安根在亲知里面"。

就"教学做合一"的内涵来说，就是教的法子要根据学的法子，学的法子要根据做的法子，或者说事情怎么做就怎么学，怎么学就怎么教，对教师来说教是做，对学生来说学是做，其实都是做，"我们主张教学做是一件事的三个方面：对事说是做，对自己之进步说是学，对别人的影响说是教"。如果仅仅坚持"做"的实践性学习，而忽视了"教"的继承学习和"学"的构建性学习，那么做的实践性学习就不能长久。所以，简单地把"教"也归为"做"，把"学"也归为"做"，把它们合一了，在某种程度上同一了，那就是大误区。但是陶行知先生还不至于这么容易出错，他说的"教学做合一"，其实也是告诉我们实践性学习、继承性学习、构建性学习三者紧密结合，是不可分离的，且以实践性学习为基础。那么这就会与前面说的三者是有"始""中""终"的关系相矛盾。其实，确切地说，三者是紧密不可分割的，任何学习都不应该脱离这三种学习方式，但是在学习的不同阶段中，三种学习方式中某个学习方式会显得更加突出。在初始阶段，实践性学习更重要，但是如果没有继承性学习和构建性学习，实践性学习也就难以为继。因此，陶行知先生非常强调生活教育也要重视书本的作用。动物是也有行动的，也是有学习行为的，但是动物的学习，最多可以归到实践性学习，后两种就很少了，当然继承性学习也有一些，但是不多，最重要的是没有构建性学习，所以，动物就一直保持他们祖先的生活方式，它们的生活，就不会有教育的内容和效果了。

二、新生活教育的三种学习方式的具体程序

（一）实践性学习方式的具体程序

陶行知先生说："行动生困难，困难生疑问，疑问生假设，假设生试验，试验生断语，断语又生行动，如此演进于无穷。"[1] 陶行知这段话的思想虽然是从杜威那里发展来的，但是我们这里不探究其来源，我们看看它给实践性学习提供

---

[1] 胡晓风，金成林，张行可，等. 陶行知教育文集[M]. 成都：四川教育出版社，2007：276.

了怎样的具体程序。

首先,"行动生困难"。生活中,许多人因为困难就退缩了,实践就停止了,这样一个人的生活就出现怠惰的状态,生活就显得不尽如人意。因此当行动中产生困难,我们要好好地分析这个困难,认识这个困难,这些困难通常表现在我们情感、学习、生活和工作的方方面面。对困难的认识,就要提出一个个问题。

其次,"困难生疑问"。很多人的确会思考自己人生中的困难,并提出一个个有价值和值得思考的问题。比如,一个人曾经与恋人相恋相爱,后来分手了,他可能提出这样的问题:相爱的人如何才能不分手?这样的提问有利于他探讨爱情中自己的表现和反思自己的恋爱行为,甚至有可能促进他研究爱情的学问。比如一个人早上总是起不来,他可以提这样的问题:如何才能治理自己赖床的习惯,继而思考如何治理一个人的懒惰。提问题很关键,它会促进我们去寻找答案。然而人生中的失败,也往往是因为提出了许多消极的问题,从而使得我们的注意力没有指向战胜困难,而变成逃避困难。

再者,"疑问生假设"。对待疑问,我们一般会给出一个初始的设想。这个设想如何进行,这个就是构建性学习要解决的问题。假设给出的答案当然是未被证明的。

然后,"假设生实验"。为了证明假设的正确或者错误,我们需要进行实验,实验是一种人为的实践,这种实践是人为的构建性学习,因为实验需要"构建"。当然假设和实验本身也需要继承性学习来辅助,否则如何假设和如何实验都有问题。

再接下来,"实验生断语"。这个过程就是从实验中获得总结的结论,对假设的修正和完善等。断语的产生同样离不开继承性学习和构建性学习。

最后是"断语生行动"。这样就从知到行,在实际行动中验证结论的正确性。这是实践性学习的主要特征之一。

总而言之,实践性学习虽然有着自己的具体的程序,却不能脱离继承性学习和构建性学习。从实际行动到获得新知到新的行动,这是实践性学习的具体程序,现在科学探究,不得不说,是这种学习方式的修正和完善。提出问题、猜想与假设、制订计划、进行实验、收集证据、解释和结论、反思与评价、表达与交流。这就是实践性学习。正如我们所知,像如何提出问题,如何猜想与假设,如何制订计划,如何构建实验,如何收集证据,如何介绍和结论,如何反思与评价和如何表达与交流，这些都依赖继承性学习和构建性学习，是实践性学习本身不能解决的问题。

（二）继承性学习方式的具体程序

继承性学习方式的具体程序是中国教育理论的主要创建，也是中国传统考试教育现实中孕育出来的。主要的创建者前有朱熹，后有张玉乐老师。比如，就读书而言，一般人往往只能继承到知识的两到三个层次，即某个知识"说的是什么？为什么这么说？怎么做？"的问题。而实际上，如果对朱熹的读书法进行提升和结合张玉乐《数字化思维学习法成为优秀学生的秘诀》一书所提供的核心方法进行提炼和扩充，那么继承性学习方式的具体程序就全面了。

第一步，"是什么"。要获得这个层次的知识，要求"读书需要将心贴在书册上，逐句逐字，各有着落，方始好商量"（朱熹语）。主要是搞清楚是什么？但不管怎么样，这个层次获得的知识是读者的设想或想象的知识。但是很多人读书和学习只达到这个层次，书本上说什么就以为是什么。由于有太多的想当然，获得的多是表象、假设层次的知识，其学习的效果可想而知。

第二步，"依据是什么"。寻找知识的依据，要获得这个层次的知识，要求"观书当虚心平气，以徐观义理之所在。如其可取，虽庸人之言，有所不废；如其可疑，虽或传以圣贤之言，亦须更加审择"（朱熹语）。这样做就是不为所惑。搞清楚来源和依据，这个层次的知识是读者的具象化知识，通过对知识依据的追问，搞清楚知识的来龙去脉，使得原有的设想和想象变得具体。这一层次获得的是经验的知识，化别人的经验为自己的经验。

第三步，"书上是怎么想起来要这样说"。要获得这个层次的知识，要求"使其言皆若出于吾之口，使其意皆出于吾之心"（朱熹语）。通过这个层次，读者可以搞清楚存在编书或写书人心中的先验的形式，从而达到"使其言皆若出于吾之口，其意皆出于吾之心"，让读者的想法和编写书的人的想法一致。

第四步，"书上这么说有什么意图，目的是什么"。要获得这个层次的知识，要求"读书不可只专就纸上求义理"（朱熹语），要达到知识的目的层次。让知识的目的和自己身上的目的一致。

第五步，"书上说的如何做？还能怎么做"。要获得这个层次的知识，就要"着紧用力"（朱熹语），"劳力上劳心"，在行动中去检验它或者创新它。

同样朱熹用学、问、思、辨、行五个字来说明学习过程。因此，每步的学习，也可以对应这五个字。学，学清楚是什么；问，问清楚为什么；思，思清楚怎么想到这么说的；辨，辨清楚这么说的意图和目的；行，践行如何做，并去创造知识。

同样，继承性学习也没有脱离实践性学习和构建性学习，比如，第一步"是什么"只是提供了问题，至于如何构建个体的设想或认为的见解和观点，都是一个构建性学习过程。其实后面每一步，都不可能避免构建性学习。因此，某种程度上，实践性学习和继承性学习提供了基础，而构建性学习需要在此基础上进行创新发展，这就是构建性学习的独特之处了。

（三）构建性学习方式的具体程序

构建性学习方式弥补了前两者学习方式的不足，这种弥补是通过构建性学习依赖的"思维工具"来实现的。实际上构建性学习的具体程序并非特别重要，但其依赖的构建工具非常重要。构建性学习方式认为知识都具有一定的结构，如果我们学习任何知识，事先知道它们的结构，那么可以举一反三，知道这个知识是否是全面、合理，是否是完善的还是需要补充。构建性学习是创造力的源泉，是新知产生的关键。

构建性学习的第一步是对需要进行学习的知识或者探索的知识识别其特征并选择合适的"思维工具"。第二步是运用"思维工具"找到该知识点的结构。第三步是结合知识结构进行构建知识，达到学习的目的，这种构建可用于假设、实验、断语、理论或技术等不同层面。由于构建性学习的对象——知识的结构是大大不同的，在构建的过程中，也充满变化。在众多复杂的知识中，笔者理出了划分知识结构的几个"思维工具"，正是这些思维工具的存在，知识的结构才能得出来，"思维工具"大致可以分为以下几种：

1. 宏观思维工具

包括一元思维、二元思维、唯物辩证思维、阴阳—五行思维和笔者主张的三元—五性思维，这些思维为我们提供了广大的视角，看到系统与系统之间的相互关系，成为调整经验，提升智慧的工具。比如，现在我国的许多学科体系都渗透了唯物辩证法，使得学科的发展建立在辩证唯物主义的基础上。辩证法的一分为二、对立统一等，就成了非常实用的知识结构划分工具，对理出知识结构具有重要的作用。

2. 学科思维工具

几乎每个学科都有其除了宏观思维工具而自身适合的一些思维工具，依靠这些思维方法和工具，学科的体系才能更好建立起来。比如数学的数形结合、归纳法、数学建模等。

3. 一般的逻辑思维工具

比如，类比、比较、综合、分析、推理、判断等。在进行知识体系化或者知识智慧化的努力中，私有知识都有一个长期的积累过程和使用思维工具进行改造和加工的努力。二者的结合，为我们创造越来越丰富的智慧。

一般来说，我们的教育在学科思维工具和一般科学思维工具方面还比较重视，在宏观思维工具方面以唯物辩证思维为主要内容，但是因为没有将宏观思维真正的渗透，导致在大学中，学生学习的内容非常狭窄，无法相互联系，知识是破碎的、专业化的，而且更多的是理论和技术，然而能够用来学习的理论和技术，往往被证明是有效的，也就是历史的、过时了的。所以很多大学生会说，上大学，学习这些知识有什么用？真正的作用，是从这些知识中，学到思维工具，以这些思维工具或改进的思维工具去进入生活中构建性学习，推动知识的进步。

三、新生活教育的三种学习方式的意义

通过对人类三种学习方式的关系及其具体程序等的探讨，我们将指出三种学习方式的意义。

（一）揭示当前教育主张的片面性

比如，强调实践性学习，却忽视了继承性学习和构建性学习。教育理论常常有这样的倾向，新的理念得到认同时，总是反对传统教育理念，不仅是反对，而且甚至有完全的代替。但实际上，事物的发展往往不是代替的，而是通过改变其结构来提升。我们以一个植物生长的原理来解释这个现象。树干的横截面的面积

和同一高度的所有枝杈的横截面的面积是相等的。这个植物生长原理告诉我们，事物的发展可能不是增长，而是以某种新的形式或者结构继续扩展，因为其扩展了，从枝桠到叶子、花，我们以为一切都是代替了，但是叶子和花不能代替枝桠，枝桠也不能代替掉树干的。同样，当我们强调实践性学习时，不能忘记继承性学习和构建性学习，反之亦然。

（二）进一步完善继承性学习的具体程序

为了进一步深化和细化继承性学习的实践步骤，我们将朱熹的读书法转化为一套更为具体和系统的学习程序或技术。这种转化不仅体现了对传统学习思想的继承和创新，而且在具有悠久考试教育传统的中国教育环境中显得尤为重要。它不仅能够帮助学生更好地理解和吸收知识，还能够促进传统文化的传承和发展。

朱熹的读书法强调了"熟读精思"和"温故知新"的学习理念，这些理念在现代教育中仍然具有极高的价值。通过将这些理念具体化为学习步骤，我们可以设计出一系列的学习活动，比如定期复习、深入讨论和实践应用等，使学生能够在学习过程中不断巩固和深化知识。这样的学习程序不仅能够提高学生的学习效率，还能够培养他们的自主学习能力和批判性思维能力。

此外，将朱熹的读书法转化为具体的学习程序，还能够帮助学生更好地适应现代教育的要求。在当前的教育体系中，学生面临着各种各样的考试和评估，而一套系统的学习程序能够帮助他们更好地准备这些考试，同时能够在日常学习中培养出良好的学习习惯和方法。

总之，将朱熹的读书法转化为具体的学习程序，不仅是一种对传统学习思想的继承和创新，也是对现代教育实践的一种有益补充。这种做法不仅能够提升学生的学习效果，还能够促进中国传统文化的传承和发展，对于中国教育环境的长远发展具有深远的意义。

（三）提出构建性学习的"思维工具"概念

构建性学习的"思维工具"，为前两种学习方式的具体展开指出了可以使用的工具，希望这个意义能够使得我们在教育教学中重视起"思维工具"的课程设置和教育教学，提供"君子善假于物也"的工具。

构建性学习的"思维工具"，为我们提供了在教学实践中具体实施前两种学习方式的策略和方法。它强调了在教育教学过程中，应当将"思维工具"作为重要教学内容，以此来培养学生的综合思维能力。这种做法体现了"君子善假于物也"的智慧，即君子善于利用外物来辅助自己，达到事半功倍的效果。在新生活教育中，主要的思维工具是居于"三元—五性"发展起来的"行心创"方法论。"行心创"分为"行知创""行情创""行意创"，这是三元思维的应用。"行知创""行情创""行意创"又各有五个进阶环节，这是"五性"思维的应用。新生活教育通过引入和应用"行心创"思维工具，能够更有效地改变课堂，如创设了"行心创"生活课堂。因此，重视并推广"思维工具"的应用，对于提升教育教学质量，促进学生全面发展具有重要的意义。

（四）三种学习方式为课程分类提供思路

如实践性学习方式，为综合实践活动课程提供较好的理论依据，继承性学习为考试教育的学科课程提供较好的理论依据，但是构建性学习方式的提出，却告诉我们，我们在这方面的课程设置缺乏，新生活教育，正是从这种学习方式，看到个体生活课程应该侧重构建性学习方式。也就是说新生活教育的三大课程对应了三种学习方式：如类体生活课程，侧重继承性学习；集体生活课程，侧重实践性学习方式；个体生活课程，侧重构建性学习。然而，三大生活课程其实都可以应用三种学习方式，只是相对来说，每种课程，有侧重的学习方式。

三种学习方式，也许不是一个结束，但它已经给我们提出新的研究课题。当前教育内容中的确缺乏自觉的构建性学习教学，对于很多人来说构建性学习还很陌生，这种陌生不是经历的陌生，而是理论把握上的陌生。重视构建性学习对于创新教育有本质的作用，对学生改造生活、变化生活、创造属于自己的知识体系具有重要作用。迎接新的学习方式，弥补了传统学习方式造成我国基础教育甚至高等教育缺乏创新、生命力的软肋。

第八章　新生活教育的教师成长

长期以来，教师对待成长总是从时间的角度去努力：如何更有效地利用时间，如何延长时间。在这种理念下，教师的工作时长不断延长，工作的密度要求不断增加，有效课堂、有效教学、管理的效率等都指向时间，时间不够用的焦虑成为教师普遍的焦虑。笔者认为，教师专业成长的范式有三种向度：早期受心理学行为主义理论的影响，带有工具性取向，教师的专业发展局限于"由外而内"的发展；直到20世纪80年代后期受认知心理学信息加工理论的影响，教师专业发展的研究才转为尊重教师主体性，"由内而外"的研究范式；进入21世纪后受后现代主义的影响，推崇"人境互动"的研究取向，倾向于"生态性"。[1] 毋庸置疑，教师成长的范式正在发生变化，教师正从教者到具有主体性的行动研究者，从研究者到具有主张性的实践者转变。然而，时间不会无故消失，自"从外而内"的效率性成长，到以人为本管理的"从内而外"的主体性成长，再到如今第四次工业革命以生活为本的主张性成长，于是，新生活教育视角下，教师成长的范式发生变革，给教师的自我成长逻辑、自我管理和自我学习成长提出了新要求。

---

[1] 穆洪华. 教师专业发展研究的现状及趋势[J]. 北京教育学院学报，2016（6）：17—24.

一、新生活教育之教师"行心创"生活成长逻辑

习近平总书记在 2014 年教师节前夕,提出"四有"好老师,[①] 包括理想信念、道德情操、扎实学识和仁爱之心,这些均是教师"心智"的核心要素。前三者正分别是意志维度的理想信念、情感维度的道德情操、认知维度的扎实学识,而"知情意"之心,应最终是"仁爱之心"。2023 年的教师节前夕,习近平总书记致全国优秀教师一封信,号召全国教师向教育家学习,学习教育家的精神。[②] 中国式现代化需要物质文明和精神文明相协调,中国式现代化需要建设教育强国,这都离不开"教育家型教师"的培育。教师是灵魂工程师,是精神文明建设的主力军。教师心智的不完善,势必影响中国式现代化精神文明的良好建设。新时代教师的培训要处理好教师实践力与精神成长相协调的根本问题。因此,新时代教师成长应该聚焦到培养出仁爱之心的教师上,而"行心创"正是落实这种培养目标的重要途径。

(一)"行心创"教师成长理念的内在逻辑

"行心创"教师培训理念又分成三个部分,即行意创、行情创、行知创。

1. 行意创:理想信念

从理想信念来说,除"四有"好老师强调理想信念,教育家精神也依然强调了理想信念的重要性。教师的理想信念并不是一句口号,其需要厚植政治底蕴、职业信念,并转化为人生需要,构建扎扎实实的人生蓝图,变成当下可以执行的计划和操作,成为人生的使命和习惯。

从意志维度来说,不同的人的意志水平不一样,但有五个进阶,分别是需

[①] 习近平. 做党和人民满意的好老师——同北京师范大学师生代表座谈时的讲话 [J]. 人民教育,2014 (19):6—10.

[②] 中国式现代化是中国共产党领导的社会主义现代化 [N]. 人民日报,2023—06—01 (001).

求、目标、计划、执行和习惯。首先是需求。人人皆有需求，大部分教师也都有做一个好教师的需求，被学生喜爱、热爱工作、为同事接纳和有归属感，这是意志力的初始水平，建构在这样的基础上的理想信念自然不牢靠。就目标来说，只有部分教师贯彻理想信念的职业规划或个人发展蓝图，没有目标和蓝图的理想信念自然也不高。其次，是计划，有些教师能够贯彻自己的发展蓝图，转化为每年度、每月度甚至每日计划，其意志水平可见一斑，理想信念的落地更为扎实。接下来是执行，能够将计划较好地执行，监督自己完成人生规划，这样的意志水平已经超越绝大多数教师，名师、卓越教师都应该具有意志力表现。最后是习惯，对于那些教育家型教师，他们将优秀、卓越变成一种习惯，每天都在奔赴理想，为了教育信念和信仰在奋斗，这样的人生也已经成为他们的习惯。

2. 行情创：道德情操

从情感维度来看，教师的情感不仅是对教学、对学科的情感，更重要的是还有对学生、对教育事业的热爱的情感，需要有教育情怀、道德情操。而这种教育情怀、道德情操的获得，源于他在教育场景中，总能够发现教育的独特价值，总能够充满热情和向往，积极投身教育事业，充满了要跟别人对接和改变别人的这种强烈的奉献精神和改造他人的意识。教育的这种情感还表现在他作为一个教师角色的责任和担当。所以教师情感的培养具有极其重要的意义，需要把教师培养成有教育情怀和道德情操。

"行情创"也有五个进阶，分别是情绪、价值、共情、联结和关系。首先是情绪，教师应该具有良好的情绪反应。在与学生接触和互动中，有许多教师在情感的第一个阶段就没有突破。常常是喜爱表现好的学生，厌恶表现差的学生，无法做到共情。第二阶段的情感水平是价值，这里指的是教师在与学生互动中，在教育教学过程中，总能发现其有价值的一面。事物皆有对立面，对人而言，可能表现为对其是否有价值。对教师而言，要有一双发现教育教学活动中的一切有利于教育的、有价值的一面的眼睛，如此才能摆脱情绪的不良反应，走向较高水平的情感维度。发现每个学生的闪光点，这是教师道德情操升级的敲门砖。若教师眼里只有学生的问题，讨厌学生，那么就难以遵"道"而教，自然无"德"，其言与行很难有道德可言。第三阶段是共情。共情即对学生和人类生命的深切同情，有了这层的同情，才能更好共情，才能萌生较高水平的道德情操和教育情怀。第四阶段是联结，有了共情的基础便能够主动去联结学生，表达赏识、关爱和爱心，教育情怀就得到了较好的实践。最后是关系，道德情操的最高表现是建立并维护良好的师生关系。

3. 行知创：扎实学识

从认知维度上说，要关心教师专业知识和教学知识的概念体系和理论体系的构建，积累扎实学识。这个过程分五个阶段：问题或经验、概念、原理、技术和产品。

第一阶段，我们所处的起点是对事物的感性认识，这种认识往往来源于我们的直接经验。这些经验构成了我们对世界的初步理解，是我们认识事物的基础。然而，随着我们对这些经验的深入探索和思考，我们逐渐发现经验的边界并不是固定不变的，而是在不断地扩展和变化之中。在这个过程中，我们不可避免地会遇到各种问题和困惑，这些问题正是我们认知边界的具体体现，它们促使我们去进一步探索和思考，从而推动我们的认知向更深层次发展。因此，感性认识和经验构成了我们认知的基石，而问题则是推动我们认知进步的动力。在这个阶段，我们通过观察、体验和实践来积累知识，同时也在不断地识别和解决那些出现在我们认知边缘的问题，以此来丰富和深化我们对世界的理解。

第二阶段，认知的跃迁达到一定质变，即概念。正如《实践论》中指出的："社会实践的继续，使人们在实践中引起感觉和印象的东西反复了多次，于是在人们的脑子里生起了一个认识过程中的突变（即飞跃），产生了概念。"[1] 一个教师的概念认知水平，体现在教师需要提出自己的教学主张，而教学主张又是以概念理论体系的方式存在。倘若一个教师无法掌握提炼概念的能力，那么在其大量的教育教学活动中，就无法提炼自己的教学主张这个概念。

第三个阶段是原理，也可以说是规律、理论、模型等，当认知积累了一定概念，形成了概念间的必然联系，就逐渐进入认知的原理阶段。正如《实践论》所说："认识的真正任务在于经过感觉而到达于思维，到达于逐步了解客观事物的内部矛盾，了解它的规律性，了解这一过程和那一过程间的内部联系，即到达于论理的认识。"[2] 一个教师的成长不仅是学科知识的完善，课程理念、课程概念和理论体系的完善，还包括其关于教育教学的概念体系、理论体系的完善。

---

[1] 毛泽东. 毛泽东选集（第一卷）[M]. 北京：人民出版社，1966：262.
[2] 毛泽东. 毛泽东选集（第一卷）[M]. 北京：人民出版社，1966：262-263.

第四阶段是技术，也可以是方法、策略或方案。这是认知从理性阶段转化到创造阶段的中介环节。没有这个阶段，理论走向实践往往缺乏梯子，这是许多教师学了很多理论但无法运用到实践中的重要原因。

第五阶段是产品。《实践论》指出："认识的能动作用，不但表现于从感性的认识到理性的认识之能动的飞跃，更重要的还须表现于从理性的认识到革命的实践这一个飞跃。"① 所谓革命的实践，或者说"变革现实的实践"其实就是创造、改造世界。在物质生产中的变革现实的实践就是产品。对教师而言，认知进入产品阶段，也就进入各学科的改造现实的阶段。教师形成了自己的教学主张，有了主张的产品形态，能够上出其主张的课，形成论文和专著，并开展讲座等对外传播。由此，其认知则进入了高级阶段。

所以从整体上看，对于新时代教师的培养，必须围绕教师的心智开展培训，关心教师的认知改变、情感改变和理想信念的意志维度的改变。教师是自己的创造者，他们首先应该将自己创造成一个心智完善和健全的教师。教师心智之困，往往体现在知情意三个维度，在知情意的层级提升上存在障碍，让自身无法动弹。

4. 行心创：仁爱之心

在前三者之上，知情意而为心，最终教师归结为仁爱之心，成为中国式的教师，成为"四有"好老师。行心创是涵育整体的，没有理想信念、道德情操和扎实学识，就没有真正的仁爱之心，无法爱满天下。每一个维度的深入发展和跃迁进阶成长，都会带来更大的心胸扩展，仁爱之心就会得到巩固。教师原本有仁爱之心：有的小些，想的是好学生；有些大一点，想的是全班的学生；有的更大点，想的是全校的学生和全校的教师；有的更大些，想的是一个区域的学生和教师，还爱着家长，爱着区域的人民；有的更大，如陶行知，爱满天下。仁爱之心有大有小，理想信念的大小、道德情操的大小、学识的扎实与否，都会影响仁爱之心的大小。比如，有的教师理想信念有胸怀天下之志，胸怀人类之志，胸怀宇宙之志（宇宙即吾师——陶行知语），那自然可以很大；而扎实学识，有的教师有全人类的知识和只有学科知识，学段知识，那心胸的大小是不一的。

---

① 毛泽东. 毛泽东选集（第一卷）[M]. 北京：人民出版社，1966：262—263.

（二）"行心创"与教师的分层次进阶成长

继前述，教师培训还更应该围绕这三个维度进阶，即如何厚植理想信念、如何培养道德情操、如何积累扎实学识、如何完善仁爱之心而重塑师魂。这里的教师分层是根据已有相关的教师分层理论和教师培训的相关文件所涉及的教师分层，将教师分为五个层级：新师、教坛新秀、骨干教师、卓越教师（名师、专家型教师）、教育家型教师。这些不同名称的层次的教师，其背后的知情意层级，背后在理想信念的差异、道德情操的差异、扎实学识的差异，就是不同教师层次的差异的根源。下表是不同教师成长的层次，在知情意三个维度上的表现（见表2-8-1）。

表 2-8-1 教师成长的五个层次在知情意三个维度上的表现

教师成长的层次	扎实学识（行知创）	道德情操（行情创）	理想信念（行意创）
新手（新师）	经验（问题）：具有初步的教学经验，但不够丰富，能发现教学的基本问题	情绪：对教育教学的日常实践，具有正常的情绪反应，能识别自己的不良情绪	需求：教育教学的底层需求，有成为人民教师的需求和动机
熟手（新秀）	概念：善于总结教学经验，与新课标等概念关联起来，形成初步的概念意识，但概念还不清晰	价值：能发现教育教学的美好和价值，能看到不同学生的差异，因材施教，能从日常教育教学失误中看到意义	目标：具有人生蓝图，思考为谁培养人、培养什么人、怎样培养人，教育信念明确
骨干（学带）	原理：能够把握教育教学基本规律，需要学习教育家教育理论，能够应用理论，使得自己的教学经验有理论支撑，成为教科研的高手	共情：有怜悯心，同情弱者，关心弱势学生和群体，关注公平	计划：能够规划自己的职业生涯，明确自己的成长路径

续表

教师成长的层次	扎实学识（行知创）	道德情操（行情创）	理想信念（行意创）
名师（卓越、专家型教师）	技术：形成自己的教学主张，形成风格，教学流程清晰，教师观、学生观、课程观、教学观等概念清晰，相互概念关系原理清楚，并掌握先进的教育信息技术	联结：仁爱学生，奉献、关爱、赏识学生	执行：拥有坚定的理想信念和强烈的使命感，知行合一
教育家型教师	产品：先进的教育教学理念，形成教学思想，教学思想有一定影响力，有一定的传承人，开展实践推广，形成教学学派，进一步可构建系统的教育教学理论	关系：构建了教育教学的关系体系，具有仁爱之心、使命感，献身教育事业	习惯：为人民服务，牢记使命，知信行的理想信念，对教育具有信仰，能形成信仰奋斗的习惯并持之以恒

至于教师进一步超越教师的属性而成为教育家，教师不仅要符合"四有"好老师的要求，达到知情意三个维度的最高级，具有仁爱之心，还要具有教育家精神的另外两个方面：胸怀天下、以文化人的弘道追求和勤学笃行、求是创新的躬耕态度。① 也就是说，教育家要在"四有"好老师的基础上，还需要顶天能"弘道"，立地能"躬耕"。

二、新生活教育与教师的自我管理

日常中教育改革推行者常常挤占教师成长的时间。这意味着，在推行教育改

---

① 习近平. 习近平致全国优秀教师代表的信[EB/OL]. [2023-09-09]. http://www.moe.gov.cn/jyb_xwfb/moe_176/202309/t20230909_1079296.html.

革中，在教师从教者到研究者、从研究者到主张者的成长范式转型中，教师的成长管理将出现很大的矛盾。这种矛盾是不断增加的非教学性任务产生的时间量的增加与效率的矛盾。由此，缩减教师的实际工作时间似乎成了必须。然而，这条路行不通，笔者认为应从教师的生活方式进行转变。

（一）新生活教育之教师"易效能"自我管理

1. 易：新生活教育的成长管理之道

易，就是简易。教师的生活很忙，时间很紧，应该怎样看待成长管理？从新生活教育理论来看，教师之所以感觉忙，是因为教师面对多重的任务而无法将任务统一，犯了"劳力"与"劳心"相分离的毛病。比如教师既要教学，又要科研，还要评职称、迎接各种检查，一些担任中层管理职务教师还要处理各种行政事务。若是再要求其平时多读点书，多写点东西，教师一定说没有时间。有教师认为，教师的时间应该是在上班的时候，下班以后的时间不能算时间。这里的误区就是教师将工作和生活对立起来，无法做到"生活即教育"，生活即成长。教师认为成长必须要有特殊的时间保障。其实在生活中，教师可以解决大部分成长问题，比如陪孩子的时候琢磨养育孩子的学问，做事的时候琢磨做事的学问，写作时琢磨写作的学问。不应仅仅把读书、学习看作是成长，而且这样的成长有时候也没有想象中的那样有效。因为他们把学习与工作、工作与研究分开来看，该学习的时候也没有很好地研究，该工作的时候也没有很好地研究。而"生活即教育""社会即学校"的理念就是打破这种隔离，打通教师生活的各个领域，主张教师在工作、娱乐、日常生活中都是在学习、研究和成长；主张教师不论是在课堂上还是课堂外，在学校还是在家庭，都是在成长。这就是"简易"的成长管理观。简易即简单、容易，简易就是教师不必焦虑时间、不必另外找时间，也不必借口说没有时间，教师要将成长融入生活中的时时、处处、人人中，这是极简的成长管理观，时间随你而在，时间处处、时时都有。

2. 效：新生活教育的成长管理之术

效，就是有效。教师的生活如何才能更有效？许多一线的教师，有比较丰富的教育教学经验，但是依然无法应对一些棘手的问题，尤其是面临系统的问题。当工作量一多，就进入抱怨、拖延的状态，这个时候哪怕有时间，也会出现焦虑、拖延而导致时间白白浪费的现象。因此提出了教师成长管理的有效性问题。

陶行知先生曾提出"科学生活"的主张。科学生活主要阐述的是生活的过程，即"处处可以看出行动生困难，困难生疑问，疑问生假设，假设生试验，试验生断语，断语又生行动，如此演进于无穷"①。科学的生活之所以是科学生活，是因为常人行动生困难，困难生情绪、体验，而不是生问题，问题也不一定生假设，假设也不一定生试验。因此虽然经历了这样的生活，却没有时间的深度、厚度。倘若如此，教师的成长是非常受限的，行动了，做事了，却没有效果。不仅如此，倘若总是停留在经验层次，无法从经验中向概念、向原理方向成长，这样的成长也难以应对复杂的生活。因此，若想教师成长有效，就必须修炼这种成长管理术，过科学的生活，增强教师时间的深度，生活的厚度。

3. 能：新生活教育的成长管理之器

能，就是能够。成长管理需要可操作的工具，以确保能够执行。教师成长管理的工具是什么？如何确保教师能够执行？笔者认为，"过有计划的生活"就是"能够"成长管理之器的重要一种。生活教育认为，"每个人定计划，有计划的生活是有计划的教育。工作不要太散漫，也不要太紧张，要有一定的计划。没有计划，把应做的重要事情丢掉，同时反养成懒惰。有计划的生活，不要太忙，也不要太闲"②。没有计划的生活往往是凌乱的，缺乏统筹，也缺乏系统性。虽然不忙的生活不用计划，然而，也是因为能够系统计划，更多的事务可以进入到教师的生活中，能力就能得到锻炼。实际上，倘若一天有10项工作，不罗列出来，不记录下来，就需要不断记住，这是很难的事情。而实际上一天下来，好些事情会被忘记。这就是学生活教育的教师要过有计划生活的原因。此外，在成长管理工具方面，有非常多工具可以使用，这是不受约束的，只要成长管理工具是指向那些有利于提升教师执行力的工具。以上成长管理的各种问题，其本质是生活管理。而生活管理的关键是生活内容管理、生活方式管理和生活执行力管理。

（二）新生活教育之教师"易效能"自我管理策略

教师成长要范式转型，意味着成长管理要进入生活管理，这是新生活教育的

---

① 胡晓风，金成林，张行可，等. 陶行知教育文集 [M]. 成都：四川教育出版社，2005：276.

② 胡晓风，金成林，张行可，等. 陶行知教育文集 [M]. 成都：四川教育出版社，2005：332.

教师自我管理。教师的成长从时间增减、效率提升，转为行动方式的升级，这种升级就表现在内容、方式和执行力的升级上。

1. 新生活教育的成长管理"易"之道与教师生活内容的升级

几乎每个人都在生活中容易受到伤害，教师也不例外。受伤的人，会把自己与外界隔离开来，形成自我防御。教师成长的内容升级，恰恰是一个相反过程，要求教师不断与外界链接，自我开放，简单地生活。一方面要求教师增强三大关系的互动，即与世界的关系、与他人的关系和与自己的关系。在一堂课中，教师与世界的关系往往表现为与学科本质的关系；在与他人的关系中，表现为与学生的关系；与自己的关系表现在自信、自卑等自我认同关系上。这点是生活管理的最为核心的内容，因为以成长管理或者其他的管理视角来看，生活内容往往差不多，只是不同教师有不同的偏向。比如有的教师更加关注学科本质，有的教师更加关注与学生的关系，有的教师则只关注课堂中自己的表现，无视学科和学生。因此从生活的视角来看，就必须保证课堂的生活关系的三个维度。另一方面处于不同成长阶段的教师，与三者关系的多元性是不一样的。比如，以学生关系为例，处于一元关系状态的教师，在师生关系中，会以自我为中心，让学生围绕自己的思路转，学生稍不留心就可能触怒教师。处于二元关系中，师生能够对话，但是只能接受学生的好，不能接受学生的不好，师生关系常常处于紧张的状态中。优秀的学生必须时常表现优秀，才能得到教师的认可，因此会给学生压力、课堂氛围低沉。处于三元关系中，师生关系是创生的，教师视学生的不好为教学改进的重要突破点。因此，在生活内容上的升级是从一元走向二元、三元，这将减少师生间矛盾，减少教师内在的矛盾，有利于内心平和，提高意志力，提升时间利用效率。

2. 新生活教育的成长管理"效"之术与教师生活方式的升级

从生活方式的变革来看。教师成长方式的升级，是教师从"行动—体验"逐渐转向问题和原理层面。"行动—问题"是研究者的状态，在教育教学生活中，以解决问题为核心，拆解问题，逐渐突破教育教学的难点，从而走进成长的快轨道。"行动—原理"是主张者的状态，在教育教学生活中，要提出自己的教学主张甚至办学主张，就必须进入到教育教学原理层面，系统透析教育教学中的问题，从中找到解决问题的线索。（见表2-8-2）

表 2-8-2　生活方式的特征与角色转型的关系

生活方式	特征	角色转型
生活方式 1.0	行动—体验	教者
生活方式 2.0	行动—问题	研究者
生活方式 3.0	行动—原理	主张者

为提升一线教师真正的行知能力，促进教师生活方式的转变，笔者曾经主持了一项以陶行知生活教育思想为基本原理的教师成长实践挑战项目。该项目分成四个阶段。

第一轮：觉察自己的知情意，达到觉察自我，实现觉察力建设；第二轮：发现行动的困难，提出成长问题，实现学习力建设；第三轮：通过反思自己的教学或日常生活，包括自我教育，提炼自己的教学或教育主张框架，实现框架力建设；第四轮：通过践行自己的主张，实现执行力建设。目前已经做了第二轮阶段。以第二轮设计为例，第二轮的实践挑战是从实践中发现困难，形成问题，着手研究的实践，实现学习力建设。因此，第二轮要求参加培训的教师能从日常行动中构建问题体系，这是求得学问的关键。人们对日常生活的熟视无睹，是缺乏行知能力的关键。常人的日常行动和成长从经验出发，经验包括知情意行的感受和体悟，但这轮实践为了强化行知的学习力，从经验的困难和问题入手，建立个体生活力（某项实践挑战项目的生活力）真实问题体系，也即成长的基础。第二轮开展实践后，学员的感悟有："整理了这 21 天的问题，突然发现生活真的是困难重重，有些问题经过思考实践已经可以慢慢化解了，而有些问题则是百思不得其解，至今仍是问号，但这不妨碍我们的生活，反而带着问题去思考让生活变得更加充实而丰富了……经过这 21 天，才发现，生活中的没被解决的问题何止千千万，并非每一个问题都能有统一的解决办法，尤其是对于孩子……"（教师范水英，《以计划作为行动挑战》）"随着这 21 天挑战的进行，我尝试'顺藤摸瓜'，从表象思考问题的本质，让我的问题体系比较丰满。比如心得分享中，我就对'拼命工作使自己辛苦'这一现象进行分析，从'自身性格''外人的目光'和'内心的选择'三个角度进行追问，从而对生活常态进行反省，让自己更加理性。有时候，在建立问题体系的时候，随着分析的深入，我看到了我的内心不太愿意向别人敞开的一面。"（教师朱文，《以学习能力和统筹能力为行动挑战》）

3. 新生活教育的成长管理"能"之器与教师生活执行力的提升

再好的生活方式，依旧要面临执行困难问题，比如事情优先级、大的任务如何办、缺乏技能、缺少工具、如何与人合作等问题，这样的执行冲突几乎每个人都要面临。在提升执行力方面，生活教育的成长管理之器主要有五点建议：

第一，用计划的生活统整整个成长管理。实际上，优秀教师，随着解决问题的越来越多，工作、生活能力的增强，承担的事情越来越多，计划就成了必须要有的一件事，否则教师要么因为繁忙的工作进入压力状态——抱怨、拒绝和抗拒，从而成长停滞不前，要么继续以解决问题的心态，努力计划自己一天、一周乃至一个月、一年的生活，过有计划的生活，进入一种整体平衡的新成长方式。而随着能力的发展、事务的增多，未来的成长方式还需要升级到更高阶段。因此，在生活内容和生活方式升级的过程中就必然要过有计划的生活。

第二，不断升级长期需要的能力。作为教师，应重视提升一些要用一辈子的技能。如阅读能力，很多教师不懂得如何阅读，只是大致懂得精读、泛读，不懂得应该看什么书。读书的时候收获很少。又比如写作能力，教师一旦掌握写作能力，这种能力能够迁移到各个领域，不仅提升了思维能力，还提升了表达能力。此外还有很多教学技能，如语态、写粉笔字等也必须不断升级。

第三，成长管理还需要掌握工具。教师成长还需要掌握一些工具，比如像 Word 等办公软件，一旦掌握到一个较高的技能阶段，处理文教的水平就提高了很多，无形中就提升了成长速度。此外，像信息的搜索工具、制作视频的软件、记笔记、存储文件的云工具等都是教师应该掌握的技能。

第四，成长管理还需要学会授权，学会合作。一线教师要转变教学方式，从教转向学，解放时间。一方面，教师要学会授权、鼓励学生自治。很多事情，不是学习的内容，也要学会让学生自己自治。如班级管理，最好让学生多自治；如一些作业的批改，可以学生自己批改，使学生学会纠错，懂得检查作业，达到学习的反馈。另一方面，很多事情，教师与人合作，多请教同事，多借助文献、信息检索工具，能提高做事效率，从而节约时间。

第五，成长管理还需学会拆解任务的能力。"天下大事作于细，难事作于易。"李笑来在《把时间当作朋友》中写道："在做任何事情之前，通过关注'方法'去反复拆分任务，最终确认每个子任务都是可完成的，这是一个人不可或缺的功课。这样的习惯，会使一个人变得现实、踏实。"① 学会拆解，就是学会把大事和难事变细和变易的本领，而这是减轻大事、难事，对生活减压、生活解放的重要方法。

总之，教师的成长问题不是时间，时间每个人都有，教师要与时间做朋友。只有自身成长了，才能提高时间效率。因此，教师的成长问题，应该在生活中开展，因为每个人都有生活，而生活困难处恰恰是教师成长处。

三、新生活教育与教师的自我学习

陶行知先生说过："就科学教育论，其第一要素为教师。"② 教师成长是教师专业发展的重要内容，可见，教师的成长是我国基础教育中的大事情，它关系到我国教育质量的高低。教师的成长有许多制约因素，因此寻求促进教师自我成长的有效途径具有重要的意义。陶行知先生在《小学教师与民主运动》中说："我们做教师的人，必须天天学习，天天进行再教育，才能有教学之乐而无教学之苦。不学习只能做'教书匠'，当然疲倦，没有乐趣；坚持学习则会成为教育专家，岂能不体验到教育的幸福？"③ 他还说："要想学生好学，必须先生好学；惟有学而不厌的先生才能教出学而不厌的学生。"④ "时代在进步，社会在进步，偶一停留，就要落伍！所以必须及时好学。"⑤ 这些都是讲治学的重要性，而对教师如何治学，他的"五路探讨"法是值得借鉴的。

（一）从波斯纳的"教师成长公式"看陶行知的"五路探讨"法

教师的成长离不开教师公式揭示的规律，即"经验+反思=成长"，这是美

---

① 李笑来. 把时间当作朋友 [M]. 北京：电子工业出版社，2017：68.
② 陶行知. 陶行知全集（第一卷）[M]. 成都：四川教育出版社，1991：274.
③ 陶行知. 陶行知全集（第四卷）[M]. 成都：四川教育出版社，1991：633.
④ 陶行知. 陶行知全集（第八卷）[M]. 成都：四川教育出版社，1991：140.
⑤ 陶行知. 陶行知全集（第四卷）[M]. 成都：四川教育出版社，1991：609—610.

国著名的教育心理学家波斯纳提出的教师成长公式。至今人们引用这个公式主要是为了说明"反思"对教师成长的重要性。实际上"经验""反思"都是教师成长的两个重要方面,"经验"是"反思"的基础,那么"经验"包括什么呢?"反思"又意味着什么?教师自身治学如何应用这个公式呢?

首先,"经验"应该包括两个方面的经验,一是实践所产生的经验;二是继承他人的经验。其实这两者又可以认为是直接经验和间接经验。其次,"反思"意味着不是基于固有的经验(直接或间接)而是要进行整合、变形、创新、推想,这就是构建的过程。因此所谓的教师成长,其实是实践性经验、继承性经验和反思构建、推想相互作用下的结果。最后,对教师而言,其实践性经验是不丰富的,其继承性经验是缺乏的,其反思的能力也是不足的。那么教师应该如何改善这一状况呢?

陶行知的"五路探讨"治学方法是:体验、看书、求师、访友、思考。其中,"体验"对应实践性经验,"看书、求师、访友"对应继承性经验,而"思考"对应反思。这样我们可以看到,教师的成长公式与陶行知"五路探讨"有异曲同工之妙。而且陶行知先生的"五路探讨"是从方法上来揭示教师成长的途径。"体验"来获得实践性经验,"看书、求师、访友"来获得继承性经验,"思考"来达到反思和构建的目的。那么"五路探讨"治学方法的具体内涵是什么呢?

(二)教师的自学从"五路探讨"到三种学习方式

"五路探讨"治学方法是陶行知先生根据"行是知之始"及自动自得的原则,将《中庸》对学习过程"博学、审问、慎思、明辨、笃行"的表述倒转过来:"体验相当于笃行;看书、求师、访友相当于博学;思考相当于审问、慎思、明辨",据此提出"体验、看书、求师、访友、思考"这"五路探讨"的治学方法。

笔者的导师涂怀京博士在《陶行知学习能力培养思想述析》[①]一文中首先将"五路探讨"归结为三种治学能力,即"行以探知能力""博学征知能力""推想悟知能力"。所谓的"行以探知能力"就是指通过行,即主动积极的"体验",去探觅新知识的能力。所谓的"博学征知能力"就是指通过看书、求师、访友等方

[①] 涂怀京. 陶行知学习能力培养思想述析 [J]. 生活教育,2006 (5):23—24.

式去征求、获取知识的能力。所谓"推想悟知能力"就是指通过细密的思考推理以领悟、掌握知识的能力。需要说明的是五路探讨其实只能三分,然而它可以不仅仅是五路,可以是六路,如,可以增加"上网"这一路,这是因为五路探讨来源于《育才十字诀》,因其排在第五,故而只说了"五路"。

涂怀京博士还将陶行知的"五路探讨"与陶行知关于"行动是老子,知识是儿子,创造是孙子"① 作了意蕴、方式、阶段的观照,换句话说,"行动"是对应"体验","知识"对应"看书、求师、访友","创造"对应"思考",这种对应是意蕴、方式和阶段的对应。三者有着三代的关系,也就是在实际治学操作上有先后关系,有递进关系。

不仅是涂怀京博士所揭示的内涵,"五路探讨"与"教学做合一"与《墨辩》的"三知"也有异曲同工之妙,也有紧密关系。就"五路探讨"与"教学做合一"的关系而言,"五路探讨"之"体验"可以对应"做","看书、求师、访友"对应"教","思考"对应"学",这种对应是意蕴、方式的对应。这种对应揭示了"五路探讨"不仅仅有三分关系和先后递进关系还有合一的关系。

就"五路探讨"和《墨辩》的"三知"而言,我们可以看出,"五路探讨"是可以产生"三知"的好途径。所谓的"三知"就是"亲知""闻知"和"说知"。"亲知是亲自得来的,就是从'行'中得到的。闻知是从旁人那儿得来的,或由师友口传,或由书本传达,都可以归为这一类。说知是推想出来的知识。"因此不难看出,从"体验"出发形成"行以探知能力"可以获得"亲知"的知识;从"看书、求师、访友"出发形成"博学征知能力"可以获得"闻知"的知识;从"思考"出发形成"推想悟知能力",可以获得"说知"的知识。

上面提到的"行以探知能力""博学征知能力""推想悟知能力"三种学习能力其实正好一一对应实践性学习方式、继承性学习方式和构建性学习方式。实践性学习方式需要"行以探知能力",继承性学习方式需要"博学征知能力",构建性学习方式需要"推想悟知能力"。此外,就实践性学习而言,需要学习者亲身参与,在实践中、生活中进行学习,就是"亲知";就继承性学习而言,需要学习者通过对前人的思想、经验、理论进行继承,继承的途径可以是从师友那里听

---

① 胡晓风,金成林,张行可,等. 陶行知教育文集[M]. 成都:四川教育出版社,2007:327.

到，从书本上获得，就是"闻知"；就构建性学习而言，需要学习者进行推演、构想、反思，甚至有时需要学习者进行想象和幻想，就是"说知"。

以上三种学习方式适合任何学习人群，但如果就教师而言，"三知"就应该要具体化。也就是说"亲知"应该指向教师的教育实践成长；"闻知"应该指向教师教育理论成长；"说知"应该指向教师教育反思成长。

这三种学习方式摆出来，不难发现，实践性学习与教育实践成长是相关的，继承性学习与教育理论成长是相关的，而构建性学习与教育反思成长是相关的。更确切地说，教师若要在这三个方面得到成长，从而提升其自身素养，就可分别借助这三种学习方式。

至此我们可以得出这样的关系（见图2-8-1）：

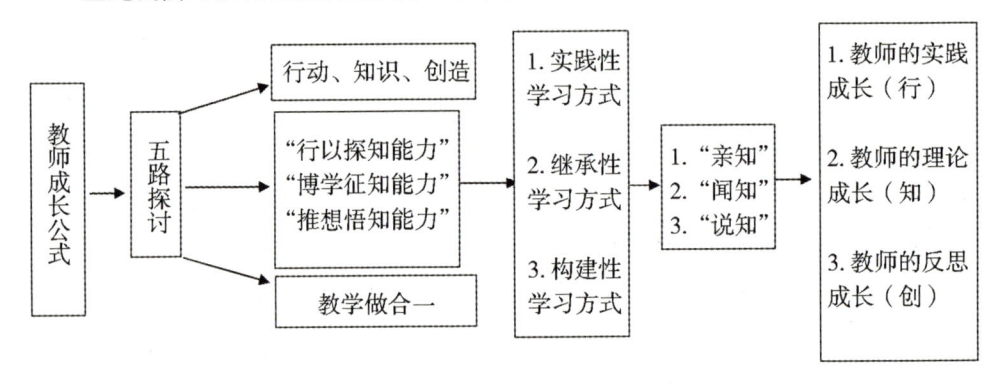

图2-8-1 五路探讨与教师成长的关系图

从图2-8-1可以看出，从教师成长公式出发，经过"五路探讨"内涵的扩充，"五路探讨"可以对应教师成长的三个方面即教师实践成长、教师理论成长、教师反思成长，最终也是指向新生活教育的"行知创"。而当前教师往往是教育实践不够丰富，教育理论不足，教育反思不透，在这三方面的确还有许多需要成长的地方。

（三）教师自我成长的三种学习方式

教师的成长说到底就是自我提升，本质上就是学习。如果教师能够在教育实践成长、教育理论成长和教育反思成长各有提升，也就是在教育实践成长方面有农夫的身手，在教育理论成长方面有科学的头脑，在教育反思成长方面有改造社会的精神，那么教师提高自身素质、实现个人成长是指日可待。由"五路探讨"

所衍生出来的三种学习方式是一个利器，它提供三种具体方式，并指向了教师的教育理论、教育实践和教育反思三个具体的领域。

1. 实践性学习方式与教师的教育实践成长

教师的教育实践往往不够丰富，有许多教师一辈子就待在学校教书，从书本中来到书本中去，三尺讲台就是一辈子。在有限的教育实践中，如果再缺少实践性学习方式，那么这有限的教育实践也就变成了千篇一律的重复，一年新鲜，十年就麻木了。陶行知先生说："行动生困难，困难生疑问，疑问生假设，假设生试验，试验生断语，断语又生行动，如此演进于无穷。"[①] 陶行知先生这段话为实践性学习提供了具体程序。科学探究是这种学习方式的修正和完善。提出问题、猜想与假设、制订计划、进行实验、收集证据、解释和结论、反思与评价、表达与交流，这就是实践性学习。教师应该通过日常的教育教学实践发现困难，提出问题，通过问题产生假设，通过假设设计试验，扩大和深化自身实践的层次，通过试验促进继承性学习和构建性学习。教师如果在实践中不发现问题，不解决问题，缺乏目的性和意识性，盲目被动，那就是尝试型实践。如果能够对行动中生成的困难，进行假设生试验，那就是反思性实践。如果能够进一步生试验、生断语、生行动，那就是创新性实践。在不同教育教学实践层级中，都应该贯彻实践性学习方式，以推动教育实践走向创新性实践，也有利于教育实践从问题出发，探索问题，解决问题，深化实践和扩大实践，问题只有越研究越明，越研究越多，越研究越宽，通过这种实践性学习，教师可以不断丰富自身的成长。

2. 继承性学习方式与教师的教育理论成长

教师的教育理论往往是不足的。教师在实践中遇到问题，应该要能够借助教育理论来解决，看书、上网，在网络上拜访名师、教育专家、学者，在当今来说都是很顺畅的。很多农村老师，书读不进去，往往是假知太多，吃得了空饱，就不吃了。因此继承性学习方式，要通过提问来让教师真正感觉到饿，有了饿劲，才会肯吃。陶行知先生说："学问千千万，起点一个问。"知道要问，和懂得如何问还是两回事，就读书而言，一般人往往只能问到知识的两到三个层次，即某个知识说的是什么？为什么这么说？怎么做？而实际上，继承性学习方式的具体程

---

① 胡晓风，金成林，张行可，等. 陶行知教育文集［M］. 成都：四川教育出版社，2007：276..

序包括五个步骤：第一步"是什么？"第二步"依据是什么？"寻找知识的依据。这样做就是不为所惑，搞清楚知识的来源和依据。第三步"书上是怎么想起来要这样说？"通过这个层次，读者可以搞清楚存在编书或写书人心中的先验的形式，从而达到"其言皆若出于吾之口，其意皆出于吾之心"（朱熹语）。让读者的想法和编写书的人的想法一致起来。第四步，"书上这么说有什么意图，目的是什么？"让知识的目的和自家身上的目的一致起来。第五步，"书上说的如何做？还能怎么做？""劳力上劳心"（陶行知语），在行动中去检验它或者创新它。继承性学习方式的五个步骤，有利于教师在接受前人教育理论而达到深入的境界，也有利于教师实践的深入和扩展。五个步骤，步步为营，深入地探索已有理论和智慧的一切内涵，导知于行，是教师在教育理论成长方面的一大利器。

3. 构建性学习方式与教师的教育反思成长

教师的教育反思往往是不透的，闭目塞听的乡村环境，无法将"小村庄与大世界沟通"[①]，也就没有改造社会的精神。教师的教育反思，本质上是对前两种所形成的理论与实践的经验进行反思，而若要使得反思具有效果，就必须依赖构建性学习方式弥补前两者学习方式的不足，这种弥补是通过构建性学习依赖的"思维工具"来实现的。"思维工具"如前述有三种：宏观思维工具、学科思维工具、一般的逻辑思维工具。

总之，教师自我成长可以借助符合教师成长公式规律的"五路探讨"法所衍生出来的三种学习方式。教师的教育理论成长、教育实践成长和教育反思成长是三个重要方面，也是符合陶行知先生培养活的乡村教师必须具备的三个条件要求。

---

① 陶行知. 陶行知全集（第二卷）[M]. 成都：四川教育出版社，1991：501.

第三部分

行知实验学校建设实践

第一章　行知实验学校的性质与建设问题

陶行知先生指出:"试验者,发明之利器也。"[①] "欲教育之刷新,非实行试验方法不为功。"[②] "凡是师范学校及研究教育的机关,都应当注重试验的附属学校。"[③] 在《试验教育之实施》一文中,陶行知先生特别指出"应该设立试验学校"[④],任何一所学校都可以开展行知实验学校。且任何一所学校在本质上都在"行知创"。至今,全国已经有 2000 多所这样的实验学校,其叫法有很多种,如"××行知学校""行知实验学校""陶行知思想实验基地""××陶研会实验学校"等。一般认为"陶行知教育思想实验学校"(以下简称"行知实验学校")是这类学校的总称。

---

　① 胡晓风,金成林,张行可,等. 陶行知教育文集 [M]. 成都:四川教育出版社,2007:26.
　② 胡晓风,金成林,张行可,等. 陶行知教育文集 [M]. 成都:四川教育出版社,2007:28.
　③ 胡晓风,金成林,张行可,等. 陶行知教育文集 [M]. 成都:四川教育出版社,2007:44.
　④ 陶行知. 陶行知全集(第一卷)[M]. 成都:四川教育出版社,1991:309.

一、学校教育实验的必要性与实验意义

（一）学校教育实验的必要性

受杜威实用主义的影响，陶行知先生十分重视教育实验。1917年回国后，先后撰写了《试验主义之教育方法》《教育研究方法》《试验主义与新教育》《试验教育的实施》等。如今百年之后，为了继续秉承陶行知先生的实验精神，我们尝试开展"行知实验学校建设与新生活教育"研究，使实践与理论创新相结合。

那么"什么是学校教育实验？"它泛指为了解决学校教育实际问题的教育教学实验。特指有组织的、有一定规模的、有特别准备的教育教学实验活动。通常指在某种教育思想指导下开展的实验活动，也有为了验证、实践和推广的目的。

为何要进行学校教育实验？我国的教育至今依然摆脱不了陶行知先生所批判的五个特点：一是依赖天工。是指依赖天工，待天垂象，俟物示证，成败利钝，皆委于气数。二是沿袭陈法。行一事，措一词，必求先例，即使没有先例也想参考，断难自我创造。三是率任己意。四是仪型他国。五是偶尔尝试。如此，若不用实验，从已有之固相，开新之教途，实在没有别的方法。因为这五个特点都是中国传统教育乃至现代学校教育的不作为表现，缺乏个体主观能动性的表现。如今，这样的特点又有所变化，一是听指示、执命令。上级教育主管部门怎么要求，下面就怎么做，教育是按照行政管理要求办。教育行政管理能达到什么水平，学校教育就能达到什么水平。二是校长怎么做，学校就怎么做。学校就是校长的，学校建设不好，校长负全责。可见，当下的学校教育，非得有自下而上的力量促使其有所作为，方能改变这种教育现状，打破当前教育的僵局。学校教育实验，有一种在实践中探索教育规律的意味，是另一种改革的样态。

（二）学校教育实验的意义

学校教育实验是学校推动教育改革的最好方式。正像社会改革一样，往往也是先实验后推广。

首先，学校教育实验一般要经过研究学校教育教学实际、提出实验目标、制订实验方案、执行实验方案、成果总结、成果研究、应用和推广等环节，是一个专业的教育行为。这有利于提高学校教育的管理水平、科研水平和发展水平。其次，学校教育实验一般要经过组织、研究、反复琢磨、集思广益、不断改进的过程。它给教师带来专业体验和行为跟进，是一般学校建设无法相比的。再次，如果学校教育实验能够写成实验报告和研究报告，那就更好了。若能推广，学校教育实验就是最佳了。最后，学校教育实验是推动理论实践化和实践理论化的重要方式，与常态的学校建设有所不同。不少教育教学问题和教育新理就是通过学校教育实验发现的。总的来说，学校教育实验有印证学理、实习学理、推广学理、创新学理的功能，是现代学校教育建设必须掌握的科学发展方式。

（三）学校教育实验的乱象

有的学校也开展教育实验，但乱象横生。一是失真，偏离教育教学的实际情况和真实水平，偏离了教育基本理念，偏离了以学生为中心，或抄袭、或闭门造车。有的是有名无实，以建设代替实验，照搬照抄。二是作秀，部分实验学校，只求形式，不求实效，只求一时，不思长远，功利思想严重，有利则为，无利不往。三是半途而废，实验仅仅开个头，不见成效就放弃，或人力、物力有变，就虎头蛇尾。四是低效折腾，实验大干特干，费钱费力，收效有限。五是缺乏科学，实验不按科学的方法来办，想当然，胡参考，想一出是一出，不能从学校的实际出发，从师生的实际需求出发，从学生中来到学生中去，成果出来后不能利用科学统计方法进行分析以求科学解决方法。

二、行知实验学校的现状、特点、定义及其办学目的

（一）行知实验学校的现状

据不完全统计，截至2024年这类学校在全国有两千多所，中国陶行知研究会各分支机构往往都有"行知实验学校"，而各省发展情况不大一样，大抵在陶行知先生的故乡、陶行知先生生前活动多的地方，行知实验学校发展得较好。据2014年的数据显示，安徽的行知实验学校数量最多，有近400所。江苏有350多所，广西有100多所，浙江有近70所，上海有40多所，四川也有几十所。笔者所在的福建省陶行知研究会早在1986年下半年，就曾创办了福州行知学校，到2003年福建省授牌了福建泉州惠安四中第一所省级行知实验学校，2014年福建省的行知实验学校达到40多所。截至2024年，已有80多所"福建省行知实验学校"。福建省行知实验学校的类别包括幼儿园、小学、初中、高中、职业学校和师范学校。就全国来说，发展势头还处于中等偏上水平。随着全国各地实验学校建设数量的增多，各地对实验学校建设的问题也有了一些反思，需要思考和研究相关的对策。

（二）行知实验学校的特点

通常认为行知实验学校有以下几个显著特征：一是学校领导有较强的学习、研究和实践陶行知教育思想的意识，学校师生对陶行知先生的教育思想、业绩和精神有较高的知晓率，校园文化有较浓的"陶味"。二是能够结合学校工作实际，经常性地开展各种形式的学陶师陶活动，有的还注意把学陶与学校的教育教学工作相结合，促进素质教育实施和新课程改革。三是开展有关陶行知教育思想的课题研究或实验研究活动，取得较为明显的成效，产生一定的社会影响。福建省的行知实验学校还需要经陶行知研究会组织授牌。但这些行知实验学校的特点是描述性的。如果从陶行知先生运用生活教育思想办的实验学校来说，行知实验学校

又具有以下特点：集生活教育实践、生活教育理论研究、生活教育教学、生活教育学术交流和生活生产于一体的培植生活力的学校。两者的差别在于，当今的行知实验学校不仅是运用生活教育思想办学的实验性质的学校，还是宣传陶行知教育思想、纪念陶行知、学习陶行知伟大人格和精神的学校。因此，我们认为行知实验学校是学陶、师陶、宣陶、研陶、践陶和创陶的学校。

（三）行知实验学校的定义

如果是从陶行知先生办的实验学校来看，真正的行知实验学校应该是"以生活为中心，集生活教育实践、生活教育理论研究、生活教育教学、生活教育学术交流和生活生产于一体的培植生活力的学校"。

中国陶行知研究会行知实验分会会长金林祥教授这样定义行知实验学校：所谓"陶行知教育思想实验学校"，就是借鉴陶行知教育思想，结合学校实际和发展需要，尤其是教育教学工作的实际和需要，努力营造学校学陶文化，创造性地开展各种内容丰富、形式多样的学陶活动，积极从事与陶行知教育思想密切相关的课题研究或实验研究，效果较为显著，有一定社会影响的具有实验性质的学校。[1]

福建省陶行知研究会 2012 年出台一份《关于加强福建省行知实验学校建设的意见》，也从功能性方面定义了行知实验学校："行知实验学校是师陶践陶的群众性学习、研究、实践活动的领头羊，是展示陶行知教育思想强大生命力的重要窗口，是实施素质教育、推进新课程改革的重要阵地，是发展陶行知教育思想、创新教育理论的重要平台。"

任何一所学校本质上都可以称为行知实验学校。因为任何一所学校，必定有行，有它的办学经验、办学生活，师生的日常也是教育教学生活。如何在实际的生活中求知，发现教育教学规律，建立其办学的治理理念、治理蓝图、治理能力乃至治理体系，是行知实验学校的根本任务。只是普通学校，通过授牌行知实验学校，走在新自己的学校和日常生活的前头，成为行知的领头羊而已。

因此，"行知实验学校"是改革日常教育教学，新学校、师生日常生活，用

---

[1] 金林祥. 加强"陶行知教育思想实验学校"建设 [J]. 民办高等教育研究，2011 (1)：4.

陶行知生活教育、新生活教育理论践行行知精神，构建学校治理理念、治理蓝图、治理能力和治理体系，办人民满意的教育的领头羊。"行知实验学校"的方法论是"行心创"。

（四）"行知实验学校"的办学目的

《中共中央、国务院关于深化教育改革全面推进素质教育的决定》中提出："实施素质教育，必须把德育、智育、体育、美育等有机地统一在教育活动的各个环节中。学校教育不仅要抓好智育，更要重视德育，还要加强体育、美育、劳动技术教育和社会实践，使诸方面教育相互渗透、协调发展，促进学生的全面发展和健康成长。"在《国务院关于基础教育改革与发展的决定》《国家中长期教育改革和发展规划纲要（2010—2020年）》都表达了"全面贯彻党的教育方针，坚持教育为社会主义现代化建设服务，为人民服务，与生产劳动和社会实践相结合，培养德智体美全面发展的社会主义建设者和接班人"。最近的国家政策文件中又把立德为先放在首位，因此，"行知实验学校"结合陶行知先生对道德的论述和"五育"的论述凝练成"立德为先，五育并举"这样一个办学目标。但是随着对行知实验学校办学认识的深入，新生活教育的提出，"行心创"方法论的凝练，我们还认为，培植生活方式（包含生活力和生活关系），是比"五育并举"更本质的教育办学目的。其实陶行知先生所谓的培植生活力是通过"健康的身体、劳动的身手、艺术的兴味、科学的头脑和改造社会的精神"来实现的，只是这种实现更加有"陶味"的是，以"教学做合一"即"在劳力上劳心"的方法和培植师生生活力的基础上增加生活关系乃至培植生活方式。最本质的特点即需要以培植生活方式为办学目的，以新生活教育为理论基础，以"行心创"为方法论。因此，"立德为先、五育并举、培植生活方式"可以作为当今行知实验学校的办学目的更能指导"行知实验学校"建设，这既与党和国家教育政策一致，如新课改的核心素养的关键能力对应生活力、核心价值观对应生活关系、必备品格对应生活方式，又符合了我们对教育规律的认识，以及对培养什么人的深刻期望。

三、当前行知实验学校建设的问题

行知实验学校建设既有对实验学校建设定位不清、性质不明的问题,有建设理论、建设路径、实验方法不足的问题,还有建设力量和建设的依靠力量关系不清楚的问题。

(一)定位不清楚且性质不明,面临内涵提升

由于每所学校要学习陶行知的目的不同,有的为了提升学校办学内涵,有的为了建设校园文化,有的仅仅是接触陶行知的教育思想之后感觉非常好,有利于师德建设。因此,学陶之后学校往往急于达成一开始的目的,而忽略了对实验学校本身的性质和定位探究。一些学校的实验就处于浅层次,无法深入,内涵提升面临困境。

(二)方法多是实习和推广,缺少发现和印证

实验学校的性质是实验,实验的功能有四种:发现学理、印证学理、实习学理和推广学理。可是大多数实验学校主要还是实习学理和推广学理。虽然实习和推广也是实验的两种形式,但是当前的实验学校,更多的应是创新实验学校建设的理论与实践,在实验学校建设的理论和实践模式没有得到稳定的情况下,实验学校应该多探索,而不是直接推广、运用。很多学校探索不足,东施效颦,甚至在效果尚不明显的时候,出现否定陶行知的现象。有的过于教条,有的过于想当然,以至于实验的不是陶行知的教育思想而是杜威的教育思想。更有实验学校建设出现了在实验项目、成果上,如论文、报告、汇报等用陶行知教育思想穿鞋戴帽的现象,对陶行知教育思想没有活学活用。

(三)没有常态化,路径不清楚

2012—2015年,福建陶研会对实验学校开展了年度调查工作。学校要将一

般情况、去年年度总结、今年工作计划、年度学陶活动、成果及实验学校一年的评估表在调查报告书中反映出来。这项工作对实验学校的建设情况有一个很好的调查。我们发现部分实验学校建设没有常态化，建设的路径还不是很清楚，每年的实验项目有的没有常规项目，有的没有攻克新的难题项目，有的实验学校只有一些基本的实验活动。作为省级行知实验学校，实验的程度远远不够，系统的建设模式更是妄谈。

（四）力量不足

一所实验学校需要有一个团队来做实验，而课题是凝聚团队的手段。实验学校内部的陶行知研究会是凝聚团队的一种组织，所谓有其名则有其为。我们常说，实验学校建设要靠校长，其实很多实验学校，可能就是校长要做，团队做得不够；有的实验学校，也靠最后的总结材料写得如何，实际做得也不够。通常校长热心、参与实验学校建设的队伍往往仅是中上层的教师，一线教师参与的还是不多，所以很多实验学校做不下去，做完了校园文化建设，就没有办法深入。没有办法发动一线教师学陶师陶也就缺少了实验学校发展的基层支持。此外建设的力量不足还表现在资金的支持，实验学校建设往往涉及经费问题，因此，教育部门资金的支持显得尤为重要，团队缺乏物质激励也是其不能持久的原因。

（五）政府、学校和社团三者关系定位不清楚

很多时候，实验学校建设依靠校长的热心，他们热心陶研就能做得更好，奉献得更多。但也有一些学校往往有依赖心理，依赖社团就像依赖政府一样，参与社团的活动要像教育部门一样有效益，这样教师才肯干，否则校长也难以调动学校的教师来做陶研。如果这样想，那么这样的学校陶研是做不好的。行知实验学校是陶研社团授牌的，做的实验也是校本实验，是为了学校发展。教师要从心里去喜欢陶研，才能做好。做陶研老想着评职称有用，教育部门承认，那干脆去做教育部门的课题，参加教育部门组织的活动。很多学校参加教育部门的活动无果，就想走这条路，这是行知实验学校要想清楚的问题。加入行知实验学校应出于向往、对组织的热爱，为陶研事业出一份心的决心，而社团也会尽其所能地去帮助学校发展。更多的时候，实验学校的教师应该要多一份精神。陶行知先生说："精神不是靠钱买的。"

四、行知实验学校建设的问题分析

（一）理论和模式没有建立起来

要建设行知实验学校，表面上看，要运用陶行知教育思想，而陶行知教育思想的产生环境和理论形态并不是天然地适合当前中小学建设。比如，陶行知先生办学是私立学校，而当前学校大多数是公立学校，办学的自主性和独立性都有很大约束。陶行知先生办学可以自己设计课程，而当前学校的主要课程是国家课程和地方课程，校本课程占有的课时有限。陶行知先生的办学空间和办学学时是灵活的，而当前学校办学的时间和空间都有限制。种种差别都需要推进陶行知的生活教育当代化，探索生活教育在学校教育生活中的新的理论和实践形态。行知实验学校的理论包括实验学校建设的目的、实验学校的性质、定位、建设内容、路径、保障机制、实验学校与陶研社团和当地教育部门关系等。福建省陶行知研究会，至今有20多年"行知实验学校"建设的历史。福建省陶行知研究会自1984年成立，前几年都重点"学陶""师陶""研陶"，2003年之后才开始"陶味"校园文化"宣陶"建设，建立行知实验学校。初期开展实验项目并不多，很多实验学校建设水平上不去。对实验学校能发展到什么程度、如何改进，以及改进的路径是什么并不清楚。有的行知实验学校建设，建设了几年就失去了动力，无法进一步推动实验学校往深层次发展。本质原因是适合当前课改和时代发展的实验学校建设的理论不清楚，建设的项目和方法不清楚。本书的核心主题"新生活教育"不能说不是根源于此。

（二）受到考试教育等教育体制的影响，功利主义价值观对实验学校建设影响很大

一方面，受考试教育的影响，学校改革的力度也受到影响。考试教育与生活教育天然的对立问题还没有找到合一的思路。学校和教师往往只能是一边忙应

试，一边忙生活，二者分离，形成两张皮，做得不很好。另一方面，受到教育体制的影响，如评职称、绩效等，功利主义价值观的影响挥之不去。有的实验学校教师和校长，往往搞点教育活动，参加论文比赛、课题研究就要有直接效果，否则就没有积极性。可以肯定的是，搞实验学校活动，搞得好必定是有效果的，参加陶研社团活动获得的奖励也许不能用来评职称，但是这些文章和课题也是可以用来参评其他活动。有的校长也不善于对参加陶研活动的教师进行激励，没有做好引导学校陶研活动的制度和机制保障。而真正陶研会搞实验学校建设是为了更好地实施素质教育，提升学校的内涵发展和促进陶研事业发展。陶研社团的公益性会更多地体现陶行知教育精神，对功利主义是持反对态度。此外，教育体制对学校的束缚，导致学校的主体建设地位不突出，学校总有等、靠、要的思想。

（三）对实验学校建设力量的培训不足

搞教育实验，需要科研的精神和能力。学校建设需要一支科研和实验队伍。实验学校建设缺乏这样的一支队伍，缺乏相关的培训和培养，很多实验学校去外省参观然后把经验带回本校，进行探索和推广。其根本原因是培训不足。但是目前陶研培训也有诸多问题：一是如何设置实验学校满意的课程。二是实验学校教师需要的培训课程，陶研会能否组织专家来培训。三是有的实验学校教师参加这种培训还不积极，因为没有培训证书；有的因为地方教育局不支持社团组织的培训工作，所以想出来培训并不容易，培训报销有困难。四是陶研的培训课程有些和新课程的培训没有差别，请的专家也不一定是陶研领域的专家，而陶研领域的专家对实验学校建设的具体问题的研究也不多，有研究的也不一定有培训的资格。然而还是要克服这样的问题，加强人才培训和培养工作是陶研事业兴旺发达的源泉。

第二章　行知实验学校是高质量活力型系统

新时代，学校教育进入高质量建设的内涵发展，高质量发展主要表现在多个维度，有指向经济效益的高质量，有内在系统均衡、优质、活力发展的高质量，[①] 有指向社会效益的人民满意的外在高质量。我们就探讨学校建设的角度来说，希望是首先建设每个学校的内在系统，从而最终达到高质量的内外统一。对于所有想将学校走向行知实验的道路上的，就必须看懂行知实验学校是一个什么样的内在系统，这个内在系统又当如何实现？而回答这个问题之前，必须将行知实验学校这个系统置于中国教育发展的大局下。

一、"建设高质量教育体系"是当前中国教育发展的大局

党的十九届五中全会通过的《中共中央关于制定国民经济和社会发展第十四个五年规划和二〇三五年远景目标的建议》（以下简称"规划"），明确了"建成教育强国"的远景目标和"建设高质量教育体系"的重大任务，为今后一个时期教育改革发展描绘了清晰蓝图，提供了根本遵循。"规划"指出了"建设高质量

---

① 周志平. 高质量时代学校教育微观公平：价值、理念与实践 [J]. 福建教育学院学报, 2021 (7)：109—112.

教育体系"是当前中国教育发展的大局,而笔者认为教育公平和教育质量是这个大局的关键要素。从实际情况看,高考之所以难改革,也是被教育公平这个大局所决定;教育发展之所以不平衡,也是因为要用有限的教育资源最大化教育质量。如今,从教育改革的困难来看,我们过去对教育公平和质量的理解可能还不够,有必要进一步认识这个大局,才能找到"建设高质量教育体系"的出路。

教育公平是指国家对教育资源进行配置时所依据的合理性的规范或原则,是指每个社会成员在享受公共教育资源时受到公正和平等权利的对待。教育公平有三个方面:一是教育结果公平(优质)。二是教育起点(机会)公平(均衡)。三是教育过程公平(活力)。中国基础教育公平正进入过程公平阶段。教育过程公平是通过提供给受教育者相对平等的受教育过程来实现的。这里强调"相对平等",意即并不是给所有学生无差别的教育教学。相反的,教育过程公平首先强调从人格上平等对待学生,为学生发展提供内部动力;其次强调差别对待学生,旨在满足不同学生的学习需要,使学生的差异性得到优化发展。

当前提出发展教育质量应该是以公平为前提的教育质量提升,教育质量的评价着力点应该关注三类公平的发展成效。教育质量应是衡量教育公平的发展成效。

二、推进教育公平和质量的三种教育系统假设模型

从教育公平的三个方面,可以发现,不同的公平,教育系统的功能将发生变化。因此我们依据公平形式,提出三种教育系统假设模型。

(一)结果公平:效率型教育系统

在教育公平发展中,最容易关注的就是结果公平,追求差异化的优质教育,尤其在中国社会主义经济和政治体制下,对集体中的个体而言,不患寡而患不公,这"不公"首先关注在结果上,择校热、学区房都与此有关。而教育公平也最先追求结果公平——优质。为了追求结果的效率,一种效率型教育系统就逐渐

形成。本质上说效率型教育系统是由于追求结果效率的"差等统一体制"造成的。"差等"是内部实施等级分配原则。学校分重点和一般，分城市和乡村，班级分重点和一般，这种差别也使教育资源分配存在差等。"统一"是教育体制具有统一性，即全国的教育体制具有类似统一性，全国一盘棋，教育内容、学制、考试等具有统一性。差别化造就效率，统一化使得效率得到实现。当前有许多这种追求效率的教育系统，比如衡水中学。因此可以用效率型教育系统来解释。

（二）起点公平：均衡型教育系统

近年来中国基础教育正在开展均衡型教育系统建设的改革。这场改革，是促进教育起点公平的改革。我们常说效率优先兼顾公平，公平就是均衡。随着社会的发展，中国教育体制应该从将效率优先发展转为均衡优先，但并不意味着教育不要结果，不重视效率。在国家"十三五"规划中提到了"加快基本公共教育均衡发展"的丰富内容，其中提出了许多具体的均衡措施，如"建立城乡统一、重在农村的义务教育经费保障机制，加大公共教育投入向中西部和民族边远贫困地区的倾斜力度""科学推进城乡义务教育公办学校标准化建设，改善薄弱学校和寄宿制学校办学条件，优化教育布局，努力消除城镇学校'大班额'，基本实现县域校际资源均衡配置，义务教育巩固率提高到95%""加强教师队伍特别是乡村教师队伍建设，落实乡村教师支持计划，通过政府购买岗位等方式，解决结构性、阶段性、区域性教师短缺问题""改善乡村教学环境。鼓励普惠性幼儿园发展，加强农村普惠性学前教育，实施学前教育三年行动计划，学前三年毛入园率提高到85%"等等这些都反映了党和国家对教育均衡的重视。因此打造教育系统的均衡，存在均衡型教育系统。

（三）过程公平：活力型教育系统

活的教育思想，是陶行知先生在20世纪初提出来的教育办学思想，它以生活教育理论为指导，通过"生活即教育，社会即学校，教学做合一"等理念，培养学生做"人中人"，做"真善美的活人"，它发展民主教育和创新教育，对中国的基础教育至今仍有重大影响，是基础教育改革学派中重要的一股力量。

早在2016年，国家发布的"十三五规划"提出了"增强教育改革发展活力"的重要内容，如"深化考试招生制度和教育教学改革。推行初高中学业水平考试和综合素质评价""全面推开中小学教师职称制度改革,改善教师待遇。推动现代信息技术与教育教学深度融合""依法保障教育投入""实行管办评分离,扩大学校办学自主权,完善教育督导,加强社会监督""建立分类管理、差异化扶持的政策体系,鼓励社会力量和民间资本提供多样化教育服务"等。但陶行知教育思考实验学派是侧重个体层面的活力改革,主要解决以下几个问题:一是教育主体的活力;二是教育内容的活力;三是教育方法的活力。以教育主体的活力为例,它包括教师和学生的活力,效率型教育系统也能短暂或某种狭隘区域区间激发教育主体的活力,如考试期间、检查期间、重大政策实施期间等。而活力型教育系统则能长期保持教育主体的活力,使教育主体处于良好的活力状态。

三、三类教育系统模型之间的关系及完善现代教育体系

国家通过推进教育公平和提高教育质量来完善现代教育体系。那么将造就怎样的现代教育体系?不同的公平阶段,造就不同的教育系统,不同的教育系统,将塑造不同的教育体系。

(一)三类教育系统模型之间的比较

上述教育系统模型,效率型系统、均衡型系统和活力型系统三类系统各有特色,且在不同层面和维度上展现出各自的优势与局限。我们将对这三类系统进行详细的比较和分析(见表3-2-1)。

一是系统的功能不同。效率型系统针对结果公平,均衡型系统侧重起点公平,活力型系统重在解决过程公平。

二是系统中主体力量不同。效率型系统是共的层面,是在全国的层面进行推进,是一个统一性,共性的教育系统,推动这个主体的是中央政府或教育部;均衡型教育系统,一般限于经济发展的实力,是在区域进行推进,是地方层面的,推动主体是地方政府或地方教育部门;对活力型教育系统来说,它的主体绝对不能是全国层面,也不能是区域层面,它是个体层面,是一个学校、一个班级、一

个教室或一个教师和一个学生这种微观的具体的层面，因此活力型教育改革的权限应该下放到学校甚至班级。

三是系统的依靠基础不同。效率型教育系统的发展逻辑体现了权力运作的效率性，依赖权力。均衡型教育系统非常依赖经济基础。活力型教育系统以文化和教育思想为根基。

四是系统的价值追求不同。效率型教育系统，追求效率价值，追求优质，但可能崇尚分数为王、胜者为王，而极有可能不顾教育规律，不顾个体实际，使优质陷入困境中。均衡型教育系统，追求均衡，由于是地方政府层面的推进，极有可能只关注硬件层面的均衡，物质条件的均衡，而无法深入课程、教学方法的软实力的均衡。活力型教育系统，追求差异，追求个体的活力，关注文化、课程、教学法等是个体层面。

五是系统的微观运作不同。效率型教育系统，专注国家（类体）学科课程，以考试为准，考什么教什么，理论与实践相统一，开展"教学做统一"教学；均衡教育系统，在学科课程上增加出集体活动课程，以能力培养为准，提倡探究学习，实践"教学做合一"教学。在活力型教育系统中，发展出个体生活课程，提倡"教学做同一"教学，在生活中、在困难中学习，改进生活，改进教育。唯有加入个体生活课程才能解决过程公平。

表 3-2-1　三种教育系统模型的比较

要素 类别	效率型教育系统模型	均衡型教育系统模型	活力型教育系统模型
功能作用	结果公平	起点公平	过程公平
主体力量	中央政府及教育部门	地方和基层政府和教育部门	教育家、家庭、师生和学校、社会组织
依靠基础	权力部门	经济基础	文化或教育思想
价值追求	优质	均衡	活力
微观运作	国家（类体）学科课程；"教学做统一"	学科和集体活动课程、具有特色的学校发展；"教学做合一"	个体生活课程；"教学做同一"

三个系统，除了对比关系，其实后一个系统包含了前一个系统，它们构成了一种包含关系（见图 3-2-1）。

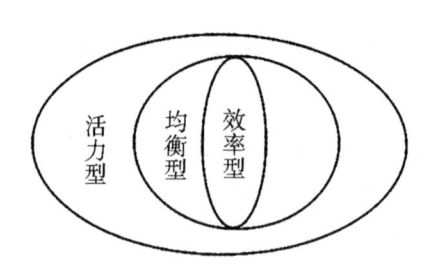

图 3-2-1　三型教育系统的关系

（二）建设高质量教育体系

本文假设现实中任何一个学校教育系统可能是上述三个模型之一。好的均衡型系统包含了效率型系统。好的活力型教育系统包含均衡型和效率型系统。但实际的学校可能均衡而没有效率。因此好的均衡系统应该包含效率型系统。

效率型是基础，均衡型是关键，活力型是目标。从这个角度，我们可以认为，任何一个学校教育系统，首先应是效率型系统，但为了让效率更有效率，就逐渐在效率中增加均衡内涵，然而均衡本身会提升效率，达到一定程度，又会降低效率。由此，在临界点之时，又要进一步发展活力，让均衡后重新焕发活力。作为新生活教育的行知实验学校，是要构建活力型的教育形态，这样的教育系统，内部是均衡和效率的，其内部有权利、经济和文化三种作用力。当前许多学校一定程度上实现了优质、均衡，或者一定程度上是差异的优质，正在走向均衡的优质。而下一步，就是借助行知实验学校的理论，走向"御物行知创"之路，构建自身学校的治理体系，从而有了文化治校，有了活力型教育系统。

假设一个好的教育系统，是这样的教育系统：对得起结果公平，能够应对考试评价。在结果上，我们培养的学生，有能力，有水平通过考试，获得一个较好的学业成绩；对得起素质教育，在起点均衡上，要使得教育资源配置上有利于人的素质发展，近年来正在实施核心素养的新课改，这将进一步落实中国教育要发展学生怎样的素养，而这些素养要能够发展，应该首先在起点上给予合理、充足的教育资源，做到教育资源的均衡；对得起人本教育，在过程公平上，追求文化活力，教育应该关注开展生活教育，促进教育有利于个体生活的改进，过程的快乐，个体的自由，个体权利平等，个体的活力发展。

据此，笔者假设"建设高质量教育体系"应该是活力型教育系统。在实践中应充分合理地发展上述三个教育系统。因此，首先应重视效率型和均衡型系统建设。这是由公共教育的基本属性决定的，是其依靠基础、主体力量和发展阶段决定的。因此，这两个系统的建设最容易达成。其次要重视过程公平的活力型教育系统，但这是政府和经济力量无法深入解决的问题建设。由此，政府应该大力贯彻国家教育规划中出现的新举措，如要大力依靠社会组织，提倡教育家校长和教育家型教师办教育和教学，要发挥教育家办学来提升教育活力，构建活力型教育系统。

四、行知实验学校的高质量活力系统建设的策略

对陶研界来说，一般无法深度参与中国基础教育结果公平的工作（行政力量为主），也无法深度参与中国基础教育的起点公平的工作（经济力量为主），这造成过去30多年陶研发展的缓慢，甚至使许多人丧失了对生活教育理论的信心。实际上陶研界能够深度参与的主要是过程公平的工作（文化力量为主）。当前学校教育正在从公共层面转型到微观个体层面，学校教育微观公平的提出，教育过程公平正在深入到学校、教师、学生、家长的日常生活，"生活即教育"的过程公平正在来临。因此陶行知先生提倡的生活教育理论，从生活改进出发，在效率（差异优质阶段）和均衡（均衡优质阶段）的基础上，构建活力型教育系统，对促进中国基础教育新阶段的发展具有重要作用。

（一）深刻把握陶研工作与中国基础教育的关系

改革开放后的40多年中，中国陶研工作与中国基础教育的关系进行了两个阶段：

第一阶段，陶行知教育思想独立探索、实验，在部分区域甚至有引领中国基础教育发展的趋势，中国陶研在尽力服务中国基础教育改革。这个阶段，陶行知教育思想得到恢复，中国基础教育酝酿社会主义教育改革之路。陶研界希望生活教育是社会主义教育改革的主要教育理论来源。

第二阶段，中国基础教育开展体制改革和课程改革，中国教育进入全面公共层面的改革，陶研逐渐变成支流。这个阶段，由于陶研界的社会组织特征，它虽为支流，但是却不忘主流，服务主流，逐渐开始了生活教育复兴与新发展。一些陶研界专家学者，在理论和实践上不断解读和创新，生活教育新路初具雏形。

如今，进入第三个阶段。随着中国基础教育逐渐完成效率和均衡两个公共层面教育系统内核的构建，中国基础教育进入微观发展领域，它要求教育必须侧重按照符合学生身心发展规律进行开展，教师必须具备教育思想和教育理念，有自己的教育教学主张，它要求教育微观要素具有活性。而这个时候，教育家思想尤其显得有用，弘扬教育家精神，倡导教育家型校长办学，教育家型教师从教，激活教育活力成为这个阶段的热点。陶行知生活教育思想作为本土的教育思想，又非常契合中国教育过程公平提高教育质量的第三阶段改革。那么，陶研界应该大力步入第三阶段，陶研工作要服务中国基础教育活力型教育系统建设和发展，一要大力以教育家精神（行知创精神）培育教育家型校长和教育家型教师，为高质量的活力型教育系统建设提供人才基础；二要积极高质量地构建活力型的行知实验学校的办学文化，开展办学文化的梳理，落脚点是助力校长和教师形成办学主张和教学主张。

（二）努力促进生活教育当代化，开展新生活教育探索和实验

陶研的未来在于生活教育当代化和对新生活教育的探索和实验。陶研界要明确自己的历史使命，确定自己在第三个阶段推进中国教育发展的价值和地位，它要用生活教育宏大的教育思想，用陶行知先生博大的教育胸怀，用先生伟大的教育精神来构建中国教育发展的教育平台。而要促成这个平台，就必须推进生活教育当代化，与时俱进，与各大教育学派对接、融合，甚至引导和深化，真正建设具有活力的现代学校，完善现代教育体系，携手共同服务中国教育发展的大局。

认识到生活教育当代化的目标在哪里是陶研界当下必须明白的问题。首先，生活教育当代化必须要解决好组织的问题。一个好的组织，必须是有理论的组织，有方法的组织。中国陶行知研究会强调思想立会，我们的思想是什么？是生活教育的组织即力量。我们的组织是建立在会员的基础上的，可是会员是散的，组织就没有真正的生命力，宣传就失去的真正的对象，我们就是在为假想对象服务，所以，必须要明确到服务的对象，没有扎实的会员（包括行知实验学校这类

的团体会员），就没有陶研的生活教育当代化。其次，生活教育当代化必须解决理论问题，生活教育理论必须求新，必须有新的发展，唯有新（动词）生活教育理论才能更好融合和引领当前教育理论的丰富性。最后，生活教育当代化必须解决实践问题。没有生活教育的师生和学校、社会的实践，就没有生活教育的当代化。这种实践必须最终与新的生活教育理论相辅相成。

（三）生活教育当代化在于推进行知实验学校内部开展活力型教育系统建设

陶研的未来在于生活教育当代化，而生活教育当代化在于推进行知实验学校开展活力型教育系统建设。脱离活力型教育系统建设，生活教育当代化就失去了根本方向。政府公共层面也有许多作为，可以从学业评价、管办评分离、改革教师职称、提高教师待遇、保障教育投入、扩大学校自主办学权等出发，推进教育活力。而这些政府的公共政策，将有利于生活教育新路的发展，它能解放和激活个体，让个体减少起点不公平的焦虑和减少结果不公平恐惧，从而能专注现实，立足现实，进行过程公平的努力。生活教育的新路，就是促进现代教育关注过程公平，创造过程公平。

陶行知先生较早关注教育过程，倡导学校应该制定生活历来代替校历。生活历是过程历，要不违背社会发展规律，也不违背学生成长规律。这样的过程历，是过程公平的表现。每一所行知实验学校可以根据生活教育理论和新生活教育理论来指导教育者自动自觉，激活过程公平。如果大部分受教育者在教育过程中，因为各种原因丧失了教育兴趣、害怕教育、放弃教育，在教育中享受不到平等的对待，合理的发展规划，我们就谈不上过程公平。生活教育是每日生活的教育，是"在劳力上劳心"的生活教育，生活教育的新路，是通过过程公平来推进活力型教育系统建设。

（四）新生活教育探索与活力型教育系统的建设

生活教育新发展是一个宏大的命题，有组织、宣传、学术、实践、榜样等各方面都能有新发展。在这个新生活教育探索的共同体中，陶研界已经有专注活力型教育系统建设的教育思想或教育实验，比如中国陶行知研究会原会长朱小蔓倡导的情感教育、原常务副会长周洪宇教授倡导的"生活·实践"教育实验，现任会长朱永新教授倡导的新教育实验，原副会长何炳章倡导的自育自学教育实验，他们都是开展新生活教育探索。而对本书的新生活教育来说，旨在将公共教育的公共生活对个体生活压抑进行解放，侧重强调师生要开展自我生活教育和大自我生活教育，在日常生活中，在劳力上劳心。强调过好学校教育生活，过好各种生活教育，要以生活为中心，教材、教师等教育资源做工具，培植生活方式，培养生活教育者。关注儿童的自我教育，培养儿童的理性（批判精神、批判能力），培养儿童的生活方式，培养儿童做一个完整的人。

活力型教育系统建设理论不仅只有生活教育理论、新生活教育理论。这是因为，中国基础教育改革的理论不会是一家的理论。新课程改革，坚持以马克思主义基本原理和习近平新时代中国特色社会主义思想为指导，凝聚了国内外先进的现代教育理念。因此，新生活教育正是立足实践，坚持以马克思主义基本原理和习近平新时代中国特色社会主义思想与优秀传统教育文化思想相结合，推进生活教育当代化，进一步完善新生活教育探索。

第三章　行知实验学校建设的陶行知活力办学案例

质量与公平是完善现代教育体系的两个关键，而"活力"一词也逐渐成为我国现代教育体系健康程度新评判维度。在质量与公平的基础上，释放和提升教育活力是未来教育改革的重要任务。但就目前的研究而言，教育中的"活力"概念尚不明晰，教育活力释放和增强不仅需要从宏观的体制机制着手，还应通过微观上释放和增强学校活力来释放和增强教育活力。为此，教育领域尤其学校教育除研究质量、公平外，还应加强对学校活力的研究，进一步促进教育质量与公平向微观领域的延伸，据此挖掘典型活力学校的表现、内涵及生成逻辑具有重要的意义。

已有一些研究者针对学校活力评价指标进行了定量研究，如通过德尔菲法进行调查分析，提出学校活力关键指标是胜任力、自主性、认同感和开放度；[1] 通过教师访谈资料的文本分析，考察了教师视域中的"学校活力"，研究认为在教师口中，"学校活力"虽然指向学校的整体发展状态，却在很大程度上是教师自身精神状态的描述与评价，甚至在不少教师口中，"我"的活力状况基本等同于学校活力的状况；[2] 也有研究者把典型活力学校作为案例，提炼出多样性、自主

---

[1] 黄晓磊，邓友超. 学校活力评价指标体系构建：基于德尔菲法的调查分析[J]. 教育学报，2017 (1)：23—31.

[2] 王熙，王怀秀. 教师视域中的"学校活力"：基于教师访谈资料的文本分析[J]. 教育学报，2017 (1)：32—38+92.

性和创造性三个活力表现。① 此外，也有专家针对学校活力的内涵和源泉进行思辨研究。这些研究各有侧重，其中，从案例研究方法来看，也可以考虑采用历史上著名教育家办学的名校来作为分析对象，这样可以更好地揭示学校活力的表现的标杆性、内涵的丰富性和生成逻辑的深刻性。基于此，本研究选取我国伟大人民教育家陶行知先生创办的两所典型的活力学校作为分析对象，从中探讨学校活力的表现、内涵，阐明学校活力的生成逻辑，把握提升学校活力的办学旨趣。

一、陶行知创办的两所学校活力的表现

（一）晓庄师范学校

晓庄师范学校是陶行知生活教育学说的第一次重要实践，前后不过三年，却在国内外产生重要影响。教育上直接推动了中国乡村师范教育的发展，全国各地在 1927 后增设许多乡村师范，也引起了社会各界的普遍关注，民国党政要人纷纷慕名而来，蒋介石、宋美龄夫妇两次到晓庄参观。国际方面，日本教育界就其发表了《中国之理想学校》等，② 美国哥伦比亚大学的克伯屈 1929 年 10 月下旬参观晓庄学校后，预言："过一百年以后，大家要回过头来，纪念晓庄！欣赏晓庄！"③ 晓庄之所以有这么大的魅力，如今看来，在其释放了教育的巨大活力。晓庄的办学活力，主要表现在以下几个方面：

其一，办学的理念性。晓庄师范学校是试验乡村师范学校，其办学理念契合乡村特色。在其招生规定中，就明确看重农事经验："一、初级中等学校第三年学生之有农事经验者；二、高级中等学校第三年学生之有农事经验者；三、大学

---

① 张爽. 学校活力的表现和提升策略：基于两个案例的分析 [J]. 教育学报，2017 (1)：39—45.

② 周洪宇. 陶行知生活教育学说 [M]. 长沙：湖北教育出版社，2011：101—102.

③ 北京市陶行知教育思想研究会. 陶行知研究 [M]. 长沙：湖南教育出版社，1987：449—451.

第三年学生之有农事经验者……"① 在其招考时，考试内容也是别具一格，国文试题是《孟子说"劳心者治人，劳力者治于人"，这话对吗?》，抽签试题演讲 3 分钟，垦荒、修路考试。这样的考试可谓破天荒，反映了重视农事经验，面向农村的乡村师范学校。上述的办学理念还集中表现在陶行知创办晓庄二周年制定的五项培养目标上：(1) 健康的体魄；(2) 农人的身手；(3) 科学的头脑；(4) 艺术的兴趣；(5) 改造社会的精神。② 这五项培养目标，劳力和劳心，身体、精神和艺术都充分照顾到，既有全面性，又独具特色，奠定了为乡村培养教师具有丰富和特色的生活力的基础。

其二，课程的生活性。晓庄学校的课程是实行"教学做合一"的，"教学做合一"，其实就是"在劳力上劳心"，强调书本、教材都是像斧头、锄头一样的工具。晓庄学校的课程是生活课程，不分课内和课外，是"以实际生活为指南的"，是"生活即教育"的思想的实践。(见表 9-3-1)

表 9-3-1　晓庄师范学校的课程③

课程分类	课程二级分类	学分
中心学校活动教学做	国语、公民、历史地理、算术、自然、园艺农事、体育游戏、艺术、童子军和其他活动教学做	30
中心学校行政教学做	整理校舍、布置校景、设备、卫生、教务和经济教学做	3
分任院务教学做	文牍、会计、庶务、烹饪、洒扫整理、缮写、招待教学做	6
征服自然环境教学做	科学的农业、基本手工、卫生、其他教学做	16
改造社会环境教学做	村自治、平民教育、合作组织、乡村生活调查、农民娱乐教学做	5

其三，制度的创造性。晓庄师范学校的制度体现在改革教育实习体制和评价

---

① 华中师范大学教育科学研究所. 陶行知全集（第一卷）[M]. 长沙：湖南教育出版社，1984：658.
② 胡晓风，金成林，张行可，等. 陶行知教育文集 [M]. 成都：四川教育出版社，2007：209.
③ 周洪宇. 陶行知生活教育学说 [M]. 长沙：湖北教育出版社，2011：101－102.

体制。为了办好乡村师范学校，使师范学生具有真正的教育教学能力，陶行知先生设置了一批中心学校。中心学校与晓庄师范的关系，不是传统的附属关系，而是中心学校是主，晓庄师范是从，晓庄师范学校根据中心学校的要求设置课程，以中心学校的需要为教学、实践中心，充分践行"教学做合一"。做什么，学什么；学什么，教什么。毕业评价的机制活表现在颁发统一的毕业文凭。如果学生学业成绩合格，发给修业证书，服务半年后，经过考查，真能按照生活教育原理和晓庄师范精神办学者，发给毕业证书。按入学程度，证书分为初小教师证书、高小教师证书、师范学校教师证书，有特殊才能之表现的，加各级校长及乡村教育辅导员证书。这种毕业评价机制，打破了一次成品的做法。

其四，办学的开放性。陶行知先生主张"社会即学校"，要求晓庄师范的学生与附近的村民广泛联系，熟悉他们的生活，了解他们的疾苦。学校还设置一些为村民服务的活动课程，如开展联村自治，举办民众教育，推广合作组织，深入乡村调查和融入农民娱乐教学做。学校还专门成立"社会改造部"，分12股，陶行知自兼部长，将学校周围的和平门、上元门、观音门等以内的区域作为改造实验区域。晓庄师范打破学校的围墙，师生开展"联村"生活，这在当时不仅是一个创举，在今天也是绝大多数学校难以做到的。

（二）重庆育才学校

重庆育才学校1939年创办，是一所"难童学校"，受到周恩来为代表的共产党人的支持，到1946年陶行知逝世前共招收410人，其中140多人走上革命工作岗位。中华人民共和国成立后，许多人在科学、文教、艺术部门工作，成为出色的专家，有的学生甚至成为部级或国家级领导干部，其中育才音乐组的学生多成为北京、上海音乐学院的著名教授或音乐界的著名作曲家、演奏家，其他组的情况也是类似。① 育才学校虽然反复遭受困境，但依旧能保持学校活力，培养这么多人才，的确有其内在根源：

其一，办学的思想性。陶行知先生明确提出："育才学校根据中华民国教育宗旨及抗战建国需要，用生活教育之原理与方法，培养难童中之优秀儿童，使成

---

① 华中师范大学教育科学研究所. 陶行知全集（第三卷）[M]. 长沙：湖南教育出版社，1985：552.

为抗战建国之人才。"① 在这句话中，陶行知把育才学校办学目的定为培养抗战建国的人才，他反对把学校办成培养只求个人"升官发财"的"人上人";② 也明确了指导理论即生活教育之原理与方法。正是在这样的认识之下，一方面，在学校内，陶行知先生引导师生过集体生活，认为"真的集体生活必须有共同目的，共同认识，共同参加。……否则，又会变成孤立的生活，孤立的教育，而不能充分发挥集体的精神"。③ 为此，他要求育才学校的教育教学要结合社会实际，重视集体生活教育和社会生活教育。

其二，课程的生活性。首先开设为生活教育奠基的基础知识和专业技能课。陶行知先生选拔具有特殊才能的儿童，同时注意基础教育和专业教育并重。基础教育按不同年级，学习语文、数学、物理、化学、历史、地理、英语、哲学常识、音乐、体育等文化必修课（基础课）。专业教育是按照学生的特长进行专业编组，设立音乐、戏剧、文学、绘画和社会科学，后来增设了自然科学、舞蹈与普通组。各专业组也开始特修课（专业课）。每天上午一律普通基础课，下午前两节是专业组活动，第三节是统一的劳动课。其次，育才学校重视生活的创造教育。学校开展"集体创造月"并制定《创造年计划大纲》《育才创造奖办法》，陶行知先生为之撰写了《育才十字决》《创造年献诗》《创造宣言》等名篇，提出"一切为创造，创造为改善生活、提高生活"的号召，鼓励大家，"处处是创造之地，天天是创造之时，人人是创造之人"。最后，重视集体生活教育。"育才学校的最大特色之一，是整个学校生活组成一个和谐有机的整体，形成了奋发向上的优良校风，这也是陶行知对生动活泼的集体生活理想的试验和实现。"④ 育才学校的集体生活教育是民主集中制，民主方面启发学生的自觉、自动、自治，生动活泼地发展个性；集中方面，注意主张生活与严肃整齐，注意教师的辅导，防止散漫自流。育才的集体生活主要有：学生自治、文化生活、康乐生活、卫生生活

---

① 华中师范大学教育科学研究所. 陶行知全集（第三卷）[M]. 长沙：湖南教育出版社，1985：366.
② 华中师范大学教育科学研究所. 陶行知全集（第三卷）[M]. 长沙：湖南教育出版社，1985：379.
③ 华中师范大学教育科学研究所. 陶行知全集（第三卷）[M]. 长沙：湖南教育出版社，1985：378.
④ 周洪宇. 陶行知生活教育学说[M]. 长沙：湖北教育出版社，2011：125.

和劳动生活。

其三，师资的胜任力。育才学校的师资大致分为两个部分：一是校级领导机构师资，主要是与陶行知长期共同奋斗，志同道合的晓庄师范毕业的学生，校级领导机构师资骨干有校务部主任方与严、总务部主任马侣贤、生活指导部主任帅昌书、研究部主任王洞若。各系的主任与教授又请了当时一流的专家担任，舞蹈组有戴爱莲、吴晓邦等；音乐组有任光、贺绿汀、姜瑞芝等；戏剧组有章泯、水华、舒强等；文学组有艾青、力扬、陆维特等；美术组有陈烟桥、张望、汪刃锋、丰子恺、华君武等；社会组有孙铭勋、廖意林、苏永扬。此外还请了许多名流、作家如田汉、何其芳、翦伯赞、吴玉章、周谷成、邓初民、秦邦宪等来校兼课，特邀郭沫若、曹靖华、夏衍、程今吾等去演讲。这些教授、名流投身重庆育才学校，与重庆育才学校的办学定位培养民族救亡的人才紧密相关。因此，育才学校有活力的经验是"建立一支政治素质好、专业知识强、忠诚于人民教育事业的教职工队伍。"①

其四，办学的开放性。育才学校的课堂教育与校外教育和社会教育紧密结合，"社会即学校"的理念进一步在学校得到实践。育才学校有计划地定期组织学生深入社会、接触实际，并规定每个星期一下午，有时加两个晚上，学生须分批搞社会调查，开展群众工作，具体方法比如，去工厂，到附近农村去，分头访贫问苦，送教上门，送医上门，治疗小病小伤，教农民，小煤窑工人的子女识字唱歌，讲抗日道理等。校外活动最有影响的是各组结合专业，开展各类宣传，比如，绘画组的学生，为"老百姓而画"的响亮口号鼓动下，他们到老百姓中间去，成立"育才美术团""儿童美术团"，举办抗日儿童画展，得到各界好评，《新华日报》还专门报道，冯玉祥将军专门撰文《小艺术家——为育才学校儿童画展而作》以示赞扬。其他各组也都有类似的校外教育和实践活动。多种多样的社会活动，打破了先生教书死，学生读死书的沉闷气氛，学校的活力弥漫出校园，在这样的"教学做合一"的生活中，学生的德智体美劳全面发展，知情意的培养高度同等发展。②

---

① 周洪宇．陶行知生活教育学说［M］．长沙：湖北教育出版社，2011：121．
② 周洪宇．陶行知生活教育学说［M］．长沙：湖北教育出版社，2011：115．

二、学校活力的内涵及源泉

早在 1926 年,陶行知先生在《我之学校观》《中国师范教育建设论》等文章中就初步地提出了他心中理想的充满"学校生气"的"以生活为中心"的活的学校,如今看来实在是活力学校。活的学校有以下若干个表现:"以生活为中心""康健是生活的出发点""师生共同生活的处所""社会生活的起点""高尚的生活精神""要给人看""待学生如亲子弟"。陶行知把这样的学校比作植物,"他的根安在环境里,吸收环境的肥料、阳光,化作自己的生命,所以他能长大,抽条,发叶,开花,结果"。①

(一)学校活力的内涵要素

石中英认为就内涵而言,"学校活力是学校内部和组织的活力,包括理念、制度、活动、评价环境。"② 从陶行知先生所办学两所学校活力表现来看,既有共同的,比如办学的理念性或思想性、课程的生活性、办学活动的开放性,也有差异的部分,晓庄师范学校制度的创造性,育才学校师资的胜任力也给学校增添不少活力。据此,不妨从理念、制度等方面将学校活力提炼为五个方面:

第一,理念的思想力。基于办学理念的思想性明确办学定位。一所活力的学校应该基于办学理念来明确办学定位和办学目标。在办学定位明确下,校长、师生才能形成行动合力,朝向办学目标。明确办学定位主要体现在学校的文化上有师生共同的愿景,而这种愿景就是理念思想力的穿透。陶行知两所学校办学与众不同的特点就是他们不是按照经验办学,按照行政办学,而是有教育思想的办学。某种程度,明确的办学思想,确定了明确的办学定位,也就统摄了学校的课

---

① 胡晓风,金成林,张行可,等. 陶行知教育文集 [M]. 成都:四川教育出版社,2007:152.
② 石中英. 学校活力的内涵和源泉 [J]. 河北师范大学学报(教育科学版),2017 (2):5—7.

程、组织、管理、评价等各方面，学校的办学就能清晰明了，活力自然释放。

第二，课程的生活力。在明确的办学定位下，学校要开设生活课程。"生活即教育""教育就是要培植生活力"。这两所学校在生活力培养方面都表现出极大的丰富性，更主要地体现了课程的生活性。晓庄师范学校架构一个以中心学校为主，师范学校为辅的课程架构，课程分为五大板块，涉及乡村师范学生成长的方方面面，非常接地气。而育才学校的生活课程更加立体，有基础教育、专业教育、生活创造教育、集体生活教育和社会生活教育等，对特殊人才的培养可以说是立体式、全面式的。课程的生活性是其中的重要特点，即围绕培养什么人，而去设置课程。脱离对实实在在人及其生活的实际的回应，必定是悬空的，学生的学习兴趣、学习活力必定降低。相比当前推行的素质教育，其实践性和创造性两种教育仍然不足，而晓庄师范学校和重庆育才学校在这两方面的课程设置都很好，这不能不说是学校活力的重要表现。

第三，师资的胜任力。学校提升师资素质，以解决对办学目标和课程实施的胜任力。校长和教师的胜任力是关键，陶行知胜任力表现在他超前的思想、明确的办学目标、办学管理能力和强大行动力等办学能力。教师的胜任力来自聘请名师、名流。但当前的现状，正如石中英指出的："在学校内部，这些学校的管理者也不尊重教师的教育教学自主权，在教育教学事务上不听从教师的意见和建议，喜欢搞管理者说了算，把教师变成教育教学的机器。"[1] 这样师资素质的提升就有天花板。

第四，制度的创造力。为了达成胜任力的有效发挥还需要制度的创造力。不论是晓庄的实习制度、毕业的评价制度，还是晓庄和育才日常管理的自治与民主的制度，从内部来看，这也是释放活力的关键因素，正是这种活力的释放才有晓庄师范学校和重庆育才学校的巨大的创造力，从这两所学校培养出来的学生，都具有自觉、自动和创造能力。当前我们的学校，管理学生很死，对学生的评价也很单一，学生的各种活力都被压抑了，所学知识仅仅被看成是考试之用，知识转化为知识点，学习等同于学会做题，这种压抑之下，只有少部分人能从中看到正确的方法，大多数人在这种知识学习中丧失兴趣，对知识、教科书产生失望。

第五，活动的开放力。学校内部的活力还需要办学的开放性，以释放和反馈

---

[1] 同上。

学校活力的成效。"社会即学校",正是看到社会是更大的学校,陶行知先生的两所学校都在办学方面具有极大的开放性,将许多办学活动,直接在校外进行,晓庄学校连围墙都没有,真正贯彻了"社会即学校"的教育思想。这种开放力,无疑释放了巨大的活力,让学生的生活力更接地气,晓庄、育才学校的学生走向社会,其活力会得到社会的有效的正反馈,将进一步强化学校活力,而社会的各种资源,也是学校活力的源头活水。当前也逐渐倡导走出学校,进入社会的教育,如研学旅行,学生走出学校,让所学知识与社会发生紧密关系,生活与生活摩擦,才能感受到知识的魅力,学习的魅力,科学的魅力,才能对生活怀抱无比的热情,对学习怀抱无比的渴望,这种热情与渴望就是活力。

(二)学校活力的内涵源泉

一些研究者认为一些学校之所以缺乏活力或活力不足,根本原因就在于学校的自主性没有得到足够的尊重,学校所在的社会环境不尊重校长的办学自主权,经常以种种的理由干涉学校的办学。[1] 这固然是学校活力受到干扰的外部因素,但根源还是学校活力的内在源泉需要挖掘。从陶行知先生所办两所学校来看,学校活力的内涵源泉主要来自生活教育。不论是其系统的办学思想和明确的定位,还是课程的生活性,校长和教师的胜任力,管理的创造性、办学的开放性都是源于生活教育。陶行知先生的生活教育主张"教育是培植生活力""生活即教育""社会即学校""教学做合一",他在《生活教育提要》(1934)中指出,生活教育是从学校到社会、书本到生活,从教到做,从被动到自动,从士大夫到大众,从轻视儿童到信仰儿童,从平面三角到立体几何,是立体育人的学说。

现代学校教育的健康,需要教育目的、制度、课程、教学、活动、评价等以培养人为标的。学校的活力关键还是人的活力。而人的活力不是抽象的,而应从人到生活,将人放在生活中,应该通过生活力和生活关系来进行,而不是抽象地(学科是抽象的)培养人的知识和能力。这是陶行知先生两所学校活力的重要源泉。

进一步说,学校的活力也是教育质量和公平的延伸,是学校教育过程质量和

---

[1] 本刊编辑部. 活力校园建设:访张铭凯博士、俞正强校长 [J]. 思维与智慧,2016 (10).

公平的体现。质量体现在学校办学的水平,公平是反映了对人的差异的尊重,保障了每个学生积极、充分的全面发展。倘若质量和公平是办学的高度和宽度,那么活力就是办学的温度。晓庄师范学校和育才学校都具有的这个特征,它们都是建立在爱上。陶行知明确说,"晓庄的出发点是爱心:爱人类,爱民族,(爱)三万万的村民。"①

三、活力学校的生成逻辑

那么有活力的学校是如何形成的,通过考察两所学校的创立和发展过程,可以从中看到学校活力生成逻辑的深刻性——历史逻辑、理论逻辑和实践逻辑。历史逻辑为学校活力提供了背景和问题,理论逻辑为活力学校的发展提供思想和框架,而实践逻辑是活力学校从理想走向现实的依托,也是完善理论逻辑、回应历史逻辑的关键力量。

(一)历史逻辑

马克思曾经指出,"人们总是在既定的历史条件下创造历史的"。历史条件和历史问题是历史逻辑形成的关键。教育家"爱满天下"的教育情怀让他们能够更加敏锐地把握教育的历史逻辑。陶行知是近代最早关注中国教育活力的教育家,在系统提出生活教育理论之前,先生就看到中国教育问题是"拘干古法,仪型他国",他认为中国教育走错了路,农村人往城里跑,城里人受少爷小姐的教育。当时,中国的传统教育向新教育过渡,陶行知起初也直觉地提倡了各种新主张,如《师范生应有之观念》(1918年)、《以科学之方新教育之事》(1918年)、《教学合一》(1919年)、《第一流的教育家》(1919年)、《新教育》(1919年)、《学生自治问题之研究》(1919年),直到1921年陶行知的《活的教育》,初步构建

---

① 华中师范大学教育科学研究所. 陶行知全集(第八卷·增补)[M]. 长沙:湖南教育出版社,1992:303.

其关于活教育思想。

正是对中国社会的现实、传统教育历史境遇的深刻理解，促使陶行知从提倡活的教育主张，主张试验，"盖能试验，则能自树立；能自树立，则能发古人所未发，明今人所未明"①。到 1927 年初，陶行知的生活学校——晓庄师范学校，从理论走向了实践，开始了它理论与实践的生成逻辑。随着实验的深入，陶行知发现，中国教育既不能走传统教育的老路，也不能走西方杜威实用主义的改良教育。因此，可以看出，生活教育的提出和实践都是建立在传统教育向新教育过渡的大背景之下，也不是简单地学习西方的新教育。这种历史逻辑上溯到中国从农业社会向工业社会、现代社会过渡的历史逻辑。

当前构建学校活力也要有时代意识、历史逻辑，坚持基于历史条件以解决时代教育问题为导向的教育改革，才能是有活力的学校教育生成的逻辑。这样才能有所谓学校活力学校发展的变通、内在生命力的根本性问题、理论体系、实践探索的延展，而教育家型校长才能从中产生。学校活力是一种外在的呈现，而内在是学校办学符合历史逻辑，符合历史境遇，能够应对历史的挑战。

（二）理论逻辑

反对传统教育和翻转杜威的教育思想，创立本土适宜中国特色的生活教育理论，是陶行知两所学校办学活力的理论逻辑，也是办学的教育智慧。这样的学说充满生命活力。然而，这里的理论生成逻辑是伴随创办学校的始终。陶行知先生曾说："我从前也是把外国教育制度拉到中国来的东洋车夫之一，不过我现在觉得这是害国害民的事，是万万做不得的。我们现在要在中国实际生活上面找问题，在此问题上，一面实行工作，一面极力谋改进和解决。"②正是这样，陶行知先生创办晓庄师范学校和育才学校都是基于当时社会环境、社会条件的问题开展的，创办之前极力谋改进的设想。晓庄师范学校的缘起也是在其系列主张之后，如《试验主义之教育方法》《试验主义与新教育》《试验教育的实施》《我之学校观》《我们的信条》《试验乡村师范学校答客问》《中华教育改进社设立试验

---

① 胡晓风，金成林，张行可，等. 陶行知教育文集 [M]. 成都：四川教育出版社，2007：28.

② 胡晓风，金成林，张行可，等. 陶行知教育文集 [M]. 成都：四川教育出版社，2007：183.

乡村师范学校第一院简章草案》。而育才学校的缘起也与其一系列设想和规划——《育才学校教育纲要草案》《育才学校创办旨趣》是紧密相关的思考。一所学校的活力需要校长有整体的设想，这种设想最好是在创办之初有，更不要说在创办的过程中紧密围绕创办过程的问题而不断有新的主张产生，才能为学校的发展提供源源不断的精神源泉。没有这样的精神源泉，久而久之，学校的活力就会失去。在晓庄师范学校创办过程中，陶行知先生不断产生《在劳力上劳心》《教学做合一》《行是知之始》《以教人者教己》《本校产生时的催生娘娘》《晓庄试验乡村师范学校创校旨趣》《"伪知识"阶级》《〈在晓庄〉序》《"教学做合一"的总解释》《生活即教育》《晓庄三岁敬告同志书》《生活历》等系列教育思想文章。这些都不断推动了生活教育在晓庄学校的实践和发展。在育才学校办学中，陶行知也形成了《新武训》《育才二周岁之前夜》《创造年献诗》《每天四问》《创造宣言》等系列文章。这些极具教育思想的文章也总结和提升了晓庄师范学校和育才学校办学实践。比如拿《新武训》这篇文章来说，陶行知先生恰恰是找到了"武训"这个精神力量，育才学校才能在资金极度匮乏之下得以继续办下去。

当前构建学校活力，也需要有理论生成意识，不能看哪所学校是名校就取经照搬，在学校的创办过程中不断完善学校办学的主张、思想，形成合理的办学框架，学校文化、课程、教学、管理、评价等方面都要能够贯彻理论，这是学校内在巨大活力的根源。

（三）实践逻辑

"教育实践既是教育理论家的思想源，又是教育实践者的栖息地"。[①] 教育实践也是学校办学的思想源，更是办好学校的关键。"一个好校长就是一所好学校"，在这两所学校得到充分的体现。陶行知先生办学实践中营造学校活力方面体现了卓越的办学能力，课程、教学、师生关系处理得非常恰当。其办学实践大致有三个方面做得非常出色，一是通过其对当时教育问题、教育历史逻辑的把握和其生活教育思想，构建了两所学校在文化的认同感，团结和吸引了一大批有志之士到晓庄师范学校从事教学和当学生；二是陶行知先生能将教育设想转化为办

[①] 刘庆昌. 教育实践及其基本逻辑 [J]. 山西大学学报（哲学社会科学版），2015（3）：97—106.

学框架、课程体系，从计划、组织和执行等各个方面做好创办出中外闻名的特色学校；三是运用生活教育思想培养了一大批人才，也完善了生活教育理论本身。

当前很多学校在其实践中缺乏统一的逻辑，办学理念、学校文化往往是墙上文化，一方面不是基于具体的教育问题、教育境遇的办学实践；另一方面在新课程改革中，其办学理念、课程、教学、管理和评价等实践缺乏从理转化为实的力度，更不要说在此实践基础上产生新的办学主张。因此实践逻辑不容忽视，它是理论逻辑的现实化，又呼应了历史逻辑的要求，也完善或创新理论逻辑的合理性。学校办学应该较好地整合这三种生成逻辑，更有利于把握释放学校活力的旨趣。

第四章　行知实验学校建设的新生活教育理论

行知实验学校建设已经明确了性质、建设目的、相关的问题，并且在学陶、师陶、研陶、宣陶、践陶五方面积累了许多经验。但在各级行知实验学校建设过程中仍存在一些基本的问题需要解决，如行知实验学校建设的理论是怎样的？如何使行知校实验常态化？这些疑惑都告诉我们，需要审视陶行知的生活教育理论下的行知实验学校建设的理论，让行知实验学校的新实践开出生活教育当代化之"花"，这枝"花"可以统一名为"新生活教育"。

一、当前的学校教育的特点

陶行知先生的教育理论体系非常丰富，其中生活教育理论在当前的实验学校建设中被大力推广。然而，从传统的学校教育转向真正的生活教育，如今这种推广在实践中的确遇到许多问题，这些问题主要是源于生活教育理论当时产生的环境与当前学校教育环境并不一致，因此生活教育理论本身也需要完善，否则其在新的实践环境中难免行不通。

（一）当前的学校教育更接近杜威时代学校教育

当年生活教育理论是陶行知先生在倡导推广平民教育、乡村教育和普及教育运动时逐渐形成的，普及运动的对象是大众，不是小众。陶行知先生说："从大众的立场上看，社会是大众唯一的学校，生活是大众唯一的教育。"① 既然是大众，教育的内容自然不能脱离大众的生活，"生活也就是大众唯一的教育"。因此，陶行知先生不可能得出杜威的实用主义教育理论——"教育即生活，学校即社会"。陶行知先生曾说："我们可以说'教育即生活'是杜威先生的教育理论，也就是现代教育思潮的中流。我从民国六年起便陪着这个思潮到中国来。八年的经验告诉我说'此路不通'。在山穷水尽的时候才悟到教学做合一的道理。所以教学做合一是实行'教育即生活'碰到墙壁把头碰痛时所找出来的新路。……到了'教学做合一'的理论形成的时候，整个教育便根本的变了一个方向，这新方向是'生活即教育'。"② 陶行知先生八年的经验是普及教育的经验，相比杜威是要在学校里主张生活教育，陶行知先生是要在整个社会里主张生活教育。因此，教育对象、教育范围和教育方法都发生了根本的转变。这就是为什么生活教育与杜威的教育思想不同，一个是在校外并逐渐到校内而产生的理论，一个是校内并逐渐延伸至校外而产生的理论，故而要"翻筋斗"。然而今天的学校教育似乎更接近杜威时代的学校教育，工业化需要教育与生活连接起来，主张以学生为中心，强调学校的社会功能。所以难免有一些行知学校是在主张杜威的教育理念。比如，课堂生活化、教学生活化、作文生活化、作业生活化。然而新时代 AI 的出现，第四次工业革命的到来，未来的学校教育更可能是生活的教育。人们并非为了生存和生产而去受教育，工作并非人存在的根本理由。

（二）学校教育存在的四种力量

即使陶行知先生当年有试验学校，像南京晓庄学校、燕子矶幼稚园、重庆育才学校，然而都与当前学校不同，表现在教育模式上的不同。教育模式不同是因为教育模式背后存在的力量是不同的，当前学校教育中存在四种力量：党（中国共产党）的力量（以下简称"党的力量"）、行政力量、经济力量、大众力量。其中党的力量是领导力量，行政力量是执行力量。随着中国式现代化的经济建设，教育改革中产生的经济力量也越来越大。剩下的就是大众力量。这四种力量

---

① 胡晓风，金成林，张行可，等. 陶行知教育文集 [M]. 成都：四川教育出版社，2007：334.

② 陶行知. 陶行知全集（第二卷）[M]. 成都：四川教育出版社，1991：7—8.

形成三种教育模式，以行政力量主导的是效率型教育系统的考试教育模式，考试决定了教，教决定了学，学决定了教育中实际现状。行政力量解释了为何要这么运作。这是因为教育资源是公有，政府（行政）是教育资源分配角色的主角。在中国僧多粥少的教育现状下，为了能够方便而简单地做好教育资源分配，又要保证一定的教育公平，只有选择一条以考试来决定分配资格的途径。因此，学校教育也就自然驯服在这种分配规则之下，从而就形成了考试决定教学。教学决定当前教育现状的考试教育模式。这种教育模式已经为人所诟病，正在逐渐失去力量，退出历史的舞台中心，让位于新成长起来的经济力量。

经济力量逐渐兴起来，容易形成资本力量。他们一方面不希望自己的子女在考试教育模式下，与人争夺教育资源，他们往往走进私校。然而资本力量还是跳不出考试这个关卡，有的就出国留学，跳出了行政力量构筑的教育体制。另一方面，他们要求改革课堂，改革教学，改革考试。只有这些改革才能应对中国逐渐发展起来的信息工业化社会，从而为资本力量提供合格的人才。这种努力既可以得到政府的支持，又可以得到大众的支持。换句话说，行政主导的力量正在由经济发展兴起的经济力量转变成为一种促进素质教育的力量。这种力量主导的教育模式是"以学为中心"，以集体活动为课程，作为新课程改革的重要切入点，这样的教育模式是素质教育模式，其目的是解决经济发展对人才需要的问题，本质上仍旧不是大众的教育。它要培养高素质的工人、农民和白领，但不会真正从大众的生活实际出发，这是新课程改革下素质教育的不足。

大众力量关乎到所有人的生活所需要的教育力量。大众希望教育能培养自己的孩子成为真正的人，有健康的身体，有艺术的趣味，有劳动的身手，有科学的头脑，也有改造社会的精神，并进一步希望自己的孩子能够自主、自治、自立。这是一种主张生活决定做，做决定学，学决定教，教决定考试的教育模式。当年陶行知先生自办南京晓庄学校，在政府难以控制下（最后被查封了），才有可能这样自主地做。然而现实学校教育中这种力量太过微弱，人们在应对考试、素质发展方面已经应接不暇，投入个体生活教育的精力和精神就少之又少。

面对其他三种力量的教育模式产生的模式之争，"党的力量"要起到领导和协调作用。行政力量是效率型系统的主要力量，主要开展类体生活教育；经济力量是均衡型教育系统的主要力量，主要开展集体生活教育；大众力量是活力型教育系统的主要力量，主要开展个体生活教育。三种教育模式的教育内容、教育方式、教育组织形式都各不相同,从长远看,经济力量所代表的模式将是未来一段时间的主导模式,行政模式将发生职能转变,大众力量代表的模式逐渐得到重视,并成为下一阶段的主导。因此,"党的力量"要领导和协调上述三者在学校教育的力量格局,有效解决三者的利益诉求。这是学校教育健康发展的本质要求,脱离这种实际,就难免欲速则不达。因此,我们主张三种教育模式,要在中国共产党的领导下,和而不同地共存,而不是取而代之地对抗。那么何为共存?就是让行政力量、经济力量、大众力量在学校教育都占有一席之地。一方面,行政力量要逐渐转变职能到一个合理的范围中;另一方面,大众力量(在学校中特指师生的力量)要自觉发展个体生活教育。

虽然当前有些学校内在力量不均衡,但我们所倡导的学校教育,应该是在党领导下的大自我生活管理。大自我体现在类体、集体和个体生活的融合管理,大自我内部是三种力量的统合。这样的学校管理,才能给个体生活教育一席之地,也就为大众的个体生活教育需要取得一席之地。总之,考试教育、素质教育和人本教育都不是可以将任何一种教育完全取代的教育模式,而是相互并存、长期发展的。

二、走向行知实验学校建设的新生活教育理论

生活教育理论本身也需要完善,否则其在新的实践环境中难免会被取而代之或边缘化。对学校教育的模式之争分析,可明确知道陶行知先生的生活教育思想指导下的教育模式在当前学校教育中能起到的作用:不是主导的作用,而是辅助的作用;不是全面的作用,而是部分的作用。之所以是这样的结论是由于生活教育理论本身的缺陷。要改变这种现状,除了要完善生活教育理论的不足,更有待于社会生活的进步。

我们在生活教育中增加自我能动性,也就给原本"生活即教育"的关系增加了前提条件。这个条件就是每个生活着的人要拿出自我能动性来,没有这个能动性就没有生活教育。为了区别陶行知先生的生活教育理论,不妨称这种增加自我

能动性生活教育理论为新生活教育理论。那么新生活教育理论能否完全构建一个适合当前学校教育的统一的教育模式呢？新生活教育理论与原生活教育理论除了自我能动性的区别之外，还有什么区别？其相同的部分又是哪些呢？

首先回答第一个问题。通过前面的分析，我们知道，学校教育中存在三种力量的教育模式之争，陶行知先生主张的生活教育在当前学校教育中艰难地生存着，勉强能够占有一席之位，所取得的作用却是辅助的和部分的作用。而新生活教育理论增加自我能动性，表面上是为陶行知主张的生活教育夯实了根基，实际上人本教育也在考试教育和素质教育两种模式上进行了重构。

如今，考试教育、素质教育和人本教育这三种教育模式构成了现代教育的三位一体的教育体系，成为我国现代教育发展的必不可缺失的组成部分，是不得不正视、必须认真对待的事实。任何只顾其一或有所偏废的教育主张，都将在实践中行不通。既然如此，那么发展现代教育就必须夯实三种教育的根基。然而目前这三种教育都有核心问题。笔者主张的"新生活教育"就是希望从根本上解决现代教育（学校教育）三个组成部分的核心问题。

个体生活教育是解决人本教育的核心问题，也就为生活即教育增加了自我能动性。个体生活教育通过帮助学生发现自我、了解自我、认识自我、重建自我、实现自我，从而培养热爱生命和自主生活、生存的能力；养成自觉、自律、自治、自省、自动的自主发展的人生习惯；培养学生做一个合格的公民；成为一个拥有幸福能力的人。个体生活教育将人本教育的价值观、理念从价值层面的改变、态度层面的改变到习惯层面和行为层面的改变融合起来，解决个人志愿与行为相分离的问题。它的最终目标是培养真人。

集体生活教育是解决素质教育的核心问题。在当今社会，素质教育已成为教育改革的重要议题，而集体生活教育正是解决这一核心问题的关键所在。集体生活教育以培养学生实践性学习为基础，通过集体的综合实践活动课程的建设，引导学生投身于实践性的学习过程中，从而全面提升学生的综合素质。实践性学习主张将课堂知识与实际生活相结合，让学生在动手实践中将理论知识内化为自身的能力。在集体生活教育中，实践性学习占据着举足轻重的地位。通过实践，学生不仅可以增强对理论知识的理解和运用，还能培养团队协作、沟通表达、创新思维等多方面的能力。这对于提高学生的综合素质具有重要意义。集体生活教育作为一种教育模式，强调学生在集体环境中开展实践活动。在这样的氛围中，学生不仅可以摆脱单一的课堂束缚，还能在多样化的活动中锻炼自己的实践能力。此外，集体生活教育还注重培养学生的责任感、担当精神和团队精神，使学生在实践过程中形成健全的人格。为了更好地实施集体生活教育，学校应加强课程建设，以实践性学习为主线，设计丰富多样的集体活动。这些活动应涵盖学术、文化、体育、科技等多个领域，旨在培养学生的全面素质。此外，教师还需注重学生在活动中的表现，及时给予评价和指导，确保实践性学习取得实效。

类体生活教育是解决考试教育的核心问题。类体生活教育通过类体生活课程的继承性学习方式，帮助学生客观认识考试的作用，认识真正的考试是生活实践，掌握继承性的学习方式，继承全人类的智慧，在生活实践中成才，确立正确的学习、实践目标，避免考试教育成为学生实践和创新能力发展的障碍，帮助个体实现理论与实践合一，树立正确考成观的教育。类体生活教育是为了解决我国考试教育扭曲学生正确学习方向和损害我国学生创新能力、实践能力和生活能力的问题，从而培养真正的继承性学习方式。

上面阐述了新生活教育的基本内容。新生活教育理论包括了个体生活教育、集体生活教育和类体生活教育三种教育内容。这是新生活教育理论与陶行知先生的生活教育理论不同之处，除此之外，新生活教育理论一方面继承陶行知先生的生活教育理论，另一方面也继承了考试教育和素质教育的合理主张，从而形成一个更大体系的教育视野，其各个体系内容对照见表3-4-1。

表 3-4-1　各个体系的教育理论六观比较

教育类型 要素	传统学校教育（考试教育）	新课改下学校教育（素质教育）	陶行知的生活教育理论下行知实验学校（人本教育）	新生活教育
课程观	以考试类课程（理论化、体系化、抽象化）为实施重点，大部分非考试教育课程不受重视	增加许多提高学生素质的课程（生活化、科学化等），如综合实践课程等	增加发展个体五育的生活课程	增加个体生活教育课程，培养学生自育自学的自我教育能力

续表

教育类型 要素	传统学校教育 （考试教育）	新课改下学校教育 （素质教育）	陶行知的生活教育理论下行知实验学校（人本教育）	新生活教育
教学观	以教为中心：教评合一	以学为中心：教学评一致性	以做为中心：教学做合一	以做为中心："教学做评统一""教学做评合一""教学做评同一"
教师观	教师是教育者	教师是主导者	教师和学生地位平等	师生是共做、共学、共教、共研、共修养的关系
学生观	学生是被教育者	学生是学习者	学生是小先生，即学生是教育者	
考试观	考什么教什么	学什么教学什么，教什么评什么	怎么做就怎么学，怎么学就怎么教，怎么教就怎么考	做什么学什么，学什么教什么，教什么评什么
管理观	党领导下的行政管理	党领导下的民主参与管理	党领导下的民主自治管理	党领导下的大自我生活管理

新生活教育理论继承了陶行知先生生活教育理论的绝大部分思想，使之成为更大体系的架构，目的是使行知实验学校建设更符合当前教育实际，不损害学生的考试成绩，不阻碍学生的素质发展，改变学生的生活方式，更好地促进学生成长，使之能够常态化。

第五章 行知实验学校建设的阶段、主要任务和路径

什么是行知实验学校，行知实验学校有什么特点，行知实验学校的办学目的是什么，建一所怎样的行知实验学校，前面几章都有论述。接下来，我们将就行知实验学校的发展阶段、行知实验学校建设的实践路径和主要任务展开阐述。这些问题既是理论问题，又是实践问题。如今，全国各省的行知实验学校经过20多年的摸着石头过河的阶段，逐渐形成硬件建设、制度规范、榜样引领、重点建设、研训提升、活动推进、网络分享、项目带动、宣传指导等多样化的实验推进机制和学陶、师陶、研陶、宣陶、践陶、创陶"六陶并进"的发展路径。在行知校园文化建设、课题研究、教师专业成长、学生培养、生活课堂、校本课程开发、学校建设等教育教学实验中取得了可喜成果。

一、行知实验学校发展的五个阶段

对一所行知实验学校建设来说，在实验过程中，对自己是不是标准化的行知实验学校，即对什么是行知实验学校常常需要自我反思，同时也要对自己做到什么程度进行反思。实践经验告诉笔者，行知实验学校建设至少有五个阶段（见表3-5-1），每个阶段有一定特点，也有一定的做法。当然实际中有的省、市行知实验学校难以达到这种描述的程度。

（一）起步阶段

在起步阶段，通常是校长对陶行知教育思想非常感兴趣，有强烈的认同感，希望借助陶行知教育思想来引领学校办学。这个阶段往往是校长带领学校部分领导层进行学陶，逐渐形成了较强烈的用陶行知教育思想办学的意愿，也对陶行知教育思想有了初步的认识，有意识地将行知教育思想特色融入学校的学期或年度工作计划中。在起步阶段完成，适合内部建立陶研学习小组、外部申报县级陶研会（若本地有）的行知实验学校。

（二）初级阶段

初期阶段，校长和领导层达成一致共识，拟将学陶在全校进行推广，并且有意识培养陶研骨干，做初步的陶研工作宣传，成立校陶研会，对各项工作进行分工。陶研组织和陶研宣传进入常规化，陶研工作内容逐渐明确，会制定较详细的行知实验学校 3~5 年发展规划。在初级阶段完成，适合申报市级陶研会的行知实验学校。

（三）中级阶段

全校教师参与，或者大部分教师参与，学陶进入到一个中级阶段，各项活动逐渐常规化，比如学陶常规化，全部教师要学习陶行知先生的原著和相关研究文章、心得、论文等。宣陶常规化，有常规的相关活动，校园文化逐渐充满"陶味"，建设良好的适合学陶的校园文化。研陶常规化，学校不计功利地申报了省级陶研会的课题并扎实研究，有的还申报县市级进修学校或教科所发布的课题。师陶常规化，开展师德教育，形成以陶为师的风气。在中级阶段完成，适合申报省级陶研会的行知实验学校。

（四）高级阶段

高级阶段是促进师生共成长，开办基于生活力的学校，不同的学校可以选择不同的内容，通常有以下几个方面的内容：学生培养改革（真人、主人、生活力）；生活课堂改革："教学做合一""六大解放""小先生制""自育自学"；生活课程改革（学科课程、综合实践活动课程、生活课程）；综合评价改革（学业、负担、生活力、五育并举）；管理制度改革：民主与自治。此五项分别针对教育的场所、教育的内容、教育的对象、教育的评价、教育的管理五个方面进行深化改革，力求解决行知实验学校建设中的核心问题。学校开展了真正的践陶活动。在高级阶段完成，适合申报中国陶行知研究会的行知实验学校。

（五）品牌阶段

品牌阶段是一个有影响力的阶段，一方面进一步深化学校办学内涵，达到陶行知当年办学的内涵，即以生活为中心，集生活教育实验、研究、生产、交流和传播于一体的培植新生活方式学校。另一个方面，做到"社会即学校"，从校内走向校外，开拓实验学校的示范、辐射作用，创办具有中国特色的现代化的素质教育学校。此阶段的完成，适合走向全国，成为示范学校。

表 3-5-1　行知实验学校发展的五个阶段

阶段	参与者	阶段特点	实践路径	适合申报级别
起步阶段	校长和领导层	校长和部分校领导学陶，有较强的创办行知实验学校的意愿，在学校进行初步的陶研宣传活动，制定行知实验学校发展规划	学陶 宣陶	县级陶研会行知实验学校
初级阶段	校长、管理层和部分教师参与	管理层深入学习陶行知教育思想，形成学陶共识；参观其他行知实验学校；打造行知园；校园有较浓的宣传陶行知的氛围；培养陶研骨干，成立校陶研会	学陶 宣陶 研陶	市级行知实验学校
中级阶段	全校教师参与	学陶常规化——"读陶著·写心得" 宣陶常规化——凝练办学理念 研陶常规化——开展课题研究 师陶常规化——教师专业发展	学陶 宣陶 研陶 师陶	省级行知实验学校

续表

阶段	参与者	阶段特点	实践路径	适合申报级别
高级阶段	师生共成长	生活课堂改革（"教学做合一""六大解放""小先生制""自育自学"）；生活课程改革（学科课程、综合实践活动课程、生活课程）；学生培养改革（真人、主人、生活力）；综合评价改革（学业、负担、生活力、五育并举）；管理改革：民主与自治	学陶 宣陶 研陶 师陶 践陶	中国陶行知研究会行知实验学校
品牌阶段	校内外参与	治理蓝图、治理能力和治理体系建设；学校品牌建设；社会即学校	学陶 宣陶 研陶 师陶 践陶 创陶	走向全国，成为示范学校

二、行知实验学校建设的十大任务

（一）加强行知实验学校建设的新生活教育理论探索

1. 明确实验学校的性质和定位。关于这点其实很多实验学校是不清楚的。中国陶行知研究会实验学校分会原会长金林祥教授曾撰写《加强"陶行知教育思想实验学校"建设》一文，界定了实验学校的性质和地位。实验学校的性质就是实验，它有五个定位：一是群众性学习、研究、实践陶行知教育思想活动的领头羊。二是沟通历史和现实、理论和实践的重要纽带。三是展示陶行知教育思想强大生命力的重要窗口。四是实施素质教育，推进新课程改革的一种好形式。五是发展陶行知教育思想，创新教育理论的重要平台。① 从金教授对实验学校的定位来看，实验学校与非实验学校的区别还是很大的：首先是它的实验性；其次，它是陶行知教育思想的实验基地，也是创新陶行知教育思想的重要平台；最后是实施素质教育的好形式。明显实验学校应该承担陶研的功能，成为宣传和研究陶行知教育思想活动的领头羊。

2. 确定实验学校建设的目的。行知实验学校结合陶行知先生对道德的论述和"五育"的论述，以及新生活教育培养目标的理论，凝练成"五育并举，培植生活方式"这样一个办学目标。这个目标既与党和国家教育政策一致，又符合了对教育规律的认识，更加能体现行知实验学校的特色，是能指导行知实验学校建设的。

3. 探索实验学校建设的模式。所谓的模式是一整套建设的方式方法，也包括实验学校建设的价值、原则、路径和方法等等。如福建省陶研会通过研究提出了实验学校建设的五个阶段、六大路径、五大行动和38个实验项目，其中五个阶段是起步阶段、初级阶段、中级阶段、高级阶段、品牌阶段，六大路径是学陶、师陶、宣陶、研陶、践陶和创陶，五大行动是生活课堂教学模式、生活课程建设、学生培养、学校管理改革和综合评价改革，38个实验项目是具体的可以实验的38个项目。这些具体的建设对策和做法，构成了建设模式，对系统地建设福建省行知实验学校来说是重要的手段。2013年年初，福建省还制定了《加强福建省行知实验学校建设的意见》文件。该文件对实验学校建设的现状、目标、路径和保障机制都提出了意见。这份文件的推出，推动福建行知实验学校建设走上了有目的地发展的一个阶段，在探索实验学校建设的模式上，有了明确的方向性，引起了较好的反响。

（二）注重行知实验学校建设的宣传

加强实验学校建设宣传，可以对实验学校典型的经验进行总结。比如，通过行知实验学校校长论坛、征文和经验集结出书等方式来加强宣传，也可以通过网站上刊登比较典型的经验总结。以福建省陶研会的做法为例，2014年推出了《陶花绽放——福建省行知实验学校风采录》；中国陶行知研究会实验学校分会也推出了

---

① 金林祥. 加强"陶行知教育思想实验学校"建设 [J]. 生活教育，2008（9）：2.

《行知教育的当代实践——中国陶行知研究会实验学校特色经验集1》。在这个时期，福建省也发表了数篇研究实验学校建设的文章，如《为办人民满意的教育——福建省行知实验学校整体实验模式的构想》《福建省行知实验学校建设的五大经验》《陶行知教育思想实验学校生活课程体系改革的逻辑和内容》《从生活教育到新生活教育——陶行知教育思想实验校建设理论初探》《"福建省行知实验学校"发展迎来了新的阶段》，对实验学校建设的规律、内涵和模式做了探究。

（三）加强行知实验学校建设的人才培训

一是加强行知实验学校教师培训，可以培养实验学校的骨干。中国陶行知研究会和各省分会也有积极组织培训，但是相对实验学校对培训的需求来说，这样的培训工作还做得不够。行知实验学校要加强校本培训和陶研课题研究来培养陶研骨干教师。要学习和研究陶行知先生，尤其要学习研究陶行知教育思想，要带动全体教师学习，研究陶行知先生，要将这种学习通过培训常态化地贯彻下去。

二是加强教育家型教师和教育家型校长培育。为了能够将行知实验学校构建成活力型教育系统，应该加强教育家型教师和教育家型校长培育。陶研界在这方面有优势，因为陶行知先生是教育家的典范，其理论和教育精神都是值得行知实验学校教师和校长学习的。而真正能培养他们成为教育家型教师和教育家型校长的是他们能够梳理出从教的教学主张和办学的办学主张。有了主张，就有了走向实践的灵魂。若能在实践中，使这些主张成为更为普遍的思想，形成教学思想和办学思想，并在实践中得到检验，那么就可以称为教育家型的教师或校长了。行知实验学校是这样的思想和实践的良好场所。

（四）构建行知实验学校的整体体系

以前福建省行知实验学校建设往往从行知校园、行知文化开始，从学校教师学陶、师陶、研陶开始，但新课程改革的经验启发我们，应从构建行知实验学校的课程开始，从而逐渐延及教学模式、教学管理、师生观、评价观、考试观等。学校教育的改革以学校的课程体系为改革的中心，但做这项行知实验学校的改革之前，必须需要有一套适合学校教育现代化发展和改革的理论，即前文论述的新生活教育理论。

我们希望这些延及的系统的行知实验实施要素能够使行知实验在学校中常态

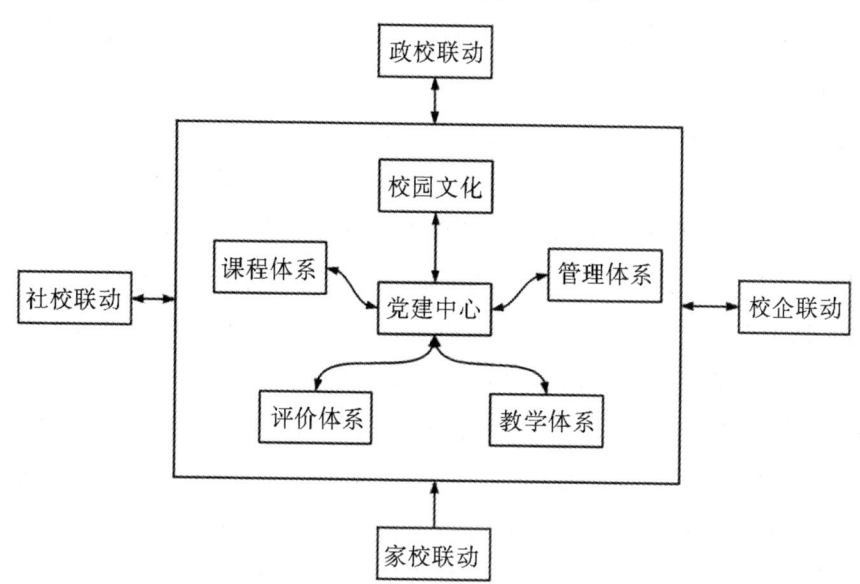

化。因此，我们心中存在这样一个图景（见图3-5-1）。

图 3-5-1　行知实验学校建设的体系图

在这个行知实验学校建设体系中，包括校内和校外，校内以"党建中心"为中心，再分为五个模块，即校园文化建设（硬件文化、理念文化、行为文化等）、管理体系（包括规划、制度、组织建设、后勤、工会等）、课程体系（新生活课程体系，也包含德育课程、学生发展中心等）、教学体系（教学和教研、教师发展等）和评价体系（学生、教师和学校发展的评价）。校外则由校社联动、家校联动、校企联动和校校联动四个部分构成，促使家校社企协同育人。

（五）落实培养学生为"真善美的活人"的生活方式目标

1. 培养学生做真人。陶行知先生一直强调培养人首先重视道德，认为道德一坏，根本就坏了。其"道德为本，智勇为用"[1]，"千教万教，教人求真；千学万学，学做真人"[2]。把真人教育作为学校的培养目标几乎是所有行知实验学校

---

[1] 胡晓风，金成林，张行可，等. 陶行知教育文集[M]. 成都：四川教育出版社，2007：9.

[2] 胡晓风，金成林，张行可，等. 陶行知教育文集[M]. 成都：四川教育出版社，2007：556.

的共同特点。学校可从真知、真爱、真做三个方面培养学生在学习中、活动中、制度中、日常生活中做真人，让学生做中学，说真话，求真知，献真爱，办真事，做真人。

2. 培养学生做主人。第一，培养学生做学习的主人。一是通过学习习惯、学习态度、学习方法、学习能力的培养；二是在预习、听课、复习、作业、实践各个学习环节中培养学生自学能力，做学习的主人。第二，培养学生做习惯的主人。培养学生良好的习惯，"每天四问"，从道德、身体、工作（生活）、学问（学习）四个方面进行习惯培养。[①] 可以进行养成教育的校本课程开发，在部分班级或者在全校进行实行，培养学生良好的人生习惯和人格。第三，培养学生做时间的主人。加强学生日常学习、生活计划管理，培养学生珍惜时间、合理安排学习任务和生活娱乐，开展闲暇时间生活主题教育。第四，培养学生做集体的主人。发挥学生自治的能力，在班级中进行小组合作学习，培养学生成为"以教人者教己"[②] 的"小先生"；开展"轮干制"让学生成为德育自治的班集体主人；开展学生与校长直通短信，参与学校工作会议，制定学校制度，让学生成为学校的主人。第五，培养学生做评价的主人。把评价权还给学生，培养学生自评和互评的能力，在课堂、考试、活动中做评价的主人。

3. 培养学生做活人，拥有良好的生活方式。学校是培养生活力和生活关系的场所，最终也是培养学生生活方式的场所。以健康的身体为培养内容的体育教育、以劳动的身手为培养内容的劳育教育、以艺术的趣味为培养内容的美育教育、以科学的头脑为培养内容的智育教育、以团体的自治为培养内容的德育教育是"五育并举"培养学生生活力、生活关系，以及塑造良好生活方式的教育。学校可构建校本课程，选择适合学生的生活常能，开展包含学生的生活力、生活关系的生活方式培养的活动。

（六）建构行知实验学校"三体"生活课程体系

课堂体系不断扩大是历史发展的趋势，越早期，课程内容越少，现在正在逐

[①] 胡晓风，金成林，张行可，等. 陶行知教育文集 [M]. 成都：四川教育出版社，2007：502.

[②] 胡晓风，金成林，张行可，等. 陶行知教育文集 [M]. 成都：四川教育出版社，2007：179.

渐增加，不断完善。

首先在课程体系方面，行知实验学校必须在已有的课程体系中增加两方面的内容：一是陶行知的生活教育所倡导的"五育"生活课程，一是新生活教育倡导的三类生活课程。通过表格 3-5-2，我们会非常清楚新生活教育理论下，行知实验学校增加了哪些课程，这些课程与传统学校课程和新课改下的课程有什么不同。正是这样的一种增加，我们才能培养全面的发展的人。

表 3-5-2 新生活教育理论下的行知实验学校课程体系

	传统学校课程	新课改课程体系	陶行知的生活教育理论下行知实验学校课程体系	新生活教育理论下行知实验学校课程体系
课程类别	传统学校教育（考试教育）课程	新课改下学校教育（素质教育）增加的课程	陶行知的生活教育理论下行知实验学校（人本教育）应增加的课程	新生活教育理论下的课程
课程	政治、语文、英语、体育、劳技、数学、物理、化学、生物、地理、音乐、美术、历史等	心理健康、信息技术、综合实践活动、地方课程、校本课程、研学旅行等	1. 全校的文书、会计、杂务、卫生等工作，都是指导员和学生做的 2. 征服自然环境的教学做包括科学的农业（工业）、造林、基本手工、卫生和其他教学做 3. 改造社会环境的教学做包括村（社区）自治、民众教育、合作组织、乡村（社区）调查和农民（市民）娱乐等 4. 学生自动的教学做这部分活动都是学生自动计划和决定。大部分是自己的事情	1. 类体生活课程（政治、语文、英语、体育、劳技、数学、物理、化学、生物、地理、音乐、美术、历史等） 2. 集体生活课程（综合实践活动、集体活动式的校本课程，如研学旅行的校本课程、地方课程） 3. 个体生活课程（社团课程、个体家庭内和个体独处的宿舍内闲暇时间的生活）
归类	传统课程	素质课程	生活课程	新生活课程

另外需要说明下，生活课程和新生活课程，都不像传统的课程那样只在课堂上进行学习，它们是生活中进行"教学做合一"的课程，是在学生的日常生活中实践的课程，所以一定程度上不会增加学生的负担，反而会因为接受这些课程的教育，提高生活力、学习力，从而减轻学习负担。

行知实验学校要努力成为课程改革的领头羊，逐步建设包含学科课程、集体活动课程、个体生活课程三大类课程体系。有能力的学校可以将国家（学科）课程校本化，并开发个体生活课程。一般学校可以先构建集体活动课程。

一是国家课程校本化。类体学科课程是已有的国家课程，有能力和条件的学校可以开展借鉴陶行知"五育并举"等教育思想，使之更好地变成一种集体生活的课程，即将国家课程进行校本化，开发与学科课程配套的校本课程。许多在全国有影响的中小学，都有针对国家课程进行校本化的课程建设，这是对国家课程的深化和再创造。

二是开展集体活动校本课程，即综合实践活动的校本课程，如健康身体的健育活动课程（武术、象棋、篮球、足球、乒乓球、体操等体育类活动课程），艺术兴味的艺术活动课程（书法、舞蹈、剪纸、标本、合唱等人文艺术类活动课程），劳动的身手的劳技活动课程（初级高级生活常能、职业技能等），科学的头脑活动课程（国学诵读、弟子规、科普、课外阅读等），改造社会的综合活动课程（礼仪、社会调查等）。这类课程是活动课程，以活动的方式进行，侧重在过程和方法中发展学生的能力。相应的活动课程可以建立相应的社团、相应的校园文化节。这些课程都力求与学生的生活紧密结合，从学生生活出发，用学生的生活来教育，在学生的生活中进行"教学做合一"。

三是个体生活校本课程。个体生活课程是一个新概念，是师生个体生活中自主完成的隐性课程。由于这类课程是自主完成，所以不同的人差别很大。有的师生在课余会阅读相关的书籍和进行相关的生活实践来丰富自己的个体生活课程，从而培养个体生活素养，并形成自育自学自评价的生活力。这类师生，久而久之就会比其他师生更加突出，个体生活也更加丰富。但也由于这些广义的课程并没有受到指导，从而影响了个体接受类体和集体生活课程的兴趣，影响了他们的成长。因此，作为有条件的行知实验学校要注意到这类"个体生活课程"，其对个体成长或者说对师生成长的隐性作用是不可低估的。个体生活课程也是新生活教育最倡导的教育内容。

（七）完善行知实验学校"行心创"生活课堂教学模式

陶行知的生活教育理论下行知实验学校（人本教育）的教学法就是我们熟悉的"教学做合一""劳力上劳心"的教学法。虽然陶行知先生并没有确切提出什么教的模式，但是从陶行知先生主张"教学做合一"的观点中可以看到，"怎么做就怎么学，怎么学就怎么教"。因此，笔者认为，其教学模式其实就是"做"的模式，而这点陶行知先生是说过的，"行动生困难，困难生疑问，疑问生假设，假设生试验，试验生断语，断语又生了行动，如此演进于无穷"①，这是"行知行"的过程。在新生活教育理论中，这一过程被丰富成为"行心创"的过程，其课堂成为"行心创"生活课堂教学模式，其教学模式详细内容见笔者另一本专著《"行心创"生活课堂——陶行知教育思想当代演进与教学实践》。

此外，对学校教学我们同样采取了综合的态度，主张新生活教育理论下是"教学做评统一""教学做评合一""教学做评同一"。这三种模式都是"行心创"，只是其中"知情意"三个维度的侧重点不同（见表3-5-3）。

表3-5-3 不同教学类型对照表

教学类型	传统学校教育（考试教育）教学	新课改下学校教育（素质教育）的教学	陶行知的生活教育理论下行知实验学校（人本教育）的教学	新生活教育理论下的学校教学
教学观	以教为中心	以学为中心	以做为中心：教学做合一	以做为中心：包含"教学做评统一""教学做评合一"和"教学做评同一"
教的模式	导入—讲课—练习—作业	假设—猜想—试验—收集—交流	行动—困难—疑问—假设—试验—断语—行动	行心创生活课堂（行知创、行情创和行意创三个模式）

---

① 胡晓风，金成林，张行可，等. 陶行知教育文集[M]. 成都：四川教育出版社，2007：276.

续表

学的模式	继承性学习法	构建性学习法（合作学习、探究学习、自主学习）	实践性学习法（行知行）	三种学习方式兼要

（八）打造行知实验学校管理体系

学校管理是根据一定的教育目标和管理目标，通过决策、计划、组织、指导和控制，有效地利用学校的各种要素，以实现培育人的社会活动。深化管理改革是创建高级阶段的行知实验学校最为重要的一项改革，也是实现学生培养、生活课堂、生活课程、评价改革的保障。在管理改革中要坚持行知实验学校的"立德为先，五育并举和培植生活方式"的教育目标，坚持行知实验学校的民主与自治的管理目标，即在决策中以校长是一所学校的灵魂，做好实验学校的决策民主管理工作，将人人能自治作为实现生活教育管理的根本目标。

学校管理也有许多不同的形式。陶行知先生在实践其生活教育思想创办南京晓庄学校、育才学校等都先建立学校董事会，体现了陶行知先生民主的管理方式。育才学校开办后，陶行知先生主持制定了《育才学校公约草案》，其中规定：校董事会是学校的最高权力机关，校长是董事会的经常代表，在董事会闭幕期间，校长代表董事会执行职责。在校长领导下，设立校务会议，并分设指导委员会、学生自治会议、校风校纪委员会，体现了指导、自治和监督的三权分立的管理制度架构。除此之外，陶行知先生的管理思想还表现在依法治校上。他创办每所学校都订立规约，要求师生共同遵循，用制度来规范师生的行为，像《育才学校公约》《育才十二要》《育才学校之礼节公约》《育才卫生教育二十九事》等一系列规章制度的制定，有利于学生自治。总之，陶行知的学校是共和的学校，他曾说："在这共和的学校当中，无论何人都不应该取武断的、强迫的、命令的独行的态度。"[①]（《学生自治问题之研究》）1923年秋，陶行知在《安徽公学办学旨趣》一文中，提出安徽公学师生"共学、共事、共修养、共生活、共甘苦"的主张。

---

① 胡晓风，金成林，张行可，等.陶行知教育文集[M].成都：四川教育出版社，2007：58.

作为新生活教育理论下的管理模式自然也是采用综合的态度：一方面传统行政力量要转变职能，从行政管理转为服务学生、教师、家长，做到民主管理；另一方面要发展学生自育、自学能力也就是侧重学生的养成教育，这种个体生活教育也是陶行知先生曾经主张过的学生的自动和自治；最后还需要大家的"共学、共事、共修养、共生活、共甘苦"，这是集体生活教育度（见表3-5-4）。

表3-5-4 不同管理类型对照表

管理类型	传统学校教育（考试教育）管理	新课改下学校教育（素质教育）的管理	陶行知的生活教育理论下行知实验学校（人本教育）的管理	新生活教育理论下的学校管理
管理观	党领导下行政管理（类体生活教育为主）	党领导下民主参与管理（类体和集体生活教育为主）	党领导下民主自治管理（类体、集体和个体生活教育）	党领导下大自我生活管理（以类体、集体生活更多地服务个体生活教育，构建个体的大自我生活教育，要"共学、共事、共修养、共生活、共甘苦"）

因此，行知实验学校的具体做法如下：一是在教育管理上，包括教学管理和教学质量管理，以此作为管理的重点内容。二是落实班子管理、班级管理、社团管理，建立好集体生活环境。三是以教师管理和学生管理建立好个体大自我的生活管理作为重要的抓手。在管理方面落实集体生活管理的民主集中制，在对象管理即教师管理和学生管理方面落实人人能自治的自主管理，一方面做主人（自育自学），这是个体生活教育维度；另一方面"共学、共事、共修养、共生活、共甘苦"，是以类体、集体生活更多地服务个体生活教育，构建个体的大自我的生活教育管理。但所有这些管理都是在党的正确领导下进行的。

（九）健全行知实验学校的评价改革

评价改革不是行知实验学校特有的行为，是国家行动，而行知实验学校尤其要更加深入，先行先试，在综合评价中要贯彻以"五育并举"为主要内容，以提高师生生活力、生活关系、生活方式为核心的评价价值观，以培养学生的类体、集体和个体生活的自我教育能力为根本办学方向的评价体系。

行知实验学校的评价改革具体做法如下：一是要落实国家最新颁布的中小学教育质量综合评价指标，完善具有本校特色的学生综合素质评价体系；二是建立本校的以教师教学评价为主要内容的教师综合评价体系，与绩效工资紧密结合；三是建立与行知学校办学水平相关的综合评价体系。

（十）争取政府教育部门对行知实验学校建设的支持

《国家中长期教育改革和发展规划纲要（2010—2020年）》曾指出："适应中国国情和时代要求，建设依法办学、自主管理、民主监督、社会参与的现代学校制度，构建政府、学校、社会之间新型关系。"所谓这种新型关系就是"管评办"的关系。即政府管，学校办，社会组织评。一定要发挥实验学校建设的主体作用。实验学校要根据自身发展需要，克服各种问题，积极探索和实验，推动实验学校的发展和改革。陶研社团和学校应该积极主动争取政府教育部门、教育单位对陶研会工作的支持和转化实验成果，使其成为政府教育部门认可的成果，要多汇报工作，多争取合作。如省级陶行知研究会与省级教育学院、省级教科所联合起来，对推动省级陶行知研究会的科研力量有重要作用。各地市陶行知研究会也可以多与县区级进修校进行联合，推动实验学校建设的工作。此外，各级陶行知研究会作为引导实验学校建设的评价力量，对实验学校建设有指导、评估、培训和认定的责任。各级陶行知研究会，应通过调研、论坛、交流等方式，充分发挥业务指导和组织作用，重视过往经验的总结和交流，重视开展个案研究，重视培训和规章制度的建设。

三、行知实验学校建设的六个路径

明确了行知实验学校发展的阶段性特点，那么行知实验学校各阶段的建设具体的"学陶、师陶、研陶、宣陶、践陶、创陶"的六个发展路径，事实上六大路径并非循序渐进，可以齐头并进，也可以逐渐深入，主要取决于学校的力量，因此还需要逐一进行阐述。

（一）学陶

不同阶段，学陶的深度是不一样的。这里是讲最全面的学陶。实验学校要组织广大师生深入学习陶行知先生的原著、文集或名篇，学习相关的研究著作以及订阅陶研期刊，并根据学校学陶实际编写师生学习的学陶资料。实验学校在深化学陶活动中要扎实推进"五学"：一是自学。引导全体教师"人人必须自觉学"，做到每人学有心得。二是导学。成立导学小组，不仅学校骨干教师人人上讲台，还可聘请专家到学校做专题指导和学习培训，或到校外接受研训，从宏观上把握和领会"陶行知教育理论"的实质、内涵，发掘陶行知教育思想的当代意义。三是辅学。针对某些教师在学教中遇到的"疑难"问题，导学小组在集体备课时，分工下年段辅导助学。四是研学。建立"集备中心轮流制与发言"，做到"四有"，即研有主题、言有体会、议有深入、交有所得。也可以开展校本研究或结合课题研究学陶、举办或参加征文活动等。五是行学。学校陶研组织成员或校领导成员，可到省内外一些知名的行知实验学校参观学习，参加全国、省、市陶研组织的工作交流会，与同行一起交流。通过"五学"，推动学陶活动的深入开展。

（二）宣陶

要善于通过五个载体开展宣陶活动。一是通过校园"陶味"建设开展宣陶活动。各行知实验学校要善于打造具有"陶味"的校园文化。主要包括立陶像、行知教室、行知墙、行知走廊、行知园、行知路、行知宣传栏、行知名言标语、楼道标语、行知餐厅、行知园、师陶园、求知园、求真园、行知广场、行知厅、学陶室、学陶交流台等。有条件的可建实践基地，比如"农科教结合"的学农实践基地、手工制作坊、百草园、拟态蛇园、茶园、雷竹园、行知少年科学院、科技制作室等。注重校园的物理环境、人文环境的生活化。二是通过校园文化节建设，开展宣陶活动。陶行知先生曾经为学校制定的"五育培养目标"，各实验学校可根据"五育培养目标"并将其融入传统的体育节、艺术节、科技节等校园文化节中，打造以培养健康的体魄为宗旨的健育文化节，以培养师生劳动的身手为宗旨的劳技文化节，以培养艺术兴味的文学、诗歌、书法、歌唱、表演、画画的文艺文化节，以培养科学的头脑为宗旨的科技文化节，以改造社会的精神为宗旨的社会综合实践活动文化节。三是通过搭建有效的社团平台开展宣陶活动。如组织"小陶子文学社""小记者团""小科学家俱乐部""百科讲坛"等，让校园文化更加充满"陶味"。四是通过传统平面媒体和网络媒体开展宣陶活动。各学校可通过校刊、《福建陶研》《生活教育》等期刊开展宣陶活动，也可以在学校的网站和省陶研会微信公众号上进行宣传，扩大影响。五是通过将陶行知宣传融入学校各项活动中开展宣陶活动。如通过书法、诵读、阅读、文艺、演讲等开展宣陶活动。要注重开发《了解陶行知》宣传手册，主要包括宣传和了解陶行知先生的文章、诗歌和歌曲，生平业绩，人格精神，尤其是他的教育思想等，深入开展宣陶活动。

（三）师陶

实验学校在开展师陶活动中，要做到"五个注重"：一是注重教师的师德建设。要大力弘扬陶行知"爱满天下""捧着一颗心来，不带半根草去"的无私奉献精神，以"每天四问"为指导，砥砺教师日常修养。二是注重教师服务精神的建设。积极践行陶行知"教师的服务精神系着教育的命脉"教育思想，推行"三个服务"，即"班子服务教师，教师服务学生，后勤服务教学"。尤其是校级领导班子，更应该树立"行政就是服务，管理就是服务，领导就是服务"的意识。三是注重教师的合作精神建设。要在广大教师中强化"四个合作"，即学会与学生合作（以生为本，师生互动）；学会与家长合作（家校协作，营造合力）；学会与教育管理者合作（包括与上级部门、本校行政、处室、馆室、后勤等管理者合作）；学会与教育同伴合作。四是注重教师的职业理想建设。实践"爱满天下""甘做骆驼""人生为一大事来，做一大事去"，乐于献身教育事业。学校要注重教师的职业理想建设，打造教师成长的平台，激发教师成长的积极性，帮助教师从新手到熟手到骨干到名师阶段性成长。五是注重培养行知创式教师。培养行知创式教师，包括教师要学习陶行知教育思想，提升教育理论水平；践行陶行知教育智慧，提升教育实践能力；创新陶行知教育方法，提升教育反思成效。努力在"行以求知知更创"中为成为德艺双高的学习型、科研型、专家型教师。

（四）研陶

行知实验学校在研陶活动中，要做到"五个坚持"：一要坚持突出"陶味"。

要以陶行知教育思想作为课题的指导思想，并将学习、研究陶行知教育思想贯穿于课题研究的全过程。二要坚持研究主题的针对性与指导性。研究主题既可以是实验学校在改革和发展中所面临的带有全局性的、能够体现实验学校办学内涵的课题，又可以是从本地、本校实际出发，有针对性的能够体现实验学校办学特色的课题。三要坚持学校领导带头从事研究。要以校领导的带头作用，尽量多地动员和组织全校教师参加，特别要关注年轻教师、一线教师的参与。力求通过课题研究培养提高教师对教育教学规律的认识。要将研陶工作与校本教研紧密结合，打造"陶研课题工作室"，搭建"教—研—训"三位一体的教研平台。四要坚持精选课题。陶研课题数量不宜多而在精。在一个不太长的时期内，甚至可以举全校之力，集中对某个综合性课题进行研究，力求出好成果。五要坚持做好成果总结工作。研陶成果可以多样化，如论文、报告、论著、影像、图片、网页、基地和项目等，要善于总结，形成系列成果，积极申报各级教学成果奖。

（五）践陶

践行陶行知教育思想必须树立以人为本、全面发展观念，着重以培养学生、课程建设、生活课堂、学校发展为践陶的着力点，努力造就德智体美劳全面发展的高素质人才。一是学生培养。要从真知、真爱、真做三个方面培养学生在学习中、活动中、制度中、日常生活中说真话，求真知，献真爱，做真人；要培养学生自育、自学、自动的能力，做学习的主人、习惯的主人、时间的主人、集体的主人和评价的主人；要选择适合学生的"常能"，培养学生的生活力。二是课程建设。要以"生活教育"理论为指导，以"立德为先，五育并举"为目标，逐步建设"以课程改革为核心的素质教育"的课程体系；要构建着眼于"增进学生社会责任感、创新能力、实践能力"的综合实践活动常态课程体系和校本课程体系；要努力为学生构建适合他们当今生活、未来生活和积极的、向前向上的生活的综合实践活动和校本课程体系，即生活教育课程体系。三是生活课堂。要以生活教育为基本原理，构建开放式大生活课堂；要以"培植生活力"为重要目标，培植有充沛生活力的学生、真人、公民、战士、学问家和建设者；要以"共同创造出值得崇拜的活人"，构建新型师生关系；要探索课堂的教学设计和教学手段、方法；要以"行以求知知更行"探索从行到知、从知到行的教学环节；要以陶行知的"民主"教育思想和"四颗糖故事"指导民主与自治的课堂评价。四是学校发展。围绕建设具有"陶味"的校园文化和环境，注重校内建设"五好"校园，校外建设"大学校""大教育"。校内"五好"校园是以健康的身体为指导建设平安校园、安全校园和体育校园；以科学的头脑为指导建设书香校园、科技校园；以艺术的兴味为指导建设绿色校园、生态校园、艺术校园和人文校园；以劳动的身手为指导建设生活校园、文明校园；以改造社会的精神为指导建设家校合作、校企合作、村校合作校园。校外构建"大学校"指的是以"立足陶研，辐射周边"为指导，实践"以陶促教，送教下乡"的方针。构建校外"大教育"指的是：城市和郊区的行知实验学校，可通过综合实践活动，让学生走进自然，体验环保的重要性，从而提高环保的意识；让学生走出校园，主动积极地参与服务社会，增进对社会的认识，增强社会实践能力，形成社会责任感和义务感，体验自己与他人和社会的关系，从生活中发现社会的问题。

（六）创陶

作为每所行知实验学校的自身建设来说，"创陶"是一定存在的，从来没有一所行知实验学校与另一所是一样的，这种"创陶"自始至终都存在，并要始终坚持。"创陶"是行知实验学校发展到高级阶段的必然要求，也是走向全国的行知实验学校更加重视的。所以这里把"创陶"作为第六个路径。那么"创陶"要注意哪些呢？

一是创陶校。在对学校办学规律和生活教育深入实践的基础上，进一步深化学校办学内涵，逐步形成像陶行知先生当年办陶校一样的，以生活为中心，集生活教育实验、研究、生产、交流和传播于一体的培植生活力的学校。二是创陶理。从理论层面上回答生活教育当代化在学校教育中的实践做法，梳理学校的办学主张、办学理念等，守正创新，在办学思想、办学理念上有新思想、新做法。三是创品牌。把行知实验学校办成品牌学校，影响其他学校，带到其他学校，成为创新陶行知教育思想的重要平台。在新生活教育的理念下，创品牌要梳理学校办学文化，形成治理蓝图、治理能力和治理体系。四是创陶业。社会即学校，实现行知实验学校对社区的改造。这已经不是办一所陶校了，而是创陶业，像陶行知先生当年那样去影响社会，改造社会，这是陶行知先生对培养人民"改造社会的精神"的实践。

四、结语

　　统观行知实验学校的建设现状，从理论上看，行知实验学校建设，走过了经验摸索的时期，进入整理和创建理论的阶段，形成了关于什么是行知实验学校、行知实验学校的性质特点、办学类型、发展阶段、建设路径、建设任务等多个方面的较为完整的围绕行知实验学校是什么、为什么、怎么做、做成怎么样等基本问题而形成初步的理论体系。在实践中，也逐渐形成硬件建设、制度规范、榜样引领、重点建设、研训提升、活动推进、网络分享、项目带动、宣传指导等多样化的实验推进机制和学陶、师陶、研陶、宣陶、践陶、创陶"六陶并进"的发展路径。在行知校园文化建设、课题研究、教师专业成长、学生培养、生活课堂、校本课程开发、学校建设等教育教学实验中取得了可喜成果。虽然我们也有一些经验可以借鉴，但依然还有许多问题要探索，还有许多问题需要解决，还有很长的路要走。

第六章　行知实验学校建设的福建经验

2011年成立了中国陶行知研究会行知实验学校分会，授牌了全国100多所行知实验学校，截至2023年12月，共有257所全国性的行知实验学校。中国陶行知研究会重视行知实验建设，这对各省行知实验建设来说是一个发展的契机，更是责任和使命。笔者所在的福建省陶行知研究会，早在1986年下半年，就曾创办了福州行知学校。福州行知学校的创建者——陶行知晓庄师范的学生、福建省陶行知研究会首任会长陆维特（1980—1991年），就曾指出："创办行知学校的目的，主要的是为了贯彻《中共中央关于教育体制改革的决定》和实施《义务教育法》，以陶行知的教育思想来实验九年制义务教育，并希望取得经验时逐步推广。"[1] 1995年的福建省陶行知研究会的工作重点还是在幼儿园、小学、中学、职业中学、师范学校建立"兴陶研，促教改"的试点。[2] 直到2003年福建省授牌了惠安第四中学为第一所省行知实验学校，到2024年已有80多所"福建省行知实验学校"，虽然数量相比全国1千多所各省市、中国陶行知研究会的行知实验学校依然偏少，但是我们的确有许多值得总结的实验经验，本章将对福建省行知实验学校的部分建设经验做一个初步的分享。

---

[1] 陆维特. 陶行知研究论文集：第一集 [M]. 福州：福建教育出版社，1991：16.
[2] 福建省陶行知研究会"九五"（1996—2000年）工作规划及1996年工作安排 [J]. 福建陶研，1995（1）.

一、学陶育人：培养"求真""自治"、做"主人"的学生

培养什么样的人，是行知实验学校首要想到的问题。因此，各行知实验学校应该将学陶放在第一，将学陶和培养什么人相结合，进行首先的学习、思考和实践。

（一）以"道德为本，智勇为用"为指导，树立学生德育为先的培养目标

陶行知先生一直强调培养人首先重视道德，认为道德一坏，根本就坏了。其"道德为本，智勇为用"为福建省众多的行知学校所遵从。如泉州台商投资区惠南中学就高度重视德育工作，把德育工作作为学校可持续发展的战略始终放在学校工作的首位，并明确提出了"以德立校，以德治校，创建农村文明示范学校"的办学特色思想。经过长期不懈努力，已见成效，凸显特色。

（二）以"千教万教教人求真，千学万学学做真人"为指导，培养学生做真人

把真人教育作为学校的培养目标几乎是福建省所有行知实验学校的共同特点。然而做得比较有特色的有福安韩城第一中心小学的"一笔一画写好字，一生一世做真人"的真人教育，使得真人教育没有变成空洞的言说。学校在校园内积极营造"一笔一画写好字，一生一世做真人"的写字热潮，号召全体师生人人能够写一手规范汉字，能够做一辈子真人。[1] 又如霞浦实验小学，在校园里兴建"师陶园"，营造育人氛围，让学生在"学做真人"和"教人求真"的浓浓气氛

---

[1] 福建省陶行知研究会. 陶花绽放（上）：福建省行知学校风采录 [M]. 北京：中国文化出版社，2011：14.

中，感受陶行知先生的人格魅力，从而得到潜移默化的教育与熏陶。[①] 再如闽清县后佳学校，在努力提高教师师德修养和业务水平的同时，也在不断借鉴陶行知的德育思想，加强学生的思想建设。他们在学生中持之以恒地开展人人学做"求真知，做真人"等一系列校园文化建设活动。学校把"求真"精神和"真人"教育思想，渗透于学生学习和生活的方方面面，并且有的放矢地展开一些针对性较强的学陶系列活动，比如"求真知做真人"等主题班队会，"写端正字做诚实人"，"每天四问""做人小先生、生活小先生、学习小先生"等丰富多彩的活动，让学生做中学，学中做，说真话，求真知，办真事，做诚实人。在学校的校园里，时时洋溢着浓厚的学陶师陶气氛，也常常活跃着不少可爱的"小陶子"。他们看陶行知的事迹、讲陶行知的故事，读陶行知的文章，吟陶行知的诗歌。[②] 这些做法都不是空洞地宣传，有的建立在"做"上，建立在"求真知"中，使得学生做真人不虚，做真事不假。

（三）以"小先生制""教人者教己""学生自治"等指导学生做集体的主人

培养学生做集体的主人，发挥"学生自治"的能力。很多学校根据自身情况，运用陶行知先生的"小先生制"培养学生。比如福安茶洋民族小学，推行陶行知先生的"小先生制"，"小学生变小先生，人数多，分布面广，每人教两个，便是几万万"。并制订了一系列日常行为规范。为了使每一个小学生能逐步养成自觉学习的良好习惯，学校与家长取得联系，让每位"小先生"懂得如何"教人者教己"，使这些小先生不仅在晨读、午休、晚自修中组织好自己的"小学生"，而且在日常生活中也做好自己及周围环境的清洁工作，既使校貌有了显著的变化，又使教师减轻了教学工作负担，也使学生做到教师在与不在一个样。[③] 又如福州屏西小学，不仅实行了"小先生制"，还实行了"轮干制"。让学生树立人人

---

① 福建省陶行知研究会. 陶花绽放（上）：福建省行知学校风采录 [M]. 北京：中国文化出版社，2011：20.
② 福建省陶行知研究会. 陶花绽放（上）：福建省行知学校风采录 [M]. 北京：中国文化出版社，2011：136-137.
③ 福建省陶行知研究会. 陶花绽放（上）：福建省行知学校风采录 [M]. 北京：中国文化出版社，2011：25.

都是"小先生"的意识,互帮互学,促进学生学习质量、品德养成等各方面的提高。陶行知先生希望学生"从小培育民主志,能上能下人中人,既会谋略善共事",屏西小学也为每个学生一年内至少做一回班干部提供机会,既培养了学生的工作能力,又促进其全面成才。该校制定了"阳光小陶子"评选标准,评选了两届阳光"小陶子",希望他们的事迹影响更多的"小陶子"。

(四)以"每天四问"指导学生做习惯的主人

培养学生良好的习惯,"每天四问"是福州市屏西小学的一大特色;"以习惯奠基人生,用文化滋养成长"是韩城第一中心小学的校训。在具体做法上,有的加大宣传、开展活动,比如福州市屏西小学,在教学楼一楼大厅的墙壁上,挂着一幅"每天四问"的喷绘,这是学校开展学习陶行知活动的其中一项内容。他们把陶行知《每天四问》的内容当作一面镜子,时刻用来鞭策自己、对照自己:"我的身体有没有进步?""我的学问有没有进步?""我的工作有没有进步?""我的道德有没有进步?"学校还根据学生们结合实际写下的切身感受汇编成一本《我要进步》的小册子,并且组织学生参加了由中国陶行知研究会举办的第5届行知大华杯"《每天四问》读后感"征文大赛,喜获团体组织奖;张子恺等4位学生荣获征文优胜奖。[①] 也有编印校本课程,进行日常行为养成教育,比如泉州市丰泽实验小学在抓好教育教学质量的同时,大力实验素质教育,尤其是对学生良好的行为习惯养成教育。学校专门编印了一套《好习惯,好人生》(福建教育出版社)的校本教材,作为福建省地方校本教材系列丛书。这套校本教材根据不同年级学生的年龄特点,分为上中下三册。每一册都设有"学习篇""做人篇""礼貌篇""卫生篇""饮食篇""阅读篇""安全篇""运动篇"和"劳动篇"等小章节。低年级的教材比较感性化,高年级的教材比较理性化,书中强调:"好习惯会使你终身受益,成为你灵感的源泉,成为开启你智慧之门的金钥匙;坏习惯则会变成你人生的阻碍,甚至让你处处遭遇危机,寸步难行。""因为,多一个好习惯,心中就多一分自信;多一个好习惯,人生就会多一次成功的机遇;多一个好习惯,我们的生命中就会多一种享受美好生活的能力。"正如时任丰泽区实验

---

① 福建省陶行知研究会. 陶花绽放(上):福建省行知学校风采录[M]. 北京:中国文化出版社,2011:69.

小学校长的郑惠懋所说，编印这套校本教材的宗旨就是让学生有一个良好的习惯，有一个美好的认识，让学生养成良好的行为习惯，对他们一生的成长和发展有着极其重要的意义。①

二、宣陶化成：打造学陶师陶的"陶味"校园文化

陶行知先生没有直接提出建设校园文化这一概念，如育才学校，最重要的是教师与学生共甘苦，共生活，共建校风，共守校规。因此他创办每一所学校，都很注意培育学校的精神气象，都要编写校歌，制作校旗，制定校训，创办校刊，注重制度文化的建设，如《育才十字诀》《育才三方针》《育才十二要》《育才卫生教育二十九事》《育才学校之礼节与公约》。实际上，福建省大多数行知实验学校都能够建设充满"陶味"的校园文化，只是不同的学校在校园文化建设的重点不同。

（一）以"生活教育"为指导，注重"陶味"的校园环境改造

福建省行知实验学校在挂牌之初往往要求打造具有"陶味"的行知实验学校校园硬件建设。主要包括立陶像、建行知墙、宣传栏、行知名言宣传标语、楼道标语、家长文化墙等。比如福清元洪高级中学，把"千教万教教人求真，千学万学学做真人"写在了一面大墙上，时时警醒师生做真人。有的还建设行知园、师陶园、求知园、求真园、行知广场、行知厅、学陶室、学陶交流台等，有条件的还建立实践基地，比如闽清县后佳学校就有"农科教结合"的学农实践基地；厦门育才小学教学楼顶空地也有种植实践基地，走廊有手工制作坊等等；柘荣东源中心小学有"百草园""拟态蛇园""茶园""雷竹园""行知少年科学院""科技制作室"。部分实验学校还能以"生活教育"为指导，认识到陶行知先生强调的

---

① 福建省陶行知研究会. 陶花绽放（上）：福建省行知学校风采录 [M]. 北京：中国文化出版社，2011：32—33.

"学校不是道士观、和尚庙，必须与社会生活息息相通""学校生活是社会生活的起点。远处着眼，近处着手，改造社会环境要从改造学校环境做起……师生不能共同改造学校环境而侈谈社会改造，未免自欺欺人"等观点，注重校园的物理环境生活化、人文环境生活化和心理环境生活化。比如福鼎第一中学就更加注重生活化环境，在自然的生活中进行教育，更易于学生理解和接受。注重在物理环境、人文环境和心理环境生活化创设是对陶行知先生的"生活教育"的创新应用，值得其他行知实验学校学习。

（二）以"行知教育"思想指导，注重学校办学理念的提升

这些理念主要包括教育服务理念、教育培养目标、教育管理理念等。比如惠安第四中学提出："一个理念"，即"以人为本，学校的一切工作都要围绕学生的发展和需要来设计和实施"；"两个服务"，即"班子服务教师，教师服务学生"；"三个结合"即"陶研要与课堂教学实践相结合，陶研要与社会实践相结合，陶研要与实施素质教育相结合"等以"生"为本的理念。又比如福安韩城第一中心小学的"一笔一画写好字，一生一世做真人"的办学理念，体现了陶行知先生的真人教育理念。再比如福清元洪高级中学确立了以"教人求真，学做真人"作为学校的办学理念，并雕刻在教学楼的正面墙上，师生一进校门就可以看到；还确立了"一训三风"，即校训为"求知、求真、求新"，校风是"至真、至善、至美"，教风是"为师、为范、为友"；学风是"勤学、活学、乐学"。随着对办学文化的更高要求，其办学理念演变成办学主张，更简洁、更有内涵，体系更大，做法更加丰富，如福安实验小学南湖校区提出"真爱"教育，福清行知小学提出"融爱"教育。

（三）以"五项培养目标"为指导，注重校园文化节的开展

陶行知曾经为学校定下五项培养目标：健康的体魄、劳动的身手、科学的头脑、艺术的兴味、改造社会的精神。这五项培养目标，很多实验学校根据传统的体育节、艺术节、科技节等在一定程度上得以实践了。比如，建瓯龙村中心小学，就常举办"我是陶夫子的学生歌咏赛""陶行知故事赛""学陶师陶的主题中队活动"等艺术活动。又比如平潭县实验小学的一年八大节：礼仪节、体育节、游戏节、歌唱节、文化节、科技节、巧手节、艺术节。再如福安师范附小就开展

一年一度的校园"五大节":读书节、艺术节、科技节、体育节和环保节。这五大节一定程度上对应了健康的体魄的体育节、科学的头脑的读书节和科技节,以及改造社会的精神的环保节。当然我们也可以重新审定校园文化节,比如健育节,以培养健康的体魄为宗旨的健康和体育文化节;劳技节,以培养劳动的身手为宗旨的劳动和技术文化节;读书节,以培养科学的头脑为宗旨的阅读和科普文化节;综合活动节,以改造社会的精神为宗旨的社会实践活动文化节。

(四)以"学生自治"思想为指导,注重学陶平台的搭建

学陶要有氛围,还需要搭建各种学生社团,比如建瓯龙村中心小学的"小陶子文学社",每月编印一期《小陶子文学报》。学校还坚持创办《行知园》,每月一期,从80年代末期到现在一直坚持,该刊开设了5个专栏:"行知路上""管理平台""教海撷浪""师生文圃""校园简讯"。又如建瓯实验小学,为学生搭建"金苹果电视台""金苹果小记者团""金苹果文学社""小科学家俱乐部""百科讲坛"等多种平台。文化节是集中的活动,而社团能够延伸到日常的活动。二者的结合使得开展学陶师陶活动成为重要的组织形式。

(五)以"陶行知进课堂"思想为指导,注重学生人格精神文化的培育

要使陶行知先生的精神影响学生,必须让"陶行知"进班级、进课堂,"陶行知"要进课堂,最好的切入点是进课程,甚至开设实验班。"陶行知进课程"是华东师范大学金林祥教授提出的。这些年,福建省行知实验学校中,有许多都编写了自己的校本课程,陶行知的个人故事、教育思想、诗歌等都写入了校本课程。比如福州屏西小学,编辑了校本课程教材《走近陶行知》,分低年级和高年级两个版本,每周在校本课程上进行教学。同时,还经常性地举行了"讲行知故事""诵行知诗歌""唱行知歌曲""编宣陶小报""写陶诗与读书心得"等丰富多彩、喜闻乐见的活动,让学生从中感受到陶行知先生的教育真谛与人格魅力。[①]为了使这种教育实验活动更加深入,有些学校还开设了学陶实验班,比如,沙县翠绿小学,就成立了学陶实验班,在日常教学中不断地努力实践陶行知教育思

---

① 福建省陶行知研究会. 陶花绽放(上):福建省行知学校风采录 [M]. 北京:中国文化出版社,2011:68.

想。其具体做法如下：一是在教学中营造民主、宽容的气氛，尊重学生的人格，让学生感到轻松愉悦。二是运用"教学做合一"这一理论，结合新课改标准，对各学科在培养学生创新能力方面进行科学的研究，改变陈旧的教学模式，建立一套完整的学科教学体系。三是开展活动化教学，让学生亲自参与学科知识中基本概念、基本原理有关的活动，并引导学生在活动中发现问题。在学生获得直接经验的基础上，师生共同解决问题，吸引学生的注意，激发学生的探索兴趣，引起学生稳定、持久的探索动机。四是在教学中"敢探新理""敢入边疆"，让学生勇于创新，积极尝试，敢于怀疑和否定权威，培养学生的创造精神。

三、师陶成范：打造践行陶行知教育思想的教师队伍

（一）以"爱满天下""捧着一颗心来，不带半根草去"为指导建设有爱心的教师队伍

进行师德建设，弘扬陶行知"爱满天下""捧着一颗心来，不带半根草去"的无私奉献精神是实验学校常见的做法。如福安韩城第一中心小学开展"爱心教育"，教师关心那些外来务工人员的子女和当地留守儿童，对每一个学生就像对待自己的孩子、弟妹，而学生也都把他们当作自己的"爱心妈妈"或"知心姐姐"。几年来，学校校长亲自抓、分管领导重点抓、中队辅导员具体抓的三级联动责任制，建立少先队总辅导员为"爱心妈妈总联络员"，各班主任为"爱心示范员"的三级网络管理，给了外来务工人员的子女和当地留守儿童一个温馨的家。又如福安茶洋民族小学，作为一所寄宿制学校，寄宿生的迎来送往工作让学校领导和教师十分揪心和操心。每周五，教师都要等到学生放学上车后才离开学校，而有些特困的单亲家庭的学生经常没有车费乘车，教师还要经常亲自送他们回家。[1] 除此之外，惠安第一中学在进行"爱的教育"中既有理念也有做法，比

---

[1] 福建省陶行知研究会. 陶花绽放（上）：福建省行知学校风采录[M]. 北京：中国文化出版社，2011：26.

如学校在积极践行陶行知"教师的服务精神系着教育的命脉"的教育思想,进一步强化"三个服务",即"班子服务教师,教师服务学生,后勤服务教学"。尤其是校级领导班子,更应该树立"行政就是服务,管理就是服务,领导就是服务"的意识,居安思危,恪尽职守。同时,在广大教师中强化"四个合作":一是学会与学生合作(以生为本,师生互动)。二是学会与家长合作(家校协作,营造合力)。三是学会与教育管理者合作(即包括与上级部门、本校行政、处室、馆室、后勤等管理者);四是学会与教育同伴合作。①

(二)实践"人生为一大事来,做一大事去"产生许多献身教育的人民教师

在福建省行知实验学校中,那些践行陶行知"爱满天下""甘做骆驼""人生为一大事来,做一大事去"宏大的教育理想的实践者,不在少数。比如说到福安锦桌头小学,我们不得不提到一个熟悉的名字,那就是"爱心妈妈"蔡坚基老师。蔡坚基老师在办学条件极其困难的情况下,立志要办三件大事:一是要当一名小学教师,二是要为家乡办一所完全小学,三是要创办一个孤儿班。为了实现她的三个教育理想,她平时省吃俭用,倾家办学,把自己的公婆、丈夫、孩子一起拉来办学校。办学经费不够,她便用自己的双手开荒种果树,筹集资金盖学校。蔡坚基老师终于如愿以偿,在建成完全小学后又创办了一个孤儿班。班级里有 100 个孤儿特困生,每天每人生活费以 1 元计,一个月也要 3000 元。为了这些孤苦零丁的孩子,她义无反顾地将自己经营 10 余年、如今年收入万余元的茶果园无偿捐给学校作为"学农基地"。而 10 多年,她没有添置一件新衣、一件家具,连二儿子辛苦打工节俭寄回的 1 万元钱也贴了进去。在蔡老师的家里,除了二十几年前购买的衣服家具外连一台黑白电视机、一辆自行车也没有,这是一个连小偷也不愿光顾的家。理解她的丈夫林三当起炊事员。早上 4 时,天未透亮,他就起来蒸饭、洗菜、煮菜、分菜,一直忙到晚上 9 时。4000 多个日日夜夜,他无半句怨言,100 多个孩子的饭菜,他料理得有条不紊。"我是共产党员、复退军人,又是她的丈夫,我不帮她谁帮!"朴实无华的话语,却让人看到他博大的胸怀。为了补贴学校的开支,一有空,他还得上山砍柴火、照料学校的几亩

---

① 福建省陶行知研究会. 陶花绽放(上):福建省行知学校风采录[M]. 北京:中国文化出版社,2011:196.

菜园。

再如福安茶洋民族小学的陈熙校长。福建省陶行知研究会会长刘在琳在该校的行知校授牌仪式上这样说："他怀着一颗给农民烧心香的心，抱着陶行知先生所倡导的'捧着一颗心来，不带半根草去'的无私奉献精神，来到畲族聚居的山村小学任教。在艰苦的条件下，他不仅一个人坚持下来，还毫不犹豫地把妻子、小姨子接上山来任教，把父母亲请上山为寄宿的学生砍柴烧饭，举家办学。青春献畲乡、默默耕耘、无私奉献精神令人深深感动。"并进一步说："陈熙校长在办学中积极实践陶行知教育思想，实践农科教结合，坚持教学做合一。他不仅教学生文化知识，又教学生学做真人，还教学生生产技能。陈熙校长还努力为山村发展经济服务，经常给农民上农技课，把科学的种养殖知识传播给农民，把试验成功的优良品种和技术推广到畲乡，带动全村走上致富路。陈熙校长用自己的行动和出色的工作赢得畲乡人民的爱戴！他也因此获得全省陶研先进个人的表彰。"又如建瓯龙村中心小学的杨佩延、吴春华老师等。这些教师都把自己奉献给了学生，奉献给了学校。

（三）以"第一流的教育家"思想为指导，培养能够创新的教师

部分行知实验学校注重教师创新能力培养，陶行知先生在《第一流的教育家》中说"敢探未发明的新理""敢入未开化的边疆"，这对培养教师的创造精神具有重要的引领作用。比如福安韩城第一中心小学在强调教师要有服务意识和求真意识以及"教人求真""学做真人"之外，还强调要培养创新意识，践行陶行知先生的"敢探未发明的新理""敢入未开化的边疆"的开拓创新的教育思想。

（四）以"每天四问"为指导，砥砺教师日常修养

陶行知先生的"每天四问"内容丰富，分别是："自己的身体有没有进步？""我的学问有没有进步？""我的工作有没有进步？""我的道德有没有进步？"它对于指导教师日常修养具有重要的作用。比如，福州屏西小学，以"学陶铸师魂，兴教育真才"要求教师"每天四问"，同时更是强调师生的共修养。他们把陶行知先生的《每天四问》的内容当作一面镜子，时时刻刻用来鞭策自己，对照自己。

四、研陶聚力：构建学陶、宣陶、师陶、践陶等的教研共同体

（一）建立健全学陶、研陶的组织和制度，注重管理环境建设，保证学校顺利开展实验活动

成立学校陶研会或成立学校陶研工作领导小组是两种常见的保证省行知实验学校开展学陶师陶实验的组织方式。如沙县翠绿小学，其校长担任组长，党支部书记和两位副校长做副组长，成员由工会、教务处、教研组、少先队等部门负责人组成。有组织就要有制度，学校还创建了较健全的制度。又如福清元洪高级中学成立了校陶研会，创办校刊《元洪陶研》，为师生学陶师陶研陶提供交流的平台，营造了热烈的研陶氛围。

除了注重组织、制度建设，更多的行知实验学校注重组织的管理环境建设，能够实践陶行知先生在《新教育》中强调的"办好学校不靠一人，也不靠少数人，使每个学生，每个教员，晓得这个学校是我的学校，肯与学校同甘共苦，那才是共和国社会里的真学校"的精神，推行民主自治的组织管理方式。如泉州丰泽区实验小学，就注重推行民主决策，主要做法有：设立了校长信箱，开通了网络信箱；聘请社会人士、离退休教师为学校顾问，请他们为学校建设积极出谋划策；通过教代会、校务会议、教师例会决定学校重大事务；开展个别访谈；采取家访和召开家长会的形式征询社会对学校的意见。[①]

（二）注重学习陶研经典著作和订阅相关期刊，编印适合本校的学陶资料，丰富教师的陶研理论素养

践行陶行知教育思想，首先就必须学陶，而学陶最重要的是学习陶行知的原著。其次是学习相关的研究著作以及订阅陶研期刊。如厦门金鸡亭中学，就购买

---

① 福建省陶行知研究会. 陶花绽放（下）：福建省陶行知研究会"十一五"课题成果集[M]. 北京：中国文化出版社，2011：37.

了《陶行知全集》和陶研理论等相关书籍，订阅了《爱满天下》《生活教育》《福建陶研》等期刊让教师借阅。发给每个会员人手一册《爱满天下》和《陶行知论师德》书籍。其他很多行知实验学校购买了由黄仁贤和涂怀京主编的《陶行知教育思想的理论体系与当代价值》一书，然后分发给自己学校的教师。再次是各行知实验学校根据自身学陶实际编写教师学习的学陶资料，如惠安第一中学、平潭城关中学、福州市屏西小学、三明明溪第一中学、厦门金鸡亭中学都编写了学陶的学习资料。其中厦门金鸡亭中学编写的《陶行知语录》4 万字，《陶行知教育思想》近 10 万字，《论陶行知教育思想》约 15 万字。明溪第一中学印发《爱满天下》《陶行知教育思想》《陶行知语录》等陶行知教育思想学习材料。

在这个过程，实验学校能够很好组织教师进行学习。比如建瓯实验第二小学，就引领教师自学、导学、辅学相互补充，相互联系，交替进行。所谓自学，要求全体教师"人人必须自觉学"，做到每人学有心得；所谓导学，成立"陶行知教育理论学教辅导组"，不仅学校骨干教师人人上讲台，还聘请市进修学校祝桂兴校长到学校做专题指导和学习培训，从宏观上把握和领会"陶行知教育理论"的实质、内涵和其对新课改的意义，排除了一小部分教师对学陶过时的想法；所谓的辅学，就是针对某些教师在学教中遇到的"疑难"和问题，小组成员分解下年段集体备课时辅导助学。这种多样化的学习是值得我们借鉴的。除此之外，建瓯实小还建立"集备中心发言与轮流制"并要做到"四有"，研有主题，言有体会，议有深入，交有所得。以上这些做法对丰富教师的陶研理论素养，有重要的成效。

（三）开展丰富的学陶、宣陶、师陶、研陶、践陶活动，培养能够科研的团队

为了使陶研组织成员和全校教师能够尽快践陶，从而必须先学陶。大多数实验学校都能够带领教师去全国知名的行知实验学校参观调研，学习先进经验，请一些陶研专家来校莅临指导，在本校开展学陶相关的校本教研。如三明明溪第一中学，从 2006 年开始学陶研陶，不断提升学校整体的理论水平，多次组织教师外出取经，派出教师参加中国陶行知研究会在南京十月军校举办的生活教育理论与实践研修班，参加福建省行知实验学校工作交流会，参加福建省陶研会年会和庆祝福建省陶研会成立二十五周年大会。聘请陶研专家为全校教职工开展学陶讲

座。沙县翠绿小学，将面上的全体性培训与点上的个人学习相结合，做到每学期必有学陶培训计划、学陶专题培训等。并积极探索和推进有效教学，以校本研究为载体，围绕构建有效课堂教学这一主题开展循环式教研活动，探索课堂有效性教学策略。除此之外，沙县翠绿小学还组织教师开展学陶成果交流会，谈心得。这样的活动在其他实验学校也是非常常见的。又如2001年，闽清县后佳学校发动学校29位教师学习时任福建省委书记宋德福在致福建省陶研会纪念陶行知诞辰110周年座谈会的信，信中号召大家学习陶行知"五种精神"——即"追求真理""人民第一"的革命精神；"爱满天下""教育为公"的无私精神；"甘做骆驼""捧着一颗心来，不带半根草去"的奉献精神；"千教万教教人求真，千学万学学做真人"的育人治学精神；"敢入未开化的边疆，敢探未发现的新理"的开拓创新精神。这五种精神，极大鼓舞了后佳学校领导和教师的教育热情及学陶积极性，学校再次掀起"兴陶研，促教改"的热潮。29位教师竟撰写了近百篇的学陶心得和论文。而后，学校在教师撰写论文的基础上编写了《师陶唯真》一书。他们在省级、国家级等陶研刊物上发表的学陶论文就达22篇，其中有2篇还入选福建省十年陶研优秀论文选，薛校长撰写的论文《以陶为师促教改》分别荣获2004年福建省、福清市陶研会陶研征文一等奖。除此之外，以陶研课题引领教师科研。2007年，福建省陶研会组织开展"十一五"陶研课题申报工作，全省各地市共申报86个课题。2011年3月，福建省陶研会在福州隆重召开"十一五"课题结题大会。2011年9月，福建省陶行知研究会发布了"十二五"规划课题，要求"福建省行知实验学校"校校有课题。

五、践陶新课，打造充满"陶味"的生活课堂

新课改，落到实处是新课堂，陶行知教育思想在指导新课堂建设方面有许多有益的经验，是实施素质教育的主要抓手。福建省行知实验学校在打造陶行知生活教育的新课堂方面主要有以下几个做法：

（一）以生活教育原理为指导，用生活来教育

用生活教育使生活课堂生活化。比如惠安县嘉惠中学在开展生活教育理论指导下的综合实践活动，就强调"以'生活'为中心，主题生活化""以'做'为中心，活动实践化""以'放'为导向，环境社会化"，使这样的课堂生活化、实践化和社会化，是真正的大生活教育。又如长汀新桥中心学校，能够从"构建生活课堂，让学生在课内发展""利用生活资源，让学生在课外发展"两个方面构建了大生活课堂。其中，"构建生活课堂，让学生在课内发展"，包括"实施生活化教学""构建'试（做）·研（做）·创（做）'教学模式""让陶行知文化进课堂"；"构建生活课堂，让学生在课外发展"，包括"优化育人环境，用陶文化陶冶学生情操""整合学校学习资源，培养学生个性特长""走出校园，融入社会，让学生在社会大课堂中接受生活教育"。

（二）以"共同创造出值得崇拜的活人"为指导，构建新型师生关系

比如，早在2002年惠安县第四中学就通过了福建省陶行知研究会审批立项的"学陶师陶，构建新型的师生关系"课题，课题起初只涉及初中和高中4个年级1280余人，一个学期后便迅速扩大到全校师生。该课题始终弘扬陶行知"捧着一颗心来，不带半根草去"的无私奉献精神，借鉴陶行知先生"爱满天下""教师服务精神系教育的命脉"以及"生活教育""创新教育"等理念，深化教学改革，致力于构建新型师生关系和营造和谐校园与人文环境。又如福州市屏西小学以陶行知"先生创造学生，学生也创造先生，师生合作，共同创造出值得崇拜的活人"的教学相长的思想，建立了一个民主、平等、和谐的新型师生关系，不但使学陶师陶氛围更加浓厚，也使领导与教师，教师与学生关系更加融洽。[①]

（三）以"教学做合一"指导教学设计和教学手段、方法

福建省有很多行知实验学校都开展了这项实验和研究。比如宁德市教师进修学院课题组在"陶行知'教学做合一'教育理论与中学生物学新课程实施研究"

---

① 福建省陶行知研究会. 陶花绽放（上）：福建省行知学校风采录［M］. 北京：中国文化出版社，2011：68.

中强调，教师在教学设计时，必须以"教学做合一"等教育理论为基础，指导教学设计的整个过程。同时还强调课堂的教学手段、方法等必须体现"教学做合一"的整体性。① 又如原福州市屏西小学林彤校长在其教学实践中，贯彻"教学做合一"核心思想、"劳力上劳心"的理念，让"学生的生活经验走进课堂""让学生参与教学过程""让学生大胆质疑问难""让学生敢于评价"。②

（四）以"六大解放"为指导，营造开放式的课堂时空环境

以"六大解放"思想为指导，练就学生的胆量，激发学生的学习兴趣，培养学生敢说、敢想、敢做、能看的开放式课堂。这也是生活课堂的常见方式。如泉州台商投资区惠南中学，也强调实践陶行知先生所追求的"民主平等，尊师爱生，情感交融，协力合作"的教育目标，构建平等、民主、和谐、尊重、共学的师生关系。以构建课堂新型师生关系入手，致力于"解放孩子的头脑、双手、眼睛、嘴、空间、时间，使他们充分得到自由的生活，从自由的生活中得到真正的教育"，让课堂充满活力。在课堂实践中，要求教师落实"六大解放"思想，培养学生的创新能力。引导学生动口，即要求学生敢说、敢问。引导学生动眼。眼是心灵的窗口。动眼就是要求教师在教学过程中，善于培养学生的观察能力，以捕捉瞬息的信息，达到创新的意境。引导学生动手，就是要求学生敢于实践。成功的课堂最大的一个特点是要能够理论联系实际。引导学生动脑，即要求学生敢想。教师在教学中要尽可能多地创设一些富有启发性的情境，要善于运用各种教学媒体，配合发问技巧，鼓励学生积极思考、自由想象，发展创新能力。引导学生动心，即要求学生敢于质疑。要想学得好，还需要用心，要有"心思"和"心疑"的思维品质。③

---

① 福建省陶行知研究会. 陶花绽放（下）：福建省陶行知研究会"十一五"课题成果集[M]. 北京：中国文化出版社，2011：72.
② 福建省陶行知研究会. 陶花绽放（下）：福建省陶行知研究会"十一五"课题成果集[M]. 北京：中国文化出版社，2011：122.
③ 福建省陶行知研究会. 陶花绽放（上）：福建省行知学校风采录[M]. 北京：中国文化出版社，2011：78.

（五）以"小先生制""教人者教己""共学、共教、共修养"等理念培养小组合作学习

福建省行知实验学校福州屏西小学在申报福建省行知实验学校申报表中说："引导学生树立能者为师的思想，人人成为'小先生'。"如惠安第四中学李志锋老师主持的"陶行知'教学做合一'教育理论与英语课堂主体教学实践研究"课题的实践中就注重"共学、共教、共修养"为指导的"课堂师生交互学习的策略"。其基本操作程序是："教师制作课件和学件，完成教学准备""教师提出新的目标、新的任务""师生确定学习方法，共同学习""师生依托网络，开展互动""学生完成探究学习，汇报成果"。也重视贯彻"小先生"的"课后生生合作学习策略""教师形成新的目标，提出新的任务""师生形成异步式拓展交流""学生完成学习，形成作品，教师评价"等。

（六）以"行以求知知更行"构建从行到知、从知到行的教学环节

比如惠安第二中学，探索建立了"行（预习）—知（讲解）—行（巩固）"的教学环节，并在课堂教学实践中强调做到以下几点："给学生创设一个民主的氛围""给学生设置一个岗位角色""给学生提供一个想象的空间""给学生保证一个交流的时间""给学生展示一个多彩的世界""给学生开辟一块实践的天地""给学生搭建一个展示的平台"[1]，处处贯彻了"行"。又比如福鼎市白琳中心小学，也开辟了"自主学习—合作探究—精讲点拨—有效训练"四环节教学法，此处也贯彻了行（自行的自主学习和共行的合作探究）—知（精讲点拨）—行（有效训练）的思想。再比如，长汀新桥中心学校的"试·研·创"三段五环节[2]，即"试做（生疑）—研做（假设、验证、归纳）—创做（应用）"，就是很好地贯彻了"行知行""教学做合一"的思想。

---

[1] 福建省陶行知研究会. 陶花绽放（下）——福建省陶行知研究会"十一五"课题成果集 [M]. 北京：中国文化出版社，2011：170.

[2] 陈开养. 以"做"为主线构建"试·研·创"教学模式 [J]. 生活教育，2013（12）：18—20.

（七）以陶行知的"民主"教育思想和"四颗糖故事"指导课堂评价

很多行知实验学校教师在生活课堂中都能做到教学民主，摒弃传统的"一言堂"教育教学方式。在教学评价中，不仅有教师的评价，还要更加注重学生的互评和自评。在评价学生的过程中能够从陶行知"四颗糖故事"中受启发，信仰学生、鼓励学生、赏识学生，把关心、爱心传递给学生，做到教育是心心相印的活动。

六、创陶化民，以"社会即学校"构建大学校、大教育

（一）以"教育要与农业携手""科学要下嫁"实践"人民第一"平民教育思想，构建大学校

福建省一些农村行知实验学校往往能够结合自身实际，开展"农科教结合""兴教富民"的实验活动。如闽清县后佳学校，地处偏僻山区，海拔将近1000米，素有"闽清西藏"之称。就是这所仅有20来位教师的学校，学陶研陶工作却开展得既轰轰烈烈又扎扎实实。"农教结合""科教兴农"，已经成为学校特色办学的招牌。学校领导和教师在学陶中，从陶行知的"生活即教育""社会即学校""教育要与农业携手""科学要下嫁"和"教学做合一"等教育思想得到深刻的启发。他们坚持农村教育要与农村经济和社会发展紧密结合，为农村经济和社会发展服务，使农村学校在促进乡村经济发展和改造乡村社会中发挥积极作用。具体做法：一是重视学生学习农业科技知识，培养动脑动手的"小先生"；二是把中、高年级部分学生组织成"反季节蔬菜栽培"兴趣小组，学生积极参加实践，手脑并用，学到了不少活的知识；三是试种成功后，学生们回到家里当起"小先生"，向家人和邻居讲解种植要领、病虫害防治、化肥农药的使用技术等，和家人一起参与生产田间管理，把生产疑难问题带回学校向教师求教，再把教师的意见反馈给家长。因此，反季节蔬菜种植便迅速推广到全乡和邻近乡村；四是

教师还走出去，请进来，拜农业专家为师，把科学知识献给当地的农民，他们热心为农民服务、排忧解难。"农教结合，科教兴农"，促进了后佳乡经济的发展，也促进了后佳乡教育的发展，从而，走出了一条农村教育改革的新路子。又如福安茶洋民族小学开展的"职业教育"和"成人教育"。如果说"基础教育"，也许大家还能够理解，因为义务教育阶段的学龄儿童的基础教育是学校的正规教育。而"职业教育"和"成人教育"，相信许多人会和我一样感到纳闷，这么一所"袖珍"型的学校，竟然还办起"职业教育"和"成人教育"？其实，所谓的"职业教育"指的是学校根据自身所处的地理位置和学校的实际，以科教来兴农，发展农村经济。具体做法包含了三方面的主要内容：一是乡村教育要以科学农业为主；二是知识分子需与农民合作；三是乡村学校要与农技部门建立密切联络。而"成人教育"则是对农村里的一些村民的文盲现象，进行扫盲工作。福安茶洋畲族村由于地处偏僻山区，教育底子薄、文盲数多。学校实行"一堵、二扫、三提高"的扫盲工作方针，并核实登记每一个新文盲人员，查堵余漏人员，同时动员他们要参与脱盲教育。开办了夜校扫盲班，在茶洋下属4个自然村开办夜校扫盲点，还专门设了兼职夜校扫盲班教师。学校借鉴陶行知的教育思想，提出了"有文化者都来教，不识字者都来学"的口号。发扬陶行知所倡导的"小先生制"，把福安茶洋小学的中高年级的学生集中起来，让他们成为扫盲教育行动的主力军，回家当"小先生"，负责督导、教授亲属文盲人文的脱盲学习活动。通过结对子扫盲行动，既提高了扫盲工作水准，培养了本校学生主动参与社会实践活动的能力，收到了双重的效益。通过2年多的扫盲攻坚战，福安茶洋村共计脱盲44人，全村非文盲率达到99.3%。成人扫盲脱盲工作成果显著，全村人口整体素质得到了提升。①

（二）以"社会即学校"思想为指导，开展综合实践活动，建设综合实践活动基地，构建大教育

在福建省众多的行知实验学校中，提到综合实践活动，就不能不提南安市翔云中学。该校在陶行知的生活教育思想指导下，还专门为综合实践活动编写校本课程大纲《我们的翔云》，根据不同的年级分为不同的章节，分别为翔云的"地

---

① 福建省陶行知研究会. 陶花绽放（上）：福建省行知学校风采录[M]. 北京：中国文化出版社，2011：29.

势地貌""行政区域""人口分布""手艺特产""风俗民情""环境保护""名胜古迹""传说故事""历史丰碑""红色岁月""改革年代"等,这些为学生的综合实践活动提供了大量的素材。通过综合实践活动,让学生走进自然,体验环保的重要性,从而提高环保的意识;让学生走出校园,主动积极地参与社会和服务社会,增进对社会的了解与认识,增强社会实践能力,形成社会责任感和义务感,体验自己与他人和社会的关系,从生活中发现社会的问题。通过这样的实践活动,学生增进了对社会的了解,学会与他人沟通交流、生活工作、关心他人、关心社会、服务他人、服务社会的行为习惯;激发了学生感恩亲情、学做真人,使学生理解亲情的重要,懂得做人的道理,体验做人应尽的责任,达到了预期的教育目的和效果。①

又如省行知实验学校厦门竹坝学校,没有什么资源优势,通过开展学生的劳动、生活、民俗体验夏令营等活动,每年暑假接待市、区 2000 多人,每期 3 天 200 人,期期爆满,岛内的中小学还得提前一年预约。因此,竹坝学校已被列为省级、市级青少年实践基地。2005 年 7 月 4 日,厦门市文明委授牌竹坝学校为"青少年校外活动实践基地"。2007 年 6 月 16 日,厦门市八个部门联合为 11 家第二批关心下一代的教育基地授牌,竹坝学校被授予"厦门市青少年综合实践基地"的称号。

(三)以"立足陶研,辐射周边"为指导,成大学校,成大教育

福建省陶行知研究会一直强调福建省行知实验学校要能带动周边,辐射周边。不仅仅是要有益于学生,还要有益于乡民,在构建大学校、大教育的目标上,许多省行知实验学校在陶行知教育思想和精神的感召下,"以陶促教,送教下乡"。比如古田县第二小学,广辟帮扶渠道,在促进城乡教育均衡发展方面做了有益的探索,并取得了一定的成效。该校作为宁德市素质教育示范校,先后多次与兄弟学区开展"城乡联谊,同享共进"教研活动,先后送教下乡到大甲、杉洋、鹤塘、大桥、卓洋、黄田、水口、吉巷、平湖等中心小学,足迹遍布了古田乡镇的各个中心小学,有效地推进了农村教育教学改革的进程。为了更有效地发

---

① 福建省陶行知研究会. 陶花绽放(上):福建省行知学校风采录 [M]. 北京:中国文化出版社,2011:82.

挥该校的优质资源，该校因地制宜，与平湖小学建立了"城乡校对校对口帮扶"关系，并建立了教师轮岗相关制度，开展了丰富多彩的对接帮扶活动，把先进的教育教学经验带下去，与平湖小学的教师商讨、交流，促进了教师的专业成长，缩小了城乡的教育差距，实现了城乡教育的均衡发展。又如宁德师范学院附属小学作为省示范小学，一直以"示范辐射，带动发展"为己任，为提高农村小学教育教学水平，为城乡教育均衡发展做出了不懈努力和无私奉献。2000年以来，学校已先后派出50多位优秀教师到全市各县（市、区）的城关及农村学校上80多场、120余节的观摩课和示范课；有30多位名师、骨干教师到各级各类教师培训班、各县（市、区）及农村学校开设700多场次的教育、教学、管理等专题讲座。学校教师示范辐射的足迹已经遍及闽东九个县（市、区）的大部分乡镇学校，全市60％以上小学教师听过该校的观摩示范课或专题讲座。

总之，弘扬行知精神，践行行知思想，建设行知实验学校，这是一条康庄大道，"是展示陶行知教育思想强大生命力的重要窗口""是发展陶行知教育思想，创新教育理论的重要平台""更是实施素质教育，推进新课程改革的一种好形式"①。各级行知实验学校在学陶、师陶、宣陶、研陶、践陶、创陶的实践上还有很长的路要走。各校实践的内容、方式、方法有所侧重，有所增益，也就有所不足，有所缺憾，然而它们已有的好做法、好经验、好路子还有许多，本文也是难以一言而尽的。

---

① 金林祥. 加强"陶行知教育思想实验学校"建设［J］. 生活教育，2010（3）：34－38.

第七章　行知实验学校办学文化的梳理

各地省级、市级名校长培训中，往往要求名校长培养对象要凝练学校的办学主张。在这样的要求传导下，各地一线校长都有凝练学校办学主张的需求，由此，凝练办学主张也逐渐成为名校长专业成长的重要抓手。实际上，凝练办学主张，构建办学文化，是要构建治理体系与治理能力的。然而学界对学校办学主张凝练的研究还不够多，一些研究区分了办学理念、办学思想等内涵，一些研究对学校办学主张的组成要素进行了研究，如办学理念、办学特色、校风、校训之间的关系研究。[1] 个别研究也给出了办学理念凝练的"整体模式"[2]，更多的是一线校长介绍了自己办学理念的具体做法。[3] 本文所指的办学主张是指校长或学校依据党和国家教育政策要求、学校办学实际、教育基本原理或教育家思想指导、本地教育特色或学校办学经验提出明确的办学理念和系统的办学内涵，并在党建、校园文化、课程、教学、教研、管理、家校合育等领域制定明确的发展目标、内涵、内容和可操作的办学路径或发展规划。然而，要完成这样的一种办学主张，一线校长往往力不从心。从笔者为中小幼等学校办学主张凝练的实践来看，没有一套完整的凝练模式，办学主张的凝练并不容易，行知实验学校的"创陶"就难以真正实现。

---

[1] 洪庆根，李世改，马天翼. 试论办学理念、办学特色、校风、校训之间的关系[J]. 高等教育研究学报，2000（4）：4—6+9.

[2] 陈如平. "整体构建"：学校改进的实践模式[J]. 中小学管理，2015（4）：3.

[3] 陈伏军. 一个校长的办学主张与实践[J]. 教书育人，2017（17）：10—11.

一、行知实验学校办学文化的梳理理论

理念是人们在实践基础上,依据对客观事物及其规律的认识和判断,并逐渐形成的对事物发展的规律性和指向性的理性认识、理想追求和观念体系的总和。[①] 由此可见,学校办学理念是基于物质和实践基础上的,办学主张是办学理念的核心,办学理念在一定程度上可以脱离某所具体学校,但办学主张则一定是基于某所学校的客观条件和实践过程而总结提升凝练出来的。基于此,我们用一个词来描述这个特征——"御物行知创"。

"御物",词典解释有三种含义:指帝王专用之物、驾驭万物和凭借他物,此处"御物"是指"凭借他物"之意。意思是学校发展需要"凭借他物",依据一定的客观的环境和条件,本文侧重指学校发展以物质条件为基础。"行知创",本文是指基于实践形成办学理念,及办学理念应用于实践构建创新的蓝图、治理体系等。"御物行知创"即指,学校发展需要依据一定的客观的环境和条件"凭借他物"进行实践,并从实践中发展出办学理念和办学主张,以办学主张构建治理蓝图、治理能力,在此基础上进行创造,最终形成治理体系。任何一所学校,本质上都是"御物行知创"的过程,只是不同的学校做到的程度不一样。因此,学校的"御物行知创"特征是学校发展的本质和规律的必然逻辑。

然而,一些学校在实际凝练办学内涵时,往往脱离具体的学校环境(地域、设施、师资、生源),谈学校发展理念,容易出现无本之木、无基之墙的问题。或者一些校长自身无力凝练,邀请一些知名专家进行凝练,常常理念非常新颖,但是在实践中难以操作(脱离实践)。当然,理念具有引领作用,不能完全是现实和实践的反映,应该对现实和实践进行指导。但若是不能很好地处理物和行对知的源头关系,就难以获得知的正确形态,也难有"创"的办学文化的结果。

学校发展整体上是"御物行知创"的过程。在实际发展中缺少任何一方面都

---

① 孙绵涛. 校长办学理念的价值取向研究［M］. 北京:高等教育出版社,2012:3.

不行，四个方面具有制约性。此外，学校办学主张和校长自身探索的办学主张的区别是"御物"。校长办学主张，主要侧重"行知创"，往往可以不考虑具体学校的环境。而专家参与凝练的办学主张，则进一步少了"实践"的积淀，由此更多的是从理念上，从理论上来凝练学校办学主张，这也造成了专家参与凝练的办学主张，往往显得没有区别，这所学校和那所学校没有差别，理论构建的框架也非常类同。针对以上问题，为了避免学校办学主张对物质和实践的忽视，笔者提出"御物行知创"的办学主张凝练模式。

新生活教育的"御物行知创"方法论（简称"行知创"）是陶行知先生"行动是老子，知识是儿子，创造是孙子"[①] 演化而来的。该理论主张"生活即教育""社会即学校""教学做合一"，学校应该"培植生活力"，并认为生活需要有相当的工具，才能更好地"教学做合一"，也即"在劳力上劳心"[②]。"劳力"是"行"，"劳心"是"知"，生活教育运用工具"在劳力上劳心"，也即运用工具行知。

生活教育理论揭示了科学的生活过程。学校办学应是科学的生活过程，需要符合生活教育理论的基本规律，即运用工具行知的规律。新生活教育将此规律解释为"在劳力上御物劳心"[③]，简称之为"御物行知创"，即基于物质环境、工具等进行"行知创"。学校办学主张凝练是对学校和校长办学行为形成体系化认知的过程，是一个"御物行知创"的过程。"行"，即实践，是学校发展的动力。学校经过一定程度的发展，必然要求在行动上追求有意识、有目标的实践。生活教育的"行"是指有目的、有计划、有组织的实践。

---

① 胡晓风，金成林，张行可，等. 陶行知教育文集[M]. 成都：四川教育出版社，2007：327.

② 胡晓风，金成林，张行可，等. 陶行知教育文集[M]. 成都：四川教育出版社，2007：213—219.

③ 周志平. 新生活教育行知观探析[J]. 生活教育，2017（12）：8—12.

二、行知实验学校办学文化的梳理原则

在回答"学校是什么""学校做什么""学校怎么做"等基本问题时，都是一种求知。在求知之前都要基于物质基础和实践基础。强调物质的第一性，这是凝练办学主张的首要原则。凝练办学主张，应该要以御物作为重要的前提条件，这既是唯物主义辩证法的体现，又是对学校教育规律的遵循。"御物行知创"，从价值上确立学校办学主张凝练的三个重要原则。由此，一个好的办学主张应该有三个方面的原则：一是符合党和国家的教育政策和地方实际。如当前主要是指向高质量发展、治理蓝图、治理体系建设，要求学校办学注重均衡、优质，对学校办学所涉及的新理念要纳入到这样的主张梳理中；二是基于学校办学经验，反映了学校实践条件和经验的重要性，在凝练办学主张时，最好是现场生成，取得在场人的认同，要从学校的办学实际中延伸、衍生出来，不能将其他学校的理念硬搬过来，更不能忽视已有的办学经验；三是有教育家思想的传承和运用、校长和教师的集体智慧、咨询过同行专家的意见。这三个方面是有机联系的，必须首先满足第一点，其次才是第二点，最后是第三点。

然而有些学校在提办学主张，往往忽视国家政策和地方实际，如在乡村教育中提拔尖人才培养；不顾学校自身办学经验实际，盲目追求一流、名校等理念。有些学校，对前任校长的办学主张完全置之不理，重新再造，拒绝继承与发扬，把学校办学主张等同校长办学主张，把学校办学等同校长办学，在理念生成上，又缺少教育家思想的基础，也缺少同行或专家的咨询。

三、行知实验学校办学文化的梳理框架

"御物行知创"是学校办学主张形成的特征,也即确定了学校办学主张的路径建构,它在问题确定,凝练的依据以及过程和方法上,都制约着凝练过程。在实际的凝练过程中,笔者可将之分成五个步骤:一是诊断阶段:从物到行。物和办学经验的基础,由于行必然离不开物,有时可以不将物单说。该环节是对事物和实际办学环境的把握,对基础、问题和环境的把握,明确哪些条件是有利的,哪些条件是不利的、优势和劣势,找到实践的核心,发现办学的问题和办学的愿景。二是概念阶段:从物、行到知。找到办学的核心概念来解决问题,从已有实践等去挖掘进一步行动的方向,确立学校办学主张的内涵。三是原理阶段:知的原理。这个阶段要求确定办学主张的内涵,此时可以从教育政策、教育家思想、校长和教师的主张等进行聚焦,为办学主张找到原理。四是技术阶段:从知到创。即内涵的实践演绎,将办学主张的内涵应用于党建、校园文化、课程、教学、教研、管理、家校合育等领域。五是产品阶段:创的产品。这个阶段是办学主张的具物化,也就是产品形态的梳理。(见表 3-7-1)

表 3-7-1 "御物行知创"模式下学校办学主张梳理的路径框架

阶段	任务重点	具体问题域
诊断阶段:物、行的基础	学校基本情况	1. 现状(地域、设施、师资、生源)如何 2. 已有办学理念或办学规划等 3. 目前遇到的具体问题和一般问题 4. 需要什么样的主张来实现 5. 学校的办学目标指向什么
概念阶段:从行到知	提炼出一个概念	1. 什么样的主张能实现这个办学目标 2. 校长的性格、生活史、教育经历 3. 地方特色、学校传统 4. 检验这个办学主张概念的聚焦性和延展性

续表

阶段	任务重点	具体问题域
原理阶段：知的原理	办学主张的内涵聚焦	1. 拆解这个办学主张内涵 2. 寻找它的引申意义或相近意义 3. 基于国家教育政策和教育基本原理进行界定、修改和解读 4. 支撑这个办学主张概念的教育家或教育思想依据（学理依据）
技术阶段：从知到创	办学主张内涵的演绎	1. 在党建文化中的实践演绎 2. 在校园文化中的实践演绎 3. 在课程建设中的实践演绎 4. 在学校管理中的实践演绎 5. 在教师教研中的实践演绎 6. 在课堂教学中的实践演绎 7. 在办学评价中的实践演绎 8. 在家校合育中的实践演绎
产品阶段：创的产品	办学主张产品形态	1. 办学主张形成 3 年或 5 年发展规划 2. 依据办学主张形成学校办学宣传册 3. 依据办学主张安排年度工作重点 4. 依据办学主张进行年度教研突破 5. 依据办学主张进行校园文化物化

四、行知实验学校办学文化的梳理流程

（一）物（行）的基础：梳理学校基本情况，了解学校的办学问题

这个环节是办学主张的诊断环节。一所学校要梳理办学主张，第一步是要梳

理学校基本情况，如果是专家来协助梳理，应该先参观校园基本情况。学校的基本情况可以分为三个方面：第一，硬件现状。包括学校的面积、学校的财政状况、学校的规模等。第二，学校的师资和生源现状。第三，学校制度文化现状。包括已有办学理念或办学规划等，目前遇到的具体问题和一般问题，主要是学校下一步工作的重心，学校的办学目标指向等。这个环节的最后一个就是了解学校的办学目标指向，学校的办学目标，有不同类型，有的是教育目标，目标较大，如"办家长满意的教育""大家流水，共享幸福"；有的是育人目标，如"有教无类""做最好的自己"；有的学校是学校目标作为办学目标，如特色学校、品牌学校、一流学校等作为学校办学目标，也有学校能综合这三者。

了解学校的基本情况，要了解学校的物质和实践基础，不同的物质和实践基础，能够支持的教育目标不同。通常物质条件充足的学校，能够将学校办学目标定位为教育目标，从教育的高度和广度来阐述学校教育的内涵。比如平潭流水中心小学，学校办学条件优越，校长就提出"大家流水，共享幸福"，倡导家文化、幸福教育等主张。如果学校条件适中，可以实现学校教育目标，创品牌学校、优质学校，如福州教育学院第四附属小学，就是"创家门口的优质学校"。如果物质条件一般，甚至很不一般，也可以着眼于育人目标，具体地培养什么人。比如闽清东桥镇中心小学，就以"做最好的自己"为办学目标。

（二）从物（行）到知：探寻办学核心经验，确立办学主张概念

这个环节是办学主张的概念环节。当学校的物质条件和办学环境得到较好的梳理，这时，需要从物质条件转向对实践经验的考察。校长是一所学校的核心，与之紧密相关的是校长的性格、生活史和教育经历，这极大地左右一所学校的办学经验的解读。建议专家梳理的时候，能够跟校长进行一个小时或至少半小时的单独访谈，从中了解到他的经验、愿景和主张；了解他对教育的想象，对建设美好学校的设想；考察这种设想来自的生活史、童年经历或教育经历和这种主张与个性的配备性。这样的考察，是与人的实践紧密相关的。其次，应该考察学校地方特色、学校传统，找到支撑这个办学主张的依据，找到这个理念的地方特色。最后，还需要将该主张核心经验上升到核心概念。

在形成办学主张的概念来源方面，通常有五种情形：一是来源学校的历史，

已经有一个办学主张的概念，但这个概念不够上位，不够具有全面性和延展性，需要进一步提炼。二是来自校名、校训等的提炼，这种提炼的办学主张有教职员工基础，容易记忆和接纳。三是来自校长的办学主张，许多学校的校长可能处于县级、市级或省级的名校长培养阶段，需要凝练自己的办学主张，凝练的本身就渗透着开展。四是团队的共同办学愿景。这个适合校长没有自己的办学主张，或校长新到一所学校，凝练办学主张是为了凝聚共识，促进学校文化的形成。五是由本土文化、历史等形成一个办学主张。

对于第三种来自校长的办学主张凝练，这里重点阐述。这类办学主张与校长个人成长经验是紧密相关的，因此这个步骤要注重考察校长的性格特征。这里可以从理智型、意志型和情感型三种来进行分类，这种分类便于对核心经验提炼到核心概念。理智型的校长，擅长理论和思辨，可以寻找理性的、智慧的词汇来提炼办学主张；而意志型校长，擅长做事，擅长管理，可以从实干、勤奋等性质词汇来提炼办学主张，比如邵武沿山中心小学的"朴质教育"；而情感型校长，可以从文化、氛围、情感等角度来提炼办学主张，比如福清石门小学的"融爱教育"。此外，还有一种综合型校长，可以以生活为主题，从生活的角度来提炼办学主张。这里最忌讳专家将自己擅长的概念硬塞给学校或校长。（具体见表3-7-2）

表 3-7-2　不同类型的校长与办学主张凝练的方向

校长的类型	易看到的办学问题	办学主题	办学主张凝练的方向
综合型校长	教育脱离生活实际	生活主题	活力教育、生活力教育
理智型校长	教育脱离生活，假现象多；学校缺乏特色，需要特色	真主题 创新主题	真：求真教育、朴质教育 创新：科学教育、体艺教育
情感型校长	教育中关系不好，需要通过构建人与人之间的关系来改进教育	情感主题 人文主题	情感：融爱教育、博爱教育、赏识教育、情感教育； 人文：服务教育、主体教育、人本教育、生本教育
意志型校长（行动派的校长）	教育中人们的行为不够规范，需要构建规范来解决教育改进的问题	行为主题	养正教育、实践教育、细节行知教育

（三）知之原理：办学主张内涵聚焦，确定学校办学重点

这个环节是办学主张的原理环节。当一个概念形成后，梳理办学主张需要对概念进行解读，解读的方法很多，主要是拆解这个概念，将概念分解成若干个领域，寻找它的引申意义、相近意义；有时不容易拆解，甚至可以结合词典进行。比如"朴质教育"，"朴质"可以拆解成朴素、简朴、品质、质量等词汇，这就可以扩大这个概念的内涵。扩展内涵不是简单的概念拆解和引申，还需要进入概念的原理。这里的原理是教育的原理和教育家思想，要反复思量该概念与教育规律、教育家思想的关系，是否能够反映教育规律，是否能够反映教育目标，这就是内涵的聚焦。福安实验小学南湖校区学校办学主张是"真·爱教育"，抓住教育的求真知做真人的关键，有陶行知教育思想为基础，培养有温度的有爱的人，这是符合教育培养人的目标，同时突显学校的办学内涵，将办学内涵聚焦在"真"和"爱"两个领域上。因此概念的解读，就是内涵聚焦的过程，解读的方向和聚焦的方向是一致的。聚焦的方向又制约了解读的方向，也将制约未来学校办学实践的方向。因此，内涵聚焦就直接决定了学校办学的重点，这是非常关键和需要谨慎对待的。

（四）从知到行：办学主张内涵演绎，确定学校办学内容

这个环节是办学主张的技术环节。内涵的实践演绎，主要是将主张内涵应用到学校的各个领域。这些领域包括党建品牌、校园文化、课程建设、学校管理、教师教研、课堂教学、教育评价和家校合育等八个维度。内涵的实践演绎要根据各领域特征提炼各领域的发展目标、各领域的内涵，这是较难的部分。通常有的概念具有明确性，不具备延展性，内涵很狭窄，因此这种主张就不适合用作学校的办学主张，如成功教育、三自教育。这时可以将概念进行相关的引申，用物象概念、形象概念来代替具体概念，或者从具体概念中找到它承载的物象。比如松罗中心小学，培养学生自育的教育目标，学校以松树为物象，松树具有自强不息、坚韧不拔的特征，因此可以借以来扩大办学主张的内涵。又如福安湾坞中心小学，地处海边，就可以借助海的物象，而延伸学校办学内涵的意象。具体说，在校园文化内涵的演绎中，校园文化也是个很大的范畴，可以按不同类别分为几个方面，通过几个方面来反映这个内涵。比如有的学校将校园建设为四大园：温

馨校园、安全校园、书香校园、生态校园。有的学校还建设科技校园，这是因为学校的科技教育很有特色。在课程建设的内涵扩散中，课程建设的目标是培养学生，可以按照德智体美劳五个方面构建学校的课程体系，有的学校按照国家课程、地方课程和校本课程进行构建，有的按照学科课程、活动课程和生活课程进行构建，有的按照国家课程和拓展课程进行构建，不同学校的分类构建可以不同，但都要能反映学校的课程建设的内涵和目标。在学校管理中内涵的扩散中，学校管理也涉及德育和教科研的管理、安全管理和后勤管理，需要进行分领域阐述。在教育教学中内涵的扩散中，主要是教学上的内涵扩散，可以从课堂文化、教学方法、教学评价、教学目标等方面进行。在家校合育中内涵的扩散中，可以从家长委员会、书香家庭、小手拉大手、家长讲座等方面，通过一些活动推动家校合育。所有这些演绎应用中，都应与学校相关领域的经验和已有实践相连接，一方面反映学校实践，一方面规划学校未来实践，具有蓝图谋划的性质。

（五）创的产品：办学主张内涵生成，确定学校办学成效

这个环节是办学主张的产品环节。所谓的产品，不仅是现实的物化，还包括一切将思维的、意识的转化为现实的活动、物品等。可以从以下几个方面来进行：

一是治理蓝图。治理蓝图是针对学校精神文化、实践文化、制度文化和物质文化四个维度进行构建的一个治理蓝图。在一个办学主张下，学校的党建文化、校园文化、课程文化、管理文化、教研文化、课堂文化、评价文化、家校文化形成一个治理体系，像一棵树，有了办学理念的时代和学校历史的缘起就有了土壤，有了理论基础就有根，有了主张就有了干，有了路径就有了分叉枝，有了办学的制度，就有了枝丫，有了办学的实践经验就有了叶，有了办学的外显物质文化就有了树的果，即办学成果等。一张好的治理蓝图，是将学校方方面面的工作都纳入这个体系中的。

二是治理规划。办学主张依据治理蓝图，可以形成3—5年的发展规划。办学主张形成，可以引领学校未来3—5年的发展规划，形成规划文本，严格按照办学主张凝练的框架进行按领域进行规划和内容设置是这个文本的重要特点。并且在此基础可以依据办学主张安排年度工作重点。如，依据办学主张进行年度教研突破，学校可以选择要重点突破的课题，由校长或主要领导主持，这样可以通

过集中学校力量破解学校发展中的核心难题。

三是治理蓝本。依据办学主张的治理蓝图和学校已有的办学实践经验，将办学理念和办学实践相结合，形成学校办学治理蓝本，蓝本是文字和图表相结合的，可以形成宣传册，也可以形成办学专著。也可以仅仅就学校的蓝图、蓝图的各实践路径，配合图表，嵌入学校相应的办学活动，制作成为宣传册，此时的宣传更有条理，内涵更突显。

四是治理蓝方。治理蓝方是指学校的治理能力建设，主要包括学校的校长的领导力，校长的领导力又包含依据学校已有材料凝练办学主张，为各种汇报做准备。学校办学常常面临各种汇报，每次汇报可能需要汇报的侧重点不同，如果学校能够形成一个整体的理念，各项汇报能够有机组合形成大的框架，不仅平时汇报不是负担，还为整个办学主张实现提供小步快走的阶段成果。

五是治理蓝品。学校整体校园文化布局（包含楼宇命名、空间、功能划区等）、文化参观路线图。在校园文化梳理方面，要深刻把握校园文化的内涵，拆解校园文化的概念，进行分区。首先要充分挖掘和发挥楼宇命名的文化内涵。楼宇命名可以体现学校的办学理念、三风一训、历史传统和地域特色。例如，可以将教学楼命名为"博学楼""笃行楼"，寓意着学子们在这里博学笃行，追求真理；将宿舍楼命名为"诚意楼""勤勉楼"，强调宿舍文化的内涵，引导学生们养成诚实守信、勤奋学习的良好习惯。其次，要合理规划校园空间，使之更好地服务于教育教学和师生生活。校园空间布局要注重功能区域的划分，明确各个区域的功能定位。如教学区、生活区、运动区、休闲区等，各区域之间既有明确的界线，又能实现便捷的互动。在这样的空间环境中，师生可以更好地投入学习、生活和交流活动中，感受到校园文化的魅力。最后，文化参观路线图的制定有助于展现学校的文化底蕴。通过规划合理的参观路线，让人们在游览校园的过程中，能够了解到学校的历史沿革、办学成果、特色文化等。参观路线可以包括校史馆、图书馆、实验室等重要场所，也可以包括花园、广场、艺术墙等富有创意的空间。在这样的文化氛围中，师生能够受到潜移默化的影响，培养出更高的文化素养。

第八章　行知实验学校的办学文化案例

福安市实验小学南湖校区原为"韩城二小",是笔者第一所指导过的"行知实验学校"。笔者关于如何梳理学校文化办学主张,正是从这所学校开始的。2017年笔者开展"基于新生活教育行知实验学校办学主张的梳理研究"课题研究,着手从理论的角度研究学校文化的办学主张梳理,之后逐渐形成了治理体系与治理能力建设的学校文化品牌梳理的方法论。本章节要阐述的是福安市实验小学南湖校区形成的办学文化案例。笔者选用时整合了时任福安市实验小学南湖校区的郑芝玲校长[1]和现任吴丙莽副校长[2]撰写的办学治校论文,现作为案例分享给大家。

2011年,福安市实验小学南湖校区是在教育均衡发展战略的指引下,加盟福建省第一个公办教育集团——福安市实验小学教育集团,而更名为"福安市实验小学南湖校区"。学校立足校情,确立"传承行知思想,践行'真爱'教育,滋养幸福成长"的特色办学主题,并借助环境濡染、制度营造、课程设置、课堂改革、活动助推、家校共育等路径开展创建工作,逐渐形成"真爱"教育的理论框架、文化构建和实施路径,有效促进了学校的优质发展。

---

[1] 郑芝玲. 践行"真·爱教育"滋养幸福成长——福安实小南湖校区特色办学探索与实践[J]. 福建陶研,2015(1):5.

[2] 吴丙莽. 真爱教育 幸福人生:福安市实验小学南湖校区"真爱教育"实践探索[J]. 福建基础教育研究,2020(12):29—31.

一、"真爱"教育的办学缘起

（一）教育发展呼唤"真爱"教育

"真爱"教育办学主张是新时期贯彻党的教育方针的要求。1993年，中共中央、国务院发布的《中国教育改革和发展纲要》中明确指出："中小学要由'应试教育'转向全面提高国民素质的轨道，面向全体学生，全面提高学生的思想道德、文化科学、劳动技能和身体心理素质，促进学生生动活泼发展，办出各自的特色。"2001年6月，教育部颁布的《基础教育课程改革纲要（试行）》明确指出："改变课程实施过于强调接受学习、死记硬背、机械训练的现状，倡导学生主动参与、乐于探索、勤于动手，培养学生搜集处理信息获取新知识的能力、分析和解决问题的能力以及交流合作的能力。"2010年颁布的《国家中长期教育改革和发展纲要（2010—2020年）》提出注重教育内涵发展，鼓励学校办出特色，办出水平。2012年福建省出台《关于加强全省中小学校园文化建设的意见》（闽委教宣〔2012〕1号）文件。十八大以来，党和国家明确提出，要把立德树人作为教育的根本任务；2016年9月公布的《中国学生发展核心素养》指出，"核心素养"以"全面发展"的人为核心。因此，"'真爱'教育"的办学主张，主动对接时代要求，探索新的人才培养模式，有助于全面贯彻落实党和国家的教育目标和任务。由此学校紧紧围绕党和国家教育方针，把发展学生素质放在首位，以校园文化建设为契机，把学校"办出特色，办出水平"，从而提出"真爱"教育办学主张，希望通过求真知和有爱心两个核心，立德树人，培养学生德智体美劳全面发展的素质。

（二）学校发展需要"真爱"教育

首先，"真爱"教育的办学主张是社会发展对教育的强烈呼唤。社会经济发展，要求学校提供多层次、多规格的人才，千篇一律的传统办学模式，容易忽视学生个性能力的培养，与整个社会发展对基础教育的需要不相适应。当前以充分发展学生个性为主题的优质教育资源相当匮乏，难以满足人民群众日益增长的对优质教育的需求，而且这种需求日趋矛盾突出。所以，一方面要求政府促进教育均衡发展；另一方面，学校要依靠特色创品牌之路，努力建设学校特色，为社会发展提供优质资源。其次，"真爱"教育的办学主张是推动学校发展的重要引擎。学校自加入福安市实验小学教育集团后，迅速发展的同时也深刻地意识到，学校办学底子薄，教师年龄偏大，生源基本为进城务工人员子女或留守儿童，学生知识面狭窄，自主学习低效，动手能力薄弱。在家庭教育上，父母要么忙于生计，爱的缺失；要么存在"错爱""假爱"的偏离等状况。如何确定一种被广大师生、家长普遍认同的教育思想来引领学校发展，促进师生成长，已成为一个关键的问题。

二、"真爱"教育的内涵

围绕陶行知先生的"真育观"和"爱育观"，学校提出了创建具有真爱特色的学校文化。"真"，是科学精神，科学精神的核心是"求真"，是关键能力，也是正确价值观；"爱"，是人文精神，人文精神的核心是"大爱"，是正确价值观，也是必备品格。学校对"真爱"教育的内涵诠释是培育拥有真才实学，具备真诚品行，终身追求真教、真学、真育的真谛和懂得仁爱、会爱、善爱的师生及家长群体。学校构想实施"真爱"教育的过程，就是一个引领师生、家长"求真知、做真人、懂大爱、会感恩"的过程，是每一个师生、家长的生命不断丰富和成长的过程。"真爱"教育就是培养富有科学精神和人文情怀和谐统一的现代幸福人生；"真爱"教育就是以培养优秀品格和关键能力为目标的教育，是当代教育的理性呼唤；"真爱"教育理念追求的是每一个生命因真爱而精彩，追求每一个生命因被爱而幸福，因会爱而成功；"真爱"教育最终培养的是"自我约束、自主学习、阳光向上、感恩万物、勇于创新"这五大素养的真爱学生群体。

三、"真爱"教育办学主张的理论依据

"真爱"教育的办学主张源于陶行知先生的教育思想。陶行知先生的"千教万教教人求真,千学万学学做真人""行是知之始,知是行之成"的育真人思想和"爱满天下""捧着一颗心来,不带半根草去"的博爱情怀带给学校极大的启迪。先生的育真人思想是建立在"生活即教育""社会即学校""教学做合一"的生活教育的理论与实践上,教学中要求培养学生学会学习,实施创造教育,这是培养求真知,做真人的关键。先生的大爱教育是教师用"爱满天下"之心,用自身的生命去发现学生、了解学生、解放学生、信仰学生和变成学生的教育。发现学生是爱的前提,了解学生是爱的基础,解放学生是爱的方法,信仰学生是爱的理念,变成学生是爱的行动,陶行知先生说:"真教育是心心相印的活动。"因此,要有"发现学生"的耐心、"了解学生"的诚心、"解放学生"的智慧、"信仰学生"的理念和"变成学生"的行动,才能做到教育上的心心相印,向着这样的方向前进的教育是真教育,是大爱的教育,是"真爱"教育。真和爱是每个人都渴望和需求得到的,是人类的共同愿景。因此,陶行知先生的"真育观"和"爱育观"成为学校创建具有"'真爱'教育"特色学校的两大理论支柱。

此外,学校广泛借鉴众多教育家思想来引领"真爱"教育。比如,在世界教育史上,提出较为完整的爱的教育理论,并全身心投入教育工作,真正实行爱的教育最具代表的人物就是近代著名瑞士教育家裴斯泰洛齐。在他创办的贫儿学校里,他以"爱的教育"作为教育的基本原则,忧儿童之忧,乐儿童之乐,用赤诚之爱滋润孩子的心田。

四、"真爱"教育的文化构建和架构

学校以"真爱"教育为核心,在办学理念、目标、"一训三风""教师、学生、家长"三文化方面进行"真爱"教育渗透,逐渐形成了"真爱"教育的文化构建和架构。

(一)"真爱"教育的文化构建

办学理念:让每一个生命因真爱而精彩,因会爱而成功

办学目标:把学校建设成学生喜欢、教师向往、社会满意的学校

育人目标:培养有真知、有爱心、有善行、有创造力的"四有"现代人

校训:做更好的自己

校风:崇真、向爱、尚美

教风:爱教、善教、真教

学风:乐学、勤学、会学

教师文化:真教、仁爱、典范

学生文化:真学、知爱、快乐

家长文化:真育、善爱、榜样

(二)"真爱"教育的文化架构

学校"真爱"教育的文化架构,包括"真爱"教育的背景与理论依据、"真爱"教育的内涵与文化构建和"真爱"教育的六个实施路径。(见图 3-8-1)

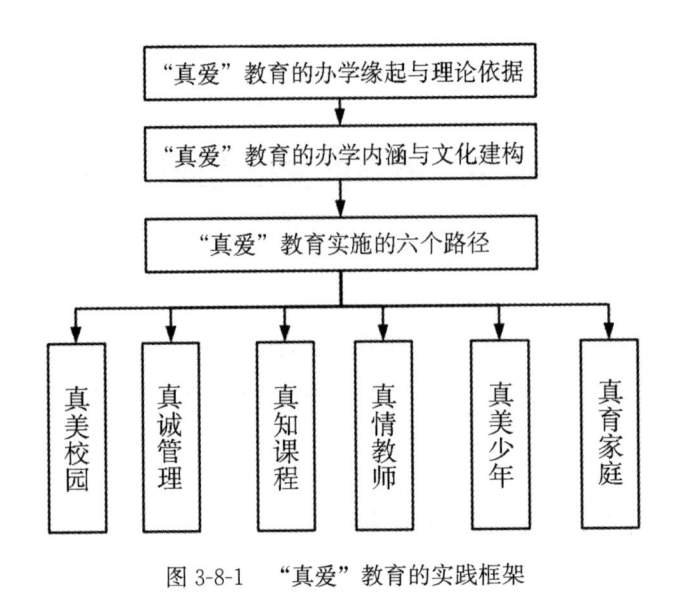

```
┌─────────────────────────────┐
│ "真爱"教育的办学缘起与理论依据 │
└──────────────┬──────────────┘
               │
┌──────────────┴──────────────┐
│ "真爱"教育的办学内涵与文化建构 │
└──────────────┬──────────────┘
               │
┌──────────────┴──────────────┐
│   "真爱"教育实施的六个路径    │
└──────────────┬──────────────┘
```

图 3-8-1　"真爱"教育的实践框架

五、"真爱"教育的六个实践路径

统观以上理念系统，突出育人为本、能力为重，注重创新，发展个性，立足于促进师生的健康发展，科学发展、超越发展、幸福发展；关注的不仅是今天，还有未来；面向的不是个别，而是全体；追求的没有最好，只有更好。完善的理念体系，作为精神引领，为学校建设发展提供良好的理论指导和保障。为此，南湖校区"真爱"教育实践上，以"真爱"教育为核心构建起"六个实施路径"——真美校园、真知课程、真诚管埋、真情教师、真美少年、真育家庭，通过具体的做法让"真爱"教育文化生根，让素质教育理念落地。

（一）真美校园

在育人文化上，以"真美博爱"为核心，开展"五园"建设，完善以景育人、以情育人、以文育人，构建优美和谐、文明生动的真美校园。

1. 行知园——建设"陶城十景"，形成景观文化

（1）建造行知墙。在校大门建造行知墙。精心设计的行知墙融汇爱满天下和行知合一思想。博爱石上雕刻着陶行知先生书写的苍劲厚实的"爱"字，旁边镌刻陶行知名言"行是知之始，知是行之成"，鞭策学校践行"真爱"教育不容空泛，应求身体力行；中间浮雕上陶行知先生与孩子们穿越时空、超越时代的"六大解放"的心灵对话，激励教师精心教书、潜心育人，激励学生立足现在、放眼未来；背景一排葱绿小竹，亭亭玉立，婆婆起舞，喻示在"真爱"教育思想的熏陶下，教师高风亮节，凌云有志，学生茁壮成长，立志成才。整个行知墙熠熠生辉，赫然醒目，凸显了师生的行知思想信念。

（2）开辟陶园。按照劳动注重自立的教育理念，开辟劳动实践教育基地——陶子园。园中开辟花卉圃、蔬菜圃、养殖角、科技小天地四个区域。每个区域以种植、养殖、科普三大板块为主，学生利用校本课、双休日，开展劳动实践活动，生活教育理论在此焕发光彩。

（3）打造陶苑。新楼通廊的行知苑里，以社会主义核心价值观为指引而确立的"道德十行"在此扎根成长，时刻教导师生要行真——倡真理导生活、行爱——怀善念做小事、行志——立远志始足下、行信——讲诚信塑人格、行礼——施礼仪践文明、行美——崇善美怡心灵、行孝——守孝道扬传统、行创——动手脑标新意、行恒——积跬步达千里、行廉——奉廉洁显师德。学校围绕"道德十行"编印了校本教材，开展一系列"做有道德的人"活动。爱家乡知识竞赛、迎国庆书画展、庆元旦歌咏比赛、情系灾区献爱心、自制花灯闹元宵等一个个大型活动在这里举行，通过活动，为师生的生命成长打下健康亮丽的底色。

（4）创设陶室。学校把办公室布置列入文化打造范畴，结合行知思想和真爱理念，提炼出各自文化内涵，"半根斋""四问阁""知行居""陶乐斋"应运而生，引领各年段教师的精神诉求，让教师徜徉于此，不断获得人格的提升。班级文化营造采取共性与个性兼顾的思路，倡导教学做合一，鼓励和引导学生参与班级文化建设，让教室成为学生表现自我、张扬个性的场所。

（5）建设陶馆。陶行知先生说过，"书是最好的东西，有好书学校就受用无穷了"。学校图书馆是办学品质的窗口。近年来，学校投入 10 多万元把图书馆建设成环境优雅，管理完善的大众"文化饭馆"，学校设立班级行知书吧、校园行知书吧，这与陶行知倡导建立流动图书馆一脉相承。学校定期开展阅读指导，让学生读到真书，读得真知。

(6) 刻立陶言。将陶行知先生的"爱满天下""千教万教教人求真，千学万学学做真人"等名言布置在校园的醒目位置，师生在耳濡目染中受潜移默化。

(7) 设计陶标。"陶陶""乐乐"这两个吉祥物健康活泼、亲切可人，它是"真爱"教育的美丽化身，深受师生的喜爱。学校正着手设计属于南湖"真爱"教育特质的校标、校徽、校旗、校歌，让这些图标文化植根师生心脑，充盈校园每个角落。

(8) 绘植陶树。陶城五星小公民风采树，展示每月优秀陶民风采，喻示"真爱"教育在学校开花结果。

(9) 命名陶路。教学楼中间的行知大道上，"每天四问"之"我的身体有没有进步？""我的学问有没有进步？""我的工作有没有进步？""我的道德有没有进步？"的内容格外醒目，宛如四面镜子时时鞭策着师生，让师生的心灵在自我真诚拷问中得到洗礼。

(10) 建设行知走廊。30多米长的行知长廊，彰显教育功能，浸润行知文化，呈现学子风采。在陶行知先生"六大解放"思想的引领下，年段开展践行真爱特色主题活动。如一年级的"好习惯伴我成长"，二年级的"学礼仪"，三年级的"会感恩"，四年级的"爱家乡"，五年级的"懂科学"，六年级的"重环保"，皆在这块真爱赛场上各展风姿，渐跑渐善。

"陶校十景"将真爱文化融入十景中，引领师生充分利用学校的楼道文化、专刊板报、校园广播、电子屏等宣传媒介构建了立体的校园环境文化，实现"一景一课程"的校本研究学习。

2. 礼仪园——开展"四礼活动"，形成礼仪文化

礼仪是中华民族的传统美德，"四礼活动"是"真爱"教育的一道风景。

(1) 入学礼：一年级新生踏入了小学校门，在学长们的带领下，走红地毯、叩未来门、抱成长树、画家园美、品游艺趣，为小学六年的生活彩绘上幸福的底色。

(2) 入队礼：队歌嘹亮，队旗飘扬。新队员胸系红领巾，庄严宣誓，脸上洋溢着憧憬和幸福，眼眸里满载着自信和责任。在阳光下，在真爱中，他们一定可以长成参天大树。

(3) 成长礼：学校为学生举行十岁成长礼，让他们学会感恩，学会珍惜，留下珍贵的记忆。经过这次十岁盛典的洗礼，孩子一定会对自己的未来更充满信

心，对自己的人生充满希望！

（4）毕业礼：一年一度的毕业礼，校长逐个郑重宣读毕业生名单，颁发毕业证。学生们用唱、跳、说、弹表达对母校和老师感谢。师生一起回顾绚烂而单纯的时光，一起唱《毕业歌》，相互道珍重。在无数感动中让学生带走的不仅是知识，更是一种不舍的眷恋。

隆重而别样的"四礼活动"，关注每一个学生成长节点的质感，让生命在不同的成长阶段感受到拔节的声音，这是"真爱"教育的温暖情怀。

3. 书香园——推动"经典诵读"，形成书香文化

（1）多渠道开展读书活动。继续在全校范围内开展经典诵读活动，开放图书馆，校园书吧，鼓励师生大量阅读。一是开展"一日三读"，即"晨诵古诗"，"午读经典"，"亲子夜读"，通过书香班级、书香学生的评比等活动，创建最美书香校园。二是课前五分钟。三是课外海量阅读行动，每月推荐一本书"3＋X"模式，"3"即：月初一节推荐课，月中一节交流课，月末一节测评课；"X"即：各班可根据学生实际自主安排每天的阅读跟踪。

（2）推进师生阅读工程，开展"书香教师""书香班级""书香少年""书香家庭"评选活动。开展教师诵读活动，以年段为单位，自选诵读节目，双周一晚例会前为教师提供展示才艺的舞台，提高教师们阅读、诵读的积极性，期末进行优秀集体、个人表彰，老师们兴致高，作品效果好。连续举办了六届校园"4.23"阅读节活动，每一届阅读节都成为学校全体师生期盼的盛大节日，形成南湖校区特有的书香文化。

4. 平安园——打造"四个三工程"，形成平安文化。

牢固树立生命至上、安全第一的意识，致力打造平安校园"四个三工程"。第一个"三"：夯实校园安全物质文化，实现校舍建筑安全、设施设备安全、周边环境安全三达标；第二个"三"：构建校园安全制度文化，实现应急处置预案、安全管理制度、安全隐患台账"三完善；第三个"三"：培养校园安全行为文化，实现安全管理行为、安全教育行为、学生安全行为"三规范"；第四个"三"：培育校园安全精神文化，实现课程设置、宣传教育、宣传阵地"三落实"。通过"四个三工程"打造，让安全成为最牢固的意识，让安全成为一种文化。

5. 幸福园——营造"教工之家"，形成尊师文化

（1）温馨工程，有诚意。落实"五必访"制度，每年组织教师体检，召开退

休教师座谈会，每年教师节、重阳节、春节邀请老教师返校。通过这些活动，提高了代表们参政意识，增强了内部凝聚力，调动了广大教职工的积极性。

（2）社团活动，有创意。丰富教职工的生活，丰富的文体活动能有效促进快乐工作幸福生活。组织教师参加社团活动：书法社、国画社、读书社、篮球社、古筝社、人旅社等。

（3）教工之家，有新意。开展"年段教工小家"营建。以每个年段为单位的工会小家营造成快乐温馨的"职工之家"是学校的小家建设亮点。每年开展优秀"小家"评比、优秀女教工评选。下拨年段教工活动经费，组织小家活动等，让小家充满活力。

"一园一文化，一景一课程"，透过这些显性的校园环境、活动文化层面，既折射出的是学校的办学思想、价值观念、学校精神等深刻的学校文化内涵，又让学生从这些文化氛围中得到"真"与"美"的熏陶净润、身心得到发展。

（二）真知课程

真正爱学生，就让学生学习真知识、真本领（真知）；真正爱学生，就让学生喜爱课程自由选择课程（泛爱）——这是"真爱"教育对课程文化的呼唤。为此，学校课程设置始终以培养自主、全面发展的人为目标，传承陶行知先生的"全面教育"思想，以"真育"为宗旨，开设真爱"五育真知"课程，提出"五自相伴 四好同行"的课程体系。特色课程体系把陶行知先生所提的——具备"康健的体魄、农人的身手、科学的头脑、艺术的兴味、改造社会的精神"标准，融入相应学科，把生活认知力、生活实践力、生命成长活力融入课程。

1. 开设真爱"五育真知"课程，培养"全能"型人才

学校开设真爱"五育真知"课程，"五育"即德育、智育、体育、美育、劳育。按国家课程、拓展性课程、实践性课程分为三个层级，进行国家课程样本化、拓展性课程个性化、实践性课程活动化的课程实践，实现德育重自治、智育重自学、体育重自强、美育重自得、劳育重自立。

（1）德育重自治。开设品社、道德与法治、班队课等基础课程，融合德育自治课程、礼仪课程、入学宝典课程等拓展课程，开展"学校的节日"主题活动、"社会大天地 实践助成长""十行十知十实践"等实践性课程，推行"自己的队伍自己建、自己的习惯自己管、自己的活动自己搞、自己的进步自己争"，四自

课程实践。如"自己的进步自己争"课程实践：制定一套"真爱少年"评价体系，由美德星、智慧星、体育星、艺术星、创造星五个方面组成，每个方面都有具体的考核指标，指标要求也由低到高。学校鼓励每位学生根据指标进行自我"修炼"，达到指标后接受考核，先争取单项达标，再晋级最高荣誉——"真爱少年"。"真爱少年"评价体系就像"魔法棒"，调动了学生发展的内驱动力，激励学生不断向上向前的生活力量。

(2) 智育重自学。智育分语文、数学、英语课程。语文：开设语文课程，融合"四好"拓展课程，开展《品诗词 书经典》、信息直通车、真爱讲坛等实践课程，培养"四好"能力，即一笔好字、一副好口才、一肚子好诗文、一手好文章。数学：开设数学课程，融合"四能"拓展课程，开展七巧板数学、数独等实践课程，培养"四能"，即运算能力、操作能力、解决问题能力、创新能力。英语：开设英语课程，融合"四会"快乐英语拓展课程，开展绘本阅读、口语对话等实践课程，培养"四会"能力，即会听、会拼、会说、会演。智育课程倡导"真学习课堂"，以做学为中心，教学做合一，着力建构"为学生而教、真学、趣动、有爱"的共同成长的真爱"自主"学习的课堂文化。

(3) 体育重自强。开设体育等基础课程，融合阳光体育微课程、形体课程等拓展课程，全面实施《学生体质健康标准》，设立体育晋级考核制度，把大课间活动、小课间活动、体育活动课三个"微课程"建设纳入学校课程管理。每天开展阳光体育活动，每年的校园体育节，让"我运动我健康"成为全体学生的必修课，培养"一人会一球、人人会跳绳"的能力。

(4) 美育重自得。提出"一人一爱好、一人一特长"的目标要求。开设音乐、书法、美术等基础课程，融合陶笛、器乐、合唱、舞蹈等拓展课程，开展"班班有歌声""艺术节"等实践性课程，全面研发"琴棋书画""弹唱说跳"校本课程，并通过书法考级、乐器比拼、小白灵歌手比赛等活动平台，促进普及，培养特长，培养"一人会一器、人人会唱歌""一人会一画、人人会叶艺"的能力。

(5) 劳育重自立。开设综合、信息技术、科学等基础课程，融合园艺、电脑编程、科学游戏等拓展课程，开展科技创新等实践课程，培养动手创新能力。学校还开辟劳动基地——陶子园。学生在园中自主动手种植花卉果蔬、饲养动物，观察实验，调查记录，其中焕发着生活教育的光彩。

2. 特设真爱"社团"课程，开展"五节"活动，培养"百佳十星"

（1）"社团"课程。利用每周二下午设立三级课程，即校级、年段和班级的课程。打破班级、年段界限让学生自由选择课程，开设合唱、语训、叶艺、舞蹈、管弦乐队等30多个兴趣社团，培养学生"一人一爱好、一人一特长"的多艺人才。

（2）校园"五节"。每年定期开展自治节、艺术节、体育节、阅读数学节、科技节等五节活动，评选小作家、小书法家、小歌唱家、小舞蹈家、小画家、小演奏家、小摄影师、小运动员、小科学家、小数学家等"百佳十星"。

（3）缤纷舞台秀。每学期至少举办三期，学生根据自己的兴趣特长，参加遴选。年段每周举行一次舞台秀，活动由学生自己主持，鼓励学生"敢站上去，敢演出来"。学校每月开展一次大型舞台秀，每期评出擂主、创意奖、表演奖等奖项。

（4）开心农场。开心农场是学校"手脑相长"办学理念的重要体现，是学生做中学的实践基地。目前开心农场有100平方米的种植区。农场奉行"班级承包式管理、市场化运作"的管理模式。班级承包区域由各班班主任自行管理种植，收获的南瓜、水蜜桃、葡萄等均由学校回购，几年来，开心农场相继开展过多个分享日，让学生在收获之余懂得感恩。

（5）快乐六一。六一节期间，鼓励学生自主设计游园方案，将游戏的意义、游戏的规则、场地要求、人员组织——设计清楚。许多学生在家长的指导下，设计了富有趣味的游戏。六一节当天，学校在操场上设置多个区域，全体学生分批参加游戏。学生能动性充分得到调动，积极性高涨。

（三）真诚管理

始终坚持管理以人为本，在真爱理念的引领下，凸显管理的"真诚"和"仁爱"。

1. 五级分工，职责分明——动车原理

学校成立精细化管理领导小组，实行"年段小学校管理"模式。在党组织的领导下校长抓全面、处室抓落实、年段小学校、班级共同体、学生自治队这五个级层分工协作，共同做好学校的全面管理工作。其中突显年段小学校的中流作用，做到职责分工、经费下拨、活动自主开展等。

2. 四项问道，自我完美——镜子原理

实行"四项问道，自我完美"的制度管理，即问道"道德"——师德十追求，开展"感动实小人物""最美教师"评选活动；问道"工作"——师能十修炼，开展了教师技能大赛、青年教师"一诵三字"比赛、教师节演讲比赛等提升教师能力；问道"学问"——素养十目标，组织教师参加合唱、茶艺、书法、篮球等社团活动；问道"身体"——健体十要义，每年开展教师兴趣运动会，追求健体，人人健康。"四项问道"管理是"真爱"教育指引下学校管理制度的全新表达方式。它把管理准则变成行为目标，化硬性管理制度为软性管理文化，以此激励人、开发人、成就人。通过"问道式"制度的实施，让人人都享有一份爱，人人都得到尊重，人人都享有机会，人人都有所追求，以此打造"真情人和"的学校。

（四）真情教师

教师是学校发展的第一要素。学校管理者的首要使命是促进教师主动发展，使之美丽、智慧，快乐地参与工作。为此，学校根据教师专业基础，组建市级骨干、校级骨干、新入职教师三个梯队。不同梯队发展目标不同，评价标准也不同。市级骨干梯队借助名师工作室效应，增加与各名校之间的交流，在"走出去、舞起来"中培养提升；校级骨干梯队通过各类赛课、评课，撰写经验文章，在"给位子、压担子"中打磨自己；新入职教师梯队采取"接对子、架梯子"，对其进行"扶上手、送一程、出成绩、成骨干"的四年帮扶，促进成长。学校制订《教师学年专业成果量化表》和《教师专业成长三年规划表》，建立完善的教师专业成长档案，激发每一位教师的成长内驱力。同时，学校重视在实践工作中寻求真实"问题点"，以此开展课题研究，深度探求教育教学规律，真正解决实际问题。来自教育生活的课题鲜活灵动，教师在实践中体味学生成长过程中的内在奥秘，使教学生活饶有趣味，教师真心爱上教育。

（五）真美少年

评价在教育过程中具有承上启下的推动作用。教育需要有与之相匹配的评价指挥棒。学校基于真爱教育的需要，建立各年级学习情况全过程纵向评价、德智体美劳全要素横向评价为一体的立体评价体系——《真爱少年评价方案》，并利用现代信息技术实现评价体系电子化。评价以"美德星、智慧星、体育星、艺术星、创造星"为基本元素，每颗星对应相应学科，每个学科设置学习习惯、学科能力、个性发展三个层面的目标，既体现共性要求，又关注个性发展。在落实学科素养培育的同时，将所有学科融合起来，指向促进学生整体的、全面的发展。学校鼓励每位学生根据指标进行自我"修炼"，达到指标要求后报名接受考核，晋级"真美少年"。"真美少年每半学期评选一次，又实行六年累加晋级"全能真美少年"。"真美少年"评价调动学生发展的内驱动力，激励学生从一年级到六年级不断完善自我，每天做更好的自己，成长为"腿上有力、脸上有笑、眼中有光、心中有爱"的幸福少年。

（六）真育家庭

首先是组建"三个团"，即"家长观察团""家长议事团""家长义工团"，激活家长人力资源，提高家长主体意识。

其次是创建"三个平台"，即"宣传平台""学习平台""互动平台"，提升家长的家教素养，促进家校良好交流合作。

最后是构建"三个层级"，即班级、年段、学校。亲子活动平台给学生创造更为广阔的锻炼生活力的空间，让学生们有不一样的实践体验，比如亲子运动会，亲子"创"生活、亲子"美食节"、亲子露营拓展体验等。还开展一年一次的"生活力家庭"评选活动，让每个家庭自觉参与培育生活力的教育中，形成家校共育合力。

截至2020年，"真爱"教育实践六年来，福安实小南湖校区的办学品质得到显著提升，学校荣获全国教育系统先进集体、全国足球实验学校、中国陶行知研究会实验学校、福建省义务教育管理标准化学校、福建省义务教育教改示范校、宁德市文明学校等30多项称号。师生发展良好，在各种竞赛中500多人次获奖，得到社会各界的广泛赞誉。"真爱"教育，回归教育本源，唤醒生命自觉，成就全面发展的人，让教育成为最美的风景，让师生成为最美的人。"真爱"教育一路芬芳，未来可期。

从这个案例中我们看到，整个办学文化从五个维度进行，即办学文化形成缘起、办学文化的内涵、办学文化的理论基础、办学文化的架构、办学文化的实践路径。具体而言，福安市实验小学南湖校区以"真爱"教育理念为基础，通过环境濡染、制度营造、课程设置、课堂改革、活动助推、家校共育等途径，培养学生德智体美劳全面发展的素质。学校以陶行知先生的"真育观"和"爱育观"为理论依据，实施"真爱"教育，关注学生个性能力的培养。从办学路径来说，学校创设多个特色空间，如陶室、陶馆、礼仪园、书香园、平安园和幸福园，营造真爱文化。学校开设真爱"五育真知"课程，培养"全能"型人才。在课程设置方面，学校融合拓展课程，实施《学生体质健康标准》，设立体育晋级考核制度，并开展各种体育活动。在真爱管理方面，学校实行五级分工、四项问道等制度，以激励人、开发人、成就人。在真育家庭方面，学校组建"三个团"、创建"三个平台"、构建"三个层级"，以促进家校共育。学校致力于打造全面发展的教育环境，培养德智体美劳全面发展的社会主义建设者和接班人。

值得一提的是，2018年4月16日上午，时任福建教育学院院长、福建省陶行知研究会会长郭春芳教授一行调研南湖校区，在"校园文化建设座谈会"中，郭春芳教授充分肯定福安市实验小学南湖校区几年来"真爱"教育思考深入，成果显著，文化处处可见。实小集团化的办学也满足了老百姓对优质教育资源的需求。也剖析了"真爱"的内涵、外延，指出"爱"是有声的教育，倾听老百姓的呼喊；是有情的教育，公平、公正、均衡、扶弱；是有根的教育，传统文化的传承与培育；是有未来的教育，高质量、现代性、创新性；是有人的教育，以人为本，促进学生的全面发展。[①] 郭春芳教授的讲话，高屋建瓴，一语中的，对"真爱"给予了充分肯定。

福安市实验小学南湖校区是笔者实验学校建设所指导的第一所行知实验学校，这个案例的形成分别是2018年和2020年两个时间节点，相关的文化架构并没有以治理蓝图、治理能力和治理体系建设呈现，其是可以进一步升级的办学文化案例，比如其治理蓝图不够全面和清晰，实践路径目前也只有六个，而新时代行知实验学校建设的文化，已经发展成八个实践路径，分别是党建文化、校园文化、课程文化、管理文化、教研文化、课堂文化、评价文化和家校社文化，其中党建文化是核心的实践路径。

---

① 郭春芳会长一行到福安实验小学南湖校区调研行知实验学校校园文化建设 [J]. 福建陶研，2018（2）：2.

第九章　行知实验学校建设的整体实验模式

　　回顾行知实验学校发展的历程，以笔者所在的福建省为例，2003年以前，虽然没有挂牌授予"福建省行知实验学校"，但是在全省各地建设一些学陶师陶基地，目的多半是宣传陶行知精神和教育思想。2003年至2024年来，福建省已经授牌了80多所省级行知实验学校。2017年之前，这些行知实验学校先是走过了一个特色发展阶段，即各行知实验学校根据自身学校实际需要，选择不同角度进行学陶师陶特色发展。比如福安韩城第一中心小学的"一笔一画写好字，一生一世做真人"的书法特色；建瓯实验小学的金苹果特色；闽清后佳小学和茶洋民族小学的"农科教结合"特色；南安翔云中学的综合实践活动课程特色；厦门育才小学的书香校园特色；福州屏西小学的乒乓球特色等。虽然这些特色已经取得了一定的成绩，然而与陶行知先生全面发展的教育思想还有很大的距离。至2017年后已有一些实验学校开始了整体建设，形成了很有"陶味"的办学文化，如笔者指导过福安实验小学南湖校区"真爱"教育办学文化，福清行知小学"融爱"教育的办学文化、厦门外国语学校湖里分校的"成己"教育办学文化等。因此，对于想践行生活教育和新生活教育的学校，最终应该有一个整体实验的意识。因此，探索一条能适合各类各级行知实验学校能从点到面系统发展、整体实验，并有具体的实验项目的实验学校发展模式是很有必要的。

一、行知实验学校整体实验模式的构建原则

新时代行知实验学校以马克思主义基本原理和习近平新时代中国特色社会主义思想为指导，贯彻党的二十大精神，为中国式现代化、民族复兴为教育宗旨，努力办人民满意的高质量活力型系统的学校。创办高质量活力型系统的行知实验学校，创办守正创新的行知实验学校，需要我们继续坚持弘扬陶行知教育家精神，践行生活教育及其当代化的新生活教育，办有文化主张、有理念、有模式的活力型行知实验学校。因此，我们在构建实验学校发展模式时需要把握以下几个原则：

（一）分类分层，各有侧重

学校有不同类别也有不同层次，有幼儿园、小学、中学、大学，有普通学校也有职业学校，有寄宿制也有走读制，类别不同，层次不同，各校实际自然也不同，这就决定了每所要选择陶行知生活教育思想进行办学的实验学校就必须从自身实际出发，选择切入口进行发展，在整体模式构建中要考虑到这种差异。

（二）由特色发展到系统发展

行知实验学校在保持已有特色的同时，也面临进一步提升的障碍。如何从特色发展走向系统发展，建构办学文化的治理蓝图，培育治理能力，打造治理体系，而不仅只是追求特色的发展的无前途的发展模式，这依然是当前一些行知实验学校面临的问题。

（三）可持续，有操作体系

行知实验学校建设应有一个系统的操作体系进行支持。陶行知的生活教育思想本身是系统的，然而却不是以系统的著作，系统的案例，系统的实验方法呈现出来的，后人学陶师陶往往各有各的见解，各有各的主张，各有各的方法，这造

成了整体实验的困难，实验比较片面、难以前进。

（四）可操作，有实验项目

从特色发展到系统发展的过程，需要建构整体的办学文化的办学主张、治理蓝图和落实治理蓝图的一些可操作的具体的实验项目，有了这些实验项目，就有了治理能力，才能逐渐形成治理体系。然而依据什么进行项目选择，项目选择必须考虑到生活教育本身的理论体系要求，也必须考虑到新时代教育发展的实际需要，如高质量的活力型教育系统建设、中国式教育现代化等。如何进行项目实验、项目实验的一般方法、步骤等等，这也是发展过程中要面临的问题。

（五）可推行，有实验计划

整体化实验方案，是要求我们行知实验学校在发展上要胸怀全局，要有一盘棋，然而在具体推行中需要有实验计划，不能不顾实际全部铺开，一方面可能遇到人力、物力不足的问题，另一方面也可能遇到没有谋划好而推行有误的问题。有实验计划，就必须全盘谋划，以教育家办学的态度来办学。虽然不是教育家，但我们是在用教育家的思想、精神来办学。

二、行知实验学校整体实验模式的主要内容

行知实验学校整体实验模式的主要内容包括实验的理论、目的、内容、方法、原则和具体的实验项目。

（一）实验的名称："行知实验学校"整体实验模式

本实验的名称是"行知实验学校"整体实验模式。

（二）实验的理论：生活教育理论和新生活教育理论

生活教育的理论是行知实验学校实验理论的根本来源，新生活教育是生活教

育理论的当代化，发展了的生活教育。具体而言，实验的理论包括众多的维度，如下表 3-9-1。

表 3-9-1　行知实验学校整体实验的生活教育理论和新生活教育理论要素

类别	生活教育理论	新生活教育理论
本体论	"生活即教育""以实际生活为中心"	"生活即自我能动性教育""生活·实践"教育、"行心创"生活教育
目的论	"真善美的活人""为了生活的向前向上而教育""生活力""给生活以教育"	培养"真善美的活人"，具体是培养学生的生活力、生活关系和生活方式，生活力培养真，生活关系培养善、生活方式培养美。
课程论	"生活即课程""健康的身体，农夫的身手，艺术的兴味，科学的头脑，改造社会的精神"	纵向五育：五育并举（德智体美劳） 横向三维：类体生活课程、集体生活课程、个体生活课程
方法论	"教学做合一""在劳力上劳心""即知即传""共学共教共修养"	"教学做评统一""教学做评合一""教学做评同一"
过程论	"行以求知知更行""行动生困难，困难生疑问，疑问生假设，假设生试验，试验生断语，断语又生了行动，如此演进于无穷"	"行心创""行以求知知更创"
认识论	"行是知之始，知是行之成"	"行创"
场所论	"社会即学校"	行知实验学校的校内和校外
动力论	"爱满天下""捧着一颗心来，不带半根草去"	大爱教育原理
对象论	大众、平民	人民
组织论	小先生制、艺友制、工学团、集体主义自治	生活教育共同体（共学共教共研共管共修养）
路径论	无	学陶、师陶、宣陶、研陶、践陶、创陶
阶段论	无	行知实验学校建设的"五个发展阶段"
管理论	民主（集体生活）自治（个体生活）	党领导下的大自我生活管理

生活教育理论是"以实际生活为中心"的教育,通过"教学做合一"等方法在实际生活中"给生活以教育"推动生活"向前向上"。当今要运用生活教育理论和新生活教育来进行整体性实验,必须在其教育目的、教育方法等方面加以借鉴,同时要有时代的针对性和适用性,尤其是转向生活教育目的,将导致其他一切的变化。

时代的针对性和适用性指的是生活教育理论需要适合现代教育发展的实际需要和适合不同层次不同类别的学校实际需要。就中国现代教育而论,我们认为考试教育、素质教育和人本教育是现代教育发展的三个阶段,也是现代教育有机的三位一体的组成部分。其中考试教育需要类体生活教育来夯实其根基,素质教育需要集体生活教育夯实其根基,人本教育需要个体生活教育夯实其根基。

(三)实验的对象:学生、教师、管理层、家长和社会大众

实验的对象要全面,不仅是学生,还要以学生为出发点波及教师、管理层(校长)、家长和社会大众。适时要求教师、管理层和校长、家长等教育者能够自觉自动地进行"五育",新自己的生活,过好新生活教育。

(四)实验的目的:"真善美的活人""健康的身体、农夫的身手、艺术的兴味、科学的头脑、改造社会的精神""立德为先、五育并举、培植生活方式"

实验的目的来自生活教育和新生活教育的目的,却也必须与现代教育发展的实际需要紧密结合。实验目的有三个,其中"真善美的活人"培养学生的整体素养的目标;"健康的身体、农夫的身手、艺术的兴味、科学的头脑、改造社会的精神"是课程的培养目标;"立德为先、五育并举、培植生活方式"是实验学校的培养目标。它们的表述不一样,只因是从不同的角度来说的。

(五)实验的内容:行知实验学校的治理能力与治理体系建设

行知实验学校的治理能力与治理体系的建设显得尤为重要,深入探讨行知实验学校的治理能力与治理体系建设的各个方面。

1. 加强行知实验学校治理能力与治理体系的新生活教育理论探索

需要深入研究和探索新生活教育的核心理念、价值取向和实践路径,为行

实验学校的治理能力与治理体系的建设提供坚实的理论支撑。

2. 注重行知实验学校建设的宣传

营造"陶味"校园文化，并通过举办各类宣传活动、制作宣传资料等方式，可以向社会广泛宣传行知实验学校的办学理念、特色优势以及取得的成果，从而吸引更多的学生、家长和教育工作者的关注和参与。

3. 加强行知实验学校建设的实验人才培训

需要建立完善的培训体系，通过举办培训班、开展实践活动等方式，提高实验人员的专业素养和实践能力，为行知实验学校的建设提供有力的人才保障。

4. 构建行知实验学校的整体体系

需要从组织架构、管理制度、教学资源等多个维度进行综合考虑。通过明确各部门的职责和分工，建立健全的管理制度，优化教学资源的配置和利用，可以构建出一个高效、有序、充满活力的行知实验学校。

5. 落实培养学生为"真善美的活人"的生活方式目标

需要通过课程设计、教学活动等多种方式，引导学生树立正确的价值观和人生观，培养他们成为具有高尚品德、丰富知识和实践能力的新时代人才。

6. 建构行知实验学校"三体"生活课程体系

需要注重课程内容的整合与创新。通过整合学科知识、社会实践和文体活动等多方面的内容，可以构建出一个既符合学生实际又富有创新性的生活课程体系，为学生的全面发展提供有力的支撑。

7. 完善行知实验学校"行心创"生活课堂教学模式

这种教学模式从知情意三个维度，培养学生的心智，打通经难世界、良心世界、人造世界三个世界，给学生完整的幸福的生活教育。

8. 打造行知实验学校管理体系

我们需要注重管理的科学化和精细化。通过建立完善的管理制度和流程，加强对各项工作的监督和评估，可以确保行知实验学校的各项工作有序、高效地进行。

9. 健全行知实验学校的评价改革

需要建立科学的评价体系和评价标准，注重对学生全面发展的评价，同时要对教师的教育教学工作进行客观、公正的评价，以激励他们不断提高教育教学水平。

10. 争取政府教育部门对行知实验学校建设的支持

通过加强与政府教育部门的沟通和合作，争取更多的政策支持和资源投入，为行知实验学校的建设和发展提供更好的保障。

总之，行知实验学校的治理能力与治理体系建设是一个系统工程，需要从多个方面进行综合考虑和推进。通过加强理论探索、注重宣传、加强人才培训、构建整体体系、落实生活方式目标、建构生活课程体系、完善教学模式、打造管理体系、健全评价改革以及争取政府支持等措施的实施，我们可以不断提升行知实验学校的治理能力与治理水平，为培养更多优秀的人才做出更大的贡献。

（六）实验的形式："小先生制""艺友制"

现行的班级制适合传统的教育模式，已有的小组合作是适合新课程改革以学为中心的形式，但是这种发展，并没有消除掉班级制。如果考虑到从传统的重视教，到新课程改革重视学到悟透生活教育的重视做，我们就会理解，必须要从班级制、小组合作制中进一步发展出更加适用的教学形式，这个教学形式就是陶行知先生当年已经实践的"小先生制"和"艺友制"。现行班级制和小组合作制是不能放弃的，正如我们不能放弃"教"，更不能放弃"学"一样，只是我们的中心发生了转移罢了，"小先生制"和"艺友制"是在班级制下的小组合作制下的"小先生制""艺友制"。换句话说，我们要在班级制下的小组合作中进行"小先生制""艺友制"的新教学形式，而这两种形式才是适合"教学做合一"的这种"以做为中心""以实际生活为中心"的教学方法。

（七）实验的方法："即知即传""共学、共教、共研、共管、共修养""教学做评统一""教学做评合一""教学做评同一""行心创"

实验的方法很多，这里重点列出四个："即知即传""共学、共教、共研、共管、共修养""教学做合一""行心创"。

1. "即知即传"之所以要作为一个重要方法，是因为实验的形式是"小先生制""艺友制"，因此实验过程中知识的交流传播、实验问题的探讨、经验的总结都需要坚持"即知即传"，防止做"守知奴"。

2. "共学、共教、共研、共管、共修养"要求实验者和被实验者都要积极参与共同发展。

3."教学做评统一""教学做评合一""教学做评同一"则是每件事上以做为中心,力求做上学、做上教,学和教都需要有评价,有复盘。

4."行心创"方法论是新生活教育倡导的方法论,包含"行知创""行情创""行意创"三个细分方法论,此方法论,前文有论述。

(八)实验的路径:学陶、师陶、宣陶、研陶、践陶和创陶

对于行知实验学校,其所有的实验活动可以分为学陶、师陶、宣陶、研陶、践陶和创陶六个方面。学陶是学习陶行知教育思想;师陶是学习陶行知的教育精神;宣陶是宣传陶行知的教育思想和教育精神,主要是校园文化建设、校刊、网站等宣传,其中校园文化建设又包括学校具有"陶味"的硬件建设、制度建设和校园文化节建设三个部分;研陶是组成相应的实验总课题组和子课题组对实验进行研究,对生活教育理论、新生活教育理论和现代教育发展的实际进行更加深入的研究;践陶是指围绕需要实验的具体项目进行践行;创陶是形成行知实验学校新的办学文化和主张。

(九)实验的原则:"三实""三体""三全"

实验的原则有三个。"三实"就是实际、实践和实效。在实验过程中,每个实验项目都要分析实验对象的实际,实验者的实际,实验环境的实际,做到从实际出发。实践就是实验项目要实践,不能停留在有时实验,有时不实验,有些实验,有些不实验,要实实在在地去做,就是生活教育。实效就是实验项目要有实效,要不断改进,不断熟络其中的原理,力求"行以求知知更创"。"三体"是类体生活教育、集体生活教育和个体生活教育,最终形成大自我生活教育。"三全"是胡国枢老前辈总结陶行知教育思想而来的,"三全"是全员、全面、全程。全员是参与实验的人要全员,不能一些参加一些不参加。全面是实验项目要全面,不能有的项目实验,有的项目不实验。全程是实验过程要全程,不能有时实验有时不实验。

(十)实验的展示平台:"六大节"

为了促进实验项目的成果展示,每个学校可将传统校园文化节逐步形成"六

大节",以供实验成果展示。这"六大节"分别是健康体育节、劳动技能节、兴味艺术节、科学头脑节、社会改造节、主人节。当然,不同的学校,"六大节"的名称可以不一样,也可以不限于"六大节"。

三、行知实验学校整体实验模式的实施要求

要推行整体实验模式也需要有个全面的实施要求,构想如下:

(一)组织保障

1. 学校领导重视"行知实验学校"整体实验,成立以校长为会长的校陶研会,规划学校学陶各项工作。

2. 学校领导成立以校长为组长的总课题组。总课题组每学期制定"生活教育"实验及其实验计划,并能落到实处;学校积极提供包括必要经费在内的实验保障条件。

3. "生活教育"实验的每个子课题都成立课题组,由主持人负责;每个子课题组每学期都有切实可行的研究与活动计划,其中包括每月至少要在组内开展一次观摩或研讨、交流等活动。校长、分管实验的副校长和教务主任坚持参加子课题组重要的研讨活动。

(二)制度建设

1. 校长、分管实验的副校长、教务主任和全体实验教师坚持学习制度,全面学习行知实验学校建设的实验理论及相关理论的原著,注重领会精神实质。

2. 总课题组坚持每月一次对整体实验模式的研讨制度;校长、分管实验的副校长和教务主任坚持与实验教师一起研讨。

(三)力行实验

1. 由总课题组负责人主持,所有实验教师参加,每学期至少分别召开1次

实验班学生和学生家长代表座谈会，征求学生和家长对实验的意见和建议，并回答学生和家长的询问。

2. 各个实验项目，力求在实验班进行全面实验；所有学科力求在同样的实验班进行"行心创"生活课堂课型实验，从而发挥整体实验模式的整体效益和累积效应。

3. 在进行"行心创"生活课堂课型实验班时，所有学科的实验教师一定阶段后都能"全天候"地运用这种课型进行教学，并欢迎随时推门听课。

4. 让实验班学生参与实验中来，采取有效方法，让实验班学生了解整体实验模式的基本内容和基本精神，使学生能够积极参与各项实验，不做被实验的对象，做实验的主人。

5. 要积累典型的事例和真实的数据来说明整体实验模式所产生的实验效益。每个子课题组在每一轮结题后，都有比较规范的结题报告都有翔实的数据和突出的实例，证明实验取得了包括学生终身受益在内的多方面的丰硕成果，证实学校形成了独具特色的整体实验效果，丰厚了自身的校园文化，提升了教育教学质量。

（四）平台展示

1. 学校搭建6大实验成果展示平台，也就是校园文化六大节，这六大节分别是健康体育节、劳动技能节、兴味艺术节、科学头脑节、社会改造节、主人节。

2. 学校领导和实验教师围绕整体实验模式的实验情况，积极撰写文章，经常在校内刊物、校园网、《生活教育》刊物、省内外报纸、期刊上发表。

（五）总结表彰

1. 总课题组坚持每学期召开一次整体实验模式汇报交流和总结表彰大会。力争每位教师能发言，力戒照本宣科，如果实验教师人数多，可子课题组先总结后推行代表交流。

2. 每个子课题的进展情况，需要推行代表在全校教职工大会上进行一次展示性的汇报，并发动大家询问，汇报人应有问必答。

（六）社会支持

1. 让实验班家长了解整体实验模式的各项子课题的基本精神，努力转变家长观念，引领家长积极配合实验。

2. 让政府、社会了解整体实验模式的成效，要争取政府、社会的政策和经济的支持。

当然行知实验学校整体实验模式在施行过程中必然会面临许多问题，像考试问题、安全问题、经费问题、时间问题、人才问题等，但是生活教育的本质就是要解决问题，没有问题的解决，纯粹的生活享受，那就只是生活，没有教育。

四、行知实验学校整体建设自评办法

（一）组织管理（践陶）

在组织管理方面，行知实验学校注重全面、细致、有序地进行各项工作。要设置明确的分管领导职责，确保学陶师陶活动的顺利进行。学校相关教科室在整体组织过程中发挥着关键作用，负责策划、组织和监督各项学陶师陶研陶活动。此外，要将学陶活动纳入学校总体工作计划，这不仅有利于活动的持续推进，还能确保其与学校整体发展方向相契合。每年要制定详细的学陶师陶活动计划和总结，对过去一年的工作进行全面回顾，并对未来工作进行展望。为了确保学陶活动的丰富性和多样性，每年至少开展三次及以上的学陶师陶活动，为师生提供充足的学习和实践机会。

（二）宣陶氛围（宣陶）

在营造宣陶氛围方面，行知实验学校要不遗余力地完成工作。充分利用校园内的宣传板报，定期发布学陶师陶的最新动态、成果和感悟，以此激发师生的学习兴趣和热情。此外，应在校园内设置陶行知塑像或语录等显性标识，让师生在潜移默化中感受到陶行知教育思想的独特魅力。在校刊上，可专门开辟学陶师陶专栏，定期发表师生的学习心得、研究成果和实践经验，为师生提供一个交流学习的平台。在图书方面，要积极收集与陶行知教育思想相关的图书资料，确保图书馆至少有 10 种以上相关图书资料可供师生借阅，帮助他们更深入地了解陶行知的教育理念和实践方法。同时，还可以充分利用网站等线上平台，进行学陶师陶的宣传和推广，扩大陶行知教育思想的影响力。

（三）课题研究（研陶）

在课题研究方面，行知实验学校始终坚持以陶行知教育思想为指导，深入开展各项陶研课题研究工作。应有 1 项在研的省市县陶研会或教育行政部门的立项课题，或者有 2 项校级的在研陶研课题，以此确保研究工作的连续性和深入性。同时，要注重将陶研课题与学校发展紧密结合，通过课题研究推动学校教育教学改革和发展，提高教育质量和效益。在课题研究过程中，要明确负责人和常规活动安排，确保研究工作的有序进行。课题组要注重收集和整理研究活动资料和阶段性研究成果，为后续的研究工作提供有益的参考和借鉴。课题组要积极发表课题成果，不仅在内部刊物上展示，还应努力在 CN 期刊上发表，以此扩大研究成果的影响力，为学校的陶研工作增添光彩。

（四）教师参与（师陶）

在教师参与方面，行知实验学校鼓励教师深入理解陶行知教育思想，将其应用于课堂实践中，并积极开展相应的活动。要求教师能够掌握陶行知主要教育思想观点，并在课堂上灵活运用，让学生在实践中感受到陶行知教育思想的独特魅力。同时，鼓励教师积极参与读陶书活动，撰写陶研论文或随笔，以此提升自身的理论素养和实践能力。在师德建设方面，以陶行知思想为指导，加强教师的师德教育和培训，培养一支具有高尚师德、精湛业务能力的教师队伍。同时，要积极组织教师参加陶研会组织的陶研活动，鼓励他们在活动中展示自己的研究成果和实践经验，并争取在活动中获得荣誉和奖励，以此激发教师的研究热情和积极性。此外，要注重在教师中培养一支学陶师陶的积极分子队伍，通过他们的示范和引领作用，带动更多的教师参与陶研工作中，共同推动学校陶研工作的发展。

（五）学生参与（学陶）

在学生参与方面，行知实验学校同样注重激发学生的学陶热情和实践能力。要通过各种途径加强学生对校园学陶氛围的了解和感受，让他们能够深刻认识到陶行知教育思想的重要性和价值。同时，要通过课堂教学、课外活动等多种方式，加强学生对陶行知及陶行知教育思想的认识和理解，培养他们的创新意识和实践能力。同时，要积极组建学陶活动小组，开展生活教育等活动，让学生在实践中感受陶行知教育思想的独特魅力。为了激发学生的学陶热情，要鼓励他们参加陶研会组织的陶研活动，并在活动中展示自己的才华和成果，争取获得荣誉和奖励。此外，要注重开展学生生活力、生活关系和生活方式培养实验，通过具体的实践活动和课程安排，帮助学生全面提升自己的综合素质和能力水平。

（六）生活课堂（践陶）

在生活课堂方面，行知实验学校积极探索和实践陶行知教育思想中的生活教育理论。要坚持用生活教育理论指导教学，实验"教学做合一""行心创"等生活课堂模式，让学生在实践中学习、在学习中实践，提高学习效果和实践能力。同时，要举办"教学做合一"观摩活动，邀请校内外专家和同行前来观摩和指导，以此推动生活课堂模式的不断完善和优化。此外，要用新生活教育指导开展"行心创"生活课堂教学模式改革实验，探索适合学生发展的新型教学模式和方法。

（七）陶研课程开发（践陶）

在陶研课程开发方面，行知实验学校注重将陶行知教育思想融入校本课程中，形成具有学校特色的陶研课程体系。行知实验学校积极开发师生学陶师陶的校本课程，介绍陶行知的生平和教育思想，帮助学生全面了解陶行知的教育理念和实践方法。同时，要开发生活课堂校本课程，运用陶行知生活教育思想进行课程设计和实施，让学生在生活中学习、在学习中生活，提高综合素质和实践能力。此外，要开展学科生活课程开发实验，将学科的教材改编成适合生活课堂的教材，让学科知识更加贴近学生生活实际，提高学生的学习兴趣和效果。

（八）社会即学校（践陶）

在"社会即学校"方面，行知实验学校注重将学校教育与社会教育相结合，拓展学生的学习空间和视野。积极开展家校联动活动，加强学校与家庭之间的联系和沟通，形成教育合力，促进学生的全面发展。同时，还要加强学校与社区（村）的联动，利用社区资源开展各类实践活动和志愿服务活动，让学生更好地了解社会、服务社会，培养社会责任感和实践能力。要积极与企业合作，开展校企联动活动，为学生提供更多的实践机会和就业渠道，促进学生的职业发展和成长。要注重加强校际之间的联动与合作，通过校际交流、合作研究等方式，共同推动陶行知教育思想在学校教育中的实践和发展。

综上，行知实验学校可以在组织管理、宣陶氛围、课题研究、教师参与、学生参与、生活课堂、陶研课程开发以及"社会即学校"等方面进行全面而深入的自评工作（见表3-9-1）。要坚持以评促建，不断推动学校教育教学改革和发展，为学生的全面成长和未来发展奠定坚实的基础。同时，也希望行知实验学校通过自评工作，不断总结经验、发现问题、改进提升，为学校的长远发展注入新的动力和活力。

表3-9-1　行知实验学校自评、他评表

项目	内容	自评	他评
组织管理 （15分）	有领导分管学陶师陶等活动（3分）		
	学校教科室具体组织学陶师陶研陶活动（3分）		
	把学陶活动纳入学校总体工作计划之中（3分）		
	每年学陶师陶活动有计划、总结（3分）		
	每年至少有三次及以上的学陶师陶活动（3分）		
宣陶氛围 （10分）	校园内有学陶师陶宣传板报（2分）		
	校园内有陶行知塑像或语录等显性标识（2分）		
	校刊开辟学陶师陶专栏（2分）		
	图书馆有学陶师陶图书不少于10种（2分）		
	在相关陶研会网站进行学陶师陶宣传（2分）		

续表

项目	内容	自评	他评
课题研究 （15分）	至少有一项在研的省市县陶研会或教育行政部门的立项课题或有两项校级的在研陶研课题（2分）		
	陶研课题研究内容与学校发展有紧密关系（2分）		
	陶研课题有人负责，且有常规的开展活动研究（3分）		
	陶研课题有研究活动资料和阶段性研究成果（3分）		
	每年有课题成果有发表内刊（2分）或CN期刊上（3分）		
教师参与 （15分）	教师理解陶行知主要教育思想观点，在课堂能实践陶行知教育思想并开展相应的活动（2分）		
	教师参与读陶书活动，教师积极撰写陶研论文或随笔（2分）		
	学校用陶行知思想指导师德建设，取得显著成果（3分）		
	学校教师参加陶研会组织的陶研活动，并在活动中获奖（3分）		
	教师中形成一支学陶师陶积极分子队伍（5分）		
学生参与 （15分）	学生对校园学陶氛围的了解情况（3分）		
	学生对陶行知及其教育思想的知晓率较高（1分）		
	学生有专门的学陶活动小组（1分）		
	学生中有开展生活教育等活动（2分）		
	学生参加陶研会组织的陶研活动，并在活动中获奖（3分）		
	开展学生生活力、生活关系和生活方式培养实验（5分）		
生活课堂 （10分）	用生活教育理论指导，实验"教学做合一""行知行"生活课堂（2分）		
	用生活教育理论指导，举办了"教学做合一"观摩活动（3分）		
	用新生活教育指导，开展"行心创"生活课堂教学模式改革实验（5分）		

续表

项目	内容	自评	他评
课程开发（10分）	开发师生学陶师陶的校本课程（用于介绍陶行知、学习陶行知教育思想的校本课程）（3分）		
	开发生活课堂校本课程（运用陶行知生活教育思想进行开发的校本课程）（4分）		
	开展学科生活课程开发实验（将学科的教材改编成适合生活课堂的教材）（3分）		
社会即学校（10分）	家校联动（3分）		
	学校与社区（村）联动（3分）		
	学校与企业联动（3分）		
	校校联动（1分）		

后　记

新生活教育理论的提出和探索跨度时间较长（2010—2024年），几经演变。其过程经历了2012年的"三成"教育、2013年的"大自我"生活教育、2014年的新生活教育、2016年的"行知创"生活教育、2022年的"行心创"生活教育。本书是这个过程的产物，一定程度上保留演变的痕迹。笔者前期撰写的大多数文章，为了符合当下的需要和思想本身的演进，进行了较大幅度的修改。因此，原本笔者发表在刊物上的一些论文，与这本书相出入的，应该以这本书为准。此外本书的姐妹篇《"行心创"生活课堂——陶行知生活教育思想当代演进与教学实践》已出版，因此关于新生活教育课堂教学的内容，在本书就不再重复。

本书分为三个部分，分别探讨陶行知生活教育思想的各个方面、新生活教育理论和行知实验学校实践。

第一部分，陶行知生活教育思想再探。旨在对陶行知生活教育理论的相关方面进行系统性的阐释或再探。这部分前三章分别从"求真""大爱""创造"等角度剖析陶行知生活教育理论的三个核心价值观。第四至九章则对陶行知生活教育理论体系的目标、德育、课程、内容、教学等方面进行探讨，并归纳成体系，对体系本身进行"新探"，以期向读者分享自己学陶的理解。

第二部分，新生活教育理论探索。从倡议建立"生活教育学"切入，比如通过大自我生活教育的剖析，探讨生活教育当代化与新生活教育的探索，并着手新生活教育理论体系，包含马克思主义生活哲学基础与新生活教育的课程建设和教师成长等方面，试图提供一个初步的新生活教育理论体系。

第三部分，行知实验学校建设实践。这部分应用新生活教育理论着重探讨行知实验学校的名称定义、特点性质、建设问题、发展阶段、实践路径、主要任务、文化梳理、实践经验以及整体建设等。这部分内容详细介绍了行知实验学校作为高质量活力系统的特点，以及在其建设过程中应借鉴陶行知活力办学的案例。此外，还对行知实验学校建设的五个阶段、路径和主要任务进行了详细的阐述，分享了"六陶并进"的福建建设经验和行知实验学校创陶文化的办学主张梳理。最后一章提供了整体实验建设的方案。

全书以理论与实践相结合的方式，系统地阐述了陶行知生活教育思想如何演变成新生活教育理论，以及新生活教育如何在行知实验学校的实践中探索。本书适合教育工作者、研究者以及陶行知教育思想的爱好者阅读。笔者希望读者通过阅读本书，能更好地理解陶行知生活教育思想及其生活教育当代化的新生活教育理论。

最后，在本书出版之际，感谢中国陶行知研究会副秘书长、中国陶行知研究会实验学校分会会长朱建人先生和我的恩师、福建省陶行知研究会常务副会长、福建师范大学硕导、华东师范大学博士涂怀京先生赐序。感谢福建教育学院党委书记、福建省陶行知研究会会长郭春芳教授，福建省陶行知研究会执行会长林德泉先生、执行会长邹开煌教授、办公室主任翁惠珍女士等平时的关心和对我陶研工作、研究的支持。感谢福建教育学院科研处徐小敏处长、编审，赖一郎副处长、编审对撰写本书的日常关心和指导。特别感谢本书审稿专家林云鹏先生、李惠芬女士和陈楷根先生，感谢编辑施荣凤的辛苦编校。最后，感谢我的双亲和爱妻，爱妻为此也付出了不少编校精力，没有他们的鼓励，本书不会这么快出版。

周志平
2024 年 5 月 28 日